台湾研究系列

台湾研究与青年探索
——第五届两岸学子论坛优秀论文集

李鹏 主编

张羽 彭莉 张文生 副主编

九州出版社
JIUZHOUPRESS

图书在版编目（CIP）数据

台湾研究与青年探索 ： 第五届两岸学子论坛优秀论
文集 / 李鹏主编. —— 北京 ： 九州出版社，2019.10
ISBN 978-7-5108-8331-6

Ⅰ．①台… Ⅱ．①李… Ⅲ．①社会科学—文集 Ⅳ.
①C53

中国版本图书馆CIP数据核字 (2019) 第205656号

台湾研究与青年探索：第五届两岸学子论坛优秀论文集

作　者	李鹏　主编
出版发行	九州出版社
地　址	北京市西城区阜外大街甲 35 号 (100037)
发行电话	(010) 68992190/3/5/6
网　址	www.jiuzhoupress.com
电子信箱	jiuzhou@jiuzhoupress.com
印　刷	北京九州迅驰传媒文化有限公司
开　本	720 毫米 ×1020 毫米　16 开
印　张	18.75
字　数	300 千字
版　次	2019 年 10 月第 1 版
印　次	2019 年 10 月第 1 次印刷
书　号	ISBN 978-7-5108-8331-6
定　价	48.00 元

编委会

祝词

孙亚夫

看到年轻的脸庞，就感到自己老了，心中涌动着青春多好的奢望。

看到年轻的文字，也感到自己老化了，心中油然而生要不断学习的自勉。

青春是未来的希望。

祝贺《第五届两岸学子论坛论文集》付梓。

希望同学们好好学习，锻炼身体，健康成长。

希望两岸学子加强交流，增进相互理解，深化彼此感情，携手同心，为推动两岸关系和平发展、推进祖国和平统一进程而努力，为实现中华民族伟大复兴而奋斗！

（孙亚夫 海峡两岸关系协会副会长、厦门大学台湾研究中心主任）

第五届"两岸学子论坛"优秀论文集序

刘国深

创建"两岸学子论坛"这一海峡两岸青年学子学术交流活动新品牌，是厦门大学台湾研究院教师提出的一项独特的研究生教育训练新创意，五年后，这个论坛已经成为两岸青年交流的品牌项目。我们要感谢所有积极参与该项目活动的两岸青年学子和专家学者。

这个论坛的最大特色就是"教师搭台，学生唱戏"，学生是论坛活动的主角，老师扮演活动的配角。参与活动的学生不仅有机会在正式的两岸学术会议上发表自己提交的学术论文，而且有机会参与论坛活动的组织策划和会务运作全过程。这是一个高标准的青年学者训练过程，参加论坛的两岸青年学子在这里尝试从"学生"到"学者"的蜕变过程。无论参与者的学术水准发挥到什么程度，都是一个自我提升的过程，相信若干年后大部分论坛参与者将成为两岸社会不同领域的中坚力量。这是一个综合性学术论坛，参与者来自海峡两岸高校和实务部门，充分体现"跨学科、跨部门、跨领域、跨地区"的协同合作精神。

两岸走向最终完全统一的进程，也是一代代中国人接力追求更加美好生活的过程。中国人历来不缺"先天下之忧而忧"的爱国热情，也不缺"后天下之乐而乐"的政治豪情，两岸中国人更需要的是专业精神和创新能力。两岸青年学子对于两岸关系问题的认知、情感和价值取向，是在差异化的知识体系、不同的现实生活感受下形成的，因此对于两岸之间的政治问题自然会有不一样的理解和感受。虽然如此，但两岸30年交流交往的历史事实已经证明，一时的政治分歧并不会影响两岸人民之间正常的交流交往，在政治僵局未解的环境中，两岸民间社会早就开始走向融合，两岸交流已经取得巨大成就，两岸政治难题不是无解，是火候未到。在此我要特别强调的是：两岸青年学子交流更加重要！青年学子相对更少历史的包袱，青年学子有更大的可塑性。交流绝不仅仅让我们发现了双方差异，交流也会让我们更好地同情并了解对方的感受和追求。我相信在充分的交流交往基础上，我们将更加心平气和地发现自己的不足之处，发现对方的优势所在，从而实现共同的提升和发展，最终促成两个政治亚文化体系的融合共生，从而在中国整体政治文化的创新与发展过程中形成两岸青年共同的政治认知、政治情感和政治价值取向。

在过去五届"两岸学子论坛"活动中，两岸青年学子在共同的时空场域，就两岸政治、经济、社会、文学、历史、法律、教育、媒体等方面展开理性对话，达成了"分享梦想""积极行动""不断反思""快乐成长""踊跃参与""彼此共享""勇于争鸣""寻求共鸣""执着深耕""着眼发展"等研讨和交流目的。一些参会的青年学子已经成为两岸学术界的后起之秀，更多两岸青年学子从此成为一辈子难以忘怀的伙伴，甚至有些参与者在参与过程中获得了人生发展的重要机遇。

我们无惧两岸差异，就怕两岸不往来。我要再次呼吁两岸青年学子："彼此欣赏对方，彼此珍惜对方，彼此包容对方，彼此肯定对方"。只有这样，两岸中国人才有可能以最小的代价，获得最大的利益。

刘国深教授
（两岸关系和平发展协同创新中心主任、
厦门大学台湾研究院前院长）

第五届两岸学子论坛参会师生合影 2018.6.26—29
厦门大学

目　录

政治分论坛优秀论文

"劳基法"修正案中的世代政治

陈澄[*]

一、"劳基法"修正案及其争议

台湾 2016 年的"一例一休法案"施行以来,劳方与资方均表示要求劳动弹性,资方抱怨企业经营困难,劳工抱怨丧失加班机会以致收入减少。2017 年蔡英文当局再次提出"劳动基准法"新的修正案,此修正案从一开始便引起社会各界广泛的批评与争议,最终现行修正版本于 2018 年 1 月 10 日三读通过,自 2018 年 3 月 1 日施行。按照"劳基法"的立法宗旨,即"规定劳动条件最低标准,保障劳工权益,加强劳雇关系,促进社会与经济发展",[①] 但修正案显然与其宗旨相悖,显著变化是修正后的保障劳工的"最低标准"明显降低。对比之前的版本,此次修正的方向主要体现为以下方面:(1)增加加班时数,修正前每月加班上限 46 小时,修正后每月加班上限 54 小时,每 3 个月不得超过 138 小时;(2)修改加班费计算,修正前的 4 小时以内者,都以 4 小时计;逾 4 小时至 8 小时以内者,都以 8 小时计;逾 8 小时至 12 小时以内者,以 12 小时计,而修正后的加班费核实计算,加班 1 小时以 1 小时计;(3)加班费可换补休,修正前:有加班就需要给加班费;修正后:加班后,"依劳工意愿"并"经雇主同意",可选择补休,补休期限由劳雇双方协商;(4)松绑七修一,修正前:每 7 天需休假 1 天。修正后:每 14 天需休假 2 天,最高将可连上 12 天班;(5)缩短轮班间隔,修正前:轮班间隔 11 小时。午夜 12 点下班,中午 11 点才可以再

* 作者简介:陈澄,男,河南师范大学,邮箱为 541275672@qq.com。

① "劳动基准法""劳动法令查询系统",https://laws.mol.gov.tw/FLAW/FLAWDAT0201. aspx?lsid=FL014930。

上班。修正后：轮班间隔 8 小时。午夜 12 点下班，早上 8 点就可以再上班；（6）
延长特休假递延：修正前：特休假需要每年结清。今年没休完，公司需要年度
结清发给工资。修正后：特休假可以递延 1 年。今年没休完，可以延到明年再
休，等到明年还是没休完，公司才需发给工资。

　　该修正案虽然在执政党多数优势下，不顾各方汹涌的反对声而全部通过，
但它从提出就伴随着社会各界的批评。虽然民进党当局声称此次再度"修法"
是"既保障劳工的权益安全，同时也提供企业经营的弹性，取得一个平衡发展"，
但从最终版本来看，例如关于适度调整延长工时限制、例假安排及特别休假规
定等，被劳工团体认为根本是弃劳工权益安全，只为求全企业经营弹性，践踏
原有平衡而向资方倾斜的严重倒退，其过度松绑之方向，将造成劳权大幅倒
退，① 而由此所引发的反对修改"劳基法"的抗争运动一直在各地持续发酵，劳
工频有占领街头、游行示威等反对行动，认为台湾的"过劳炼狱再现"，要求刹
停当局的"过劳列车"、终结低薪。学界如从 1992 年起就参与劳动相关"法令"
修正的台湾中国文化大学法律学系教授兼"劳动部法规会委员"邱骏彦现身各
工会与劳工团体在"行政院"的抗议行动，并批评民进党提出了比工商团体还
夸张的修正版本。② 该版本还引起了各政党的批评，例如 2017 年 11 月 15 日中
国国民党主席吴敦义表示，蔡英文当局应多听取劳资双方意见以寻求社会最大
共识。③2017 年 12 月 4 日，社会民主党召集人范云表示，她反对一例一休再修
正，"过去民进党为了反服贸（学运）声援学生，现在民进党只剩下一个林淑芬
（声援劳工）"，民进党对不起"民主"二字。④ 该修正案也引发部分社会团体与
民进党的决裂，如 2017 年 11 月 22 日，妇女新知基金会 facebook 页面贴出一
张宣告与民进党决裂的红字图："这些日子，你为了惯老板的利益，减我的薪水，
加我的工时，骗我的选票，毁我的未来。衷心感谢你不住的践踏，为此我许下
刻骨铭心的承诺：这辈子不投你了，民进党。"而妇女新知基金会曾被认为是

---

　　① 戴祺修：《劳基法五大修恶过劳炼狱再现？》（2017-11-01），https://www.nownews.com/news/20171101/2635701。
　　② 黄骍渊：《"劳基法"愈修愈烂松绑七休一踩红线 劳动法学界泰斗首度上街抗议》（2017-11-08），http://www.upmedia.mg/news_info.php?SerialNo=28513。
　　③ 新闻稿：《一例一休再修正 吴主席：乐见当局知错能改》，中国国民党文化传播委员会（2017-11-15），http://www.kmt.org.tw/2017/11/blog-post_15.html。
　　④ 谢孟颖：《"过去民进党声援学运，现在只剩一个林淑芬！"台大教授范云反劳基法、冲向"立院"铁门》（2017-12-04），http://www.storm.mg/article/367608。

"民进党创党以来的坚实盟友"。①

对于"劳基法"修正案的抗议活动中,值得注意的是青年世代的广泛参与,除了劳团工会抗议以外,青年团体的抗议非常普遍,例如2017年11月9日,"劳动部政务次长"廖蕙芳到政大演讲前,受到10多名政大学生以及劳动权益促进会和政大种子社抗议,学生高喊"赖缺德吃饱饱、劳工全跌倒""廖蕙芳、橡皮图章",并批评他们所奉行的,就只是图利优先的资本家的意志。资本家或当局所谓的"劳动弹性",不应该被当作"劳动基准法"持续放宽工时管制、向下探底的理由。"劳基法"一例一休再修正后,对劳工不利,严正反对"劳基法"的改恶。②2017年12月3日,青年团体在"行政院"大门举办"过劳大悲功德大法会",反对"劳动基准法"修恶。③继"反服贸学运"以来,青年世代以及世代政治已经成为观察台湾政治生态的重要角度和指标。本文也拟从"劳基法"修正案争议中的世代政治入手,并探讨其对于台湾政治发展的影响。

二、台湾社会的世代政治

世代理论是一种致力于研究社会、文化、心理群体的世代的形成原因、发展规律以及代际关系性质、代际互动模式、世代在社会变迁中的作用等问题的理论。④既有的社会科学研究框架比较容易略过世代政治,但与传统的研究注重对阶级、政党、人格分析等研究视角对政治行为进行解释不同,世代政治理论则以不同年龄群体或出生世代的政治心理、政治意识、政治行为、政治文化的差异作为研究对象,通过探讨年龄与行为直接的关系来解释不同世代政治态度与行为差异的原因。而台湾社会特殊的历史进程使得世代政治议题不容忽视,不同世代受到不同历史事件、政治社会化、外在环境、生命历程等方面的影响,形成了差异性较为明显的政治态度、偏好、行为及认同,对于台湾政治生态变迁产生着不同程度的作用。

① 陈昭南:《民进党要国民党化或带领台湾走出困境?》(2017-11-25),http://www.storm.mg/article/363402。

② 《"劳动部次长"政大演讲遭学生抗议恶修"劳基法"》(2017-11-09),https://tw.appledaily.com/new/realtime/20171109/1238385/。

③ 《过劳大悲功德大法会——集诵"劳基法经"》(2017-12-1),http://www.coolloud.org.tw/node/89766。

④ 刘凌斌:《世代政治学视角下"时代力量"与台湾青年时代的互动分析》,《中国青年研究》,2017年第8期,第86—87页。

德国文化历史学家 W. 狄尔泰将"世代"界定为一种从质上理解的、同时经历了某些重要历史事件及影响的人群范畴。① 格伦将"年龄"视为世代产生的先天前提，进而将"世代"界定为"特定年份、某个 10 年间或其他时间段内出生的人群"，强调应观察研究对象在某个年龄段的社会身份及其在社会中的处境。格伦相信"随着个体年龄的增长，社会或文化变化的影响作用于他们，这便造成了态度、行为、健康和情感的变化"。②

在引入世代的分析框架时，对世代的划分以及定义是关键所在。一般来说，年龄是区分政治世代的一个重要标准。而本文在分析"劳基法"修正案时，也将某个群体所经历的特定事件或者是特殊群体作为区分特定世代的重要标准。在对台湾的世代进行定义时，一般将 20—29 岁界定为青年世代，但考虑到台湾地区的现行规定 20 岁才能拥有选举权与被选举权，又考虑到"时代力量"为了能够拉拢岛内的年轻人，因此将入党的年龄降到了 15 岁。本文将台湾地区 15—29 岁的群体定义为青年世代，30—49 岁的群体定义为青壮世代。当然有学者在研究台湾的世代政治将 15—39 岁的群体定义为青年世代。③

其中青年世代具有相当明显的特点：首先，不同于老世代在政治参与上的"政治冷漠"，一般认为，随着民主转型的发展，越年轻世代应有越高程度的民主价值，④ 经历过"民主化"与"本土化"的政治转型以及岛内政治、经济、文化、教育等领域的剧烈变迁，并亲自参与重要事件，参政热情与参政能力较为突出，近几年的选举投票都显示了青年世代正在扮演着更为积极和更加重要的角色。其次，由于深受西方民主政治思潮及岛内民主政治实践影响，坚定反专制、反权贵、反黑金、反贪腐，普遍认同以追求民主、自由、平等、公平、正义，重视人权为核心内涵的"普世价值观"。第三，受制于全球化财团掌控地区政策、台湾地区权贵阶级自我复制、资本外移导致创业与就业困难、劳动条件下修、社会流动停滞与青年贫困、青年世代难以成家立业等环境，⑤ 青年世代面

① 沈杰：《青年、世代与社会变迁》，《中国青年政治学院学报》，2010 年第 3 期，第 1—7 页。

② ［美］诺瓦尔·D. 格伦：《世代分析（第二版）》，上海：上海人民出版社，2012 年版，第 5、8 页。

③ 刘凌斌：《世代政治学视角下"时代力量"与台湾青年世代的互动探析》，《中国青年研究》，2017 年第 8 期，第 85—91 页。

④ 陈光辉：《民主经验与民主价值——两个时代台湾大学生之比较》，《台湾民主季刊》，2010 年第 4 期，第 1—45 页。

⑤ 《"劳基法修法"冲击"崩世代" 学者：民进党正卷入阶级与世代战场》（2017-11-24），https://www.upmedia.mg/news_info.php?SerialNo=29560。

临着薪资低、发展前景不明等困境，属于本次"修法"中的低薪受害者、弱势群体，也因此对于此次"修法"更为关注、更加敏感。

此外，以年龄段划分为视角的世代政治研究也显示了相同的特征，自 1995 年以来，台湾民众对言论管制与威权主义的支持程度大幅下滑，显示台湾民众不分年龄群体或出生世代，在"自由化"与民主转型过程中，逐渐改变了自己的政治价值，深化了民主意识。[①] 而值得注意的是，其中青年世代（20—29 岁）的支持度最低，青年世代对于行政权力、当权者等也具有天然的警惕心理与反对倾向。

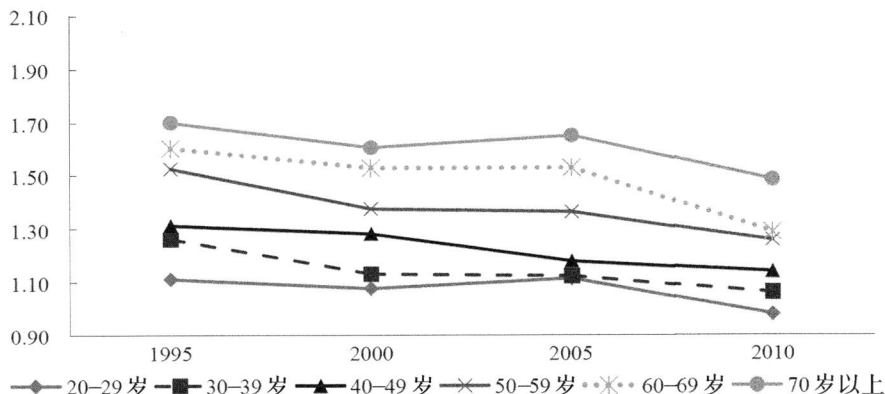

图 1 台湾不同世代赞成言论管制的程度（1995—2010）

注：2= 不赞成，3= 赞成

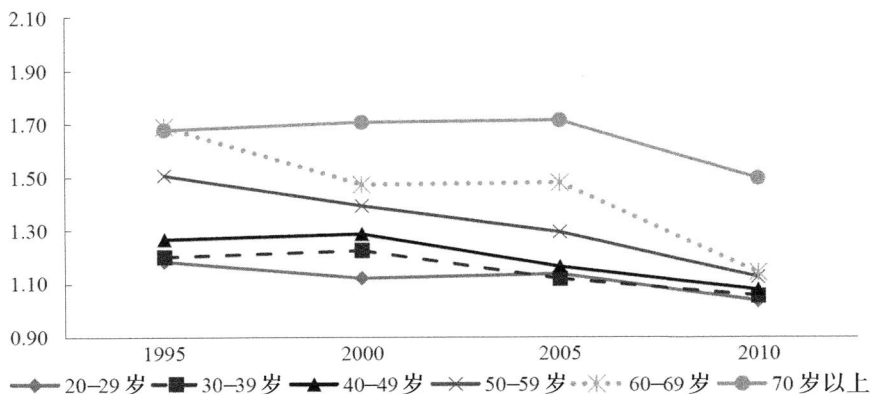

图 2 台湾不同世代赞成威权统治的程度（1995—2010）

---

① 林宗弘：《再探台湾的世代政治：交叉分类随机效应模型的应用，1995—2010》，《人文及社会科学集刊》，2015,27(2)，第 395—436 页。

注：2＝不赞成，3＝赞成

数据来源：《台湾社会变迁基本调查》。转引自林宗弘：《再探台湾的世代政治：交叉分类随机效应模型的应用，1995—2010》，《人文及社会科学集刊》，2015,27（2），第395—436页。

台湾世代政治发展变迁对于台湾内部政治发展的可能影响在于，既往的族群认同、政党认同的影响权重可能在进一步下降，而阶级政治与世代政治可能具有独立的影响路径，而且影响力处于上升态势。而对于政党而言，以往的族群动员、政党动员方式是否有效或是效度如何，都是必须要重新检讨的问题。从青年世代的政治态度和行为特点来看，青年世代与民进党的关系并非是一成不变的，支持或反对均会随着民进党的执政风格与表现而变化的。因此，探讨台湾内部政治发展、党政关系、政党与选民关系等，也必须引入世代政治。

三、世代政治维度下"修法"争议

民进党在"立法院"拥有68个席位因而拥有较大的优势，国民党则只有35个席位，新崛起的"时代力量"有5个席位而成为"立法院"中第三大党，因而这三个主要政党成为"劳基法"修正案在"立法院"角逐的主角。受到世代政治的影响，或者说在世代政治的视角下，可以发现民进党内部也存在着不同世代间的差异与纷争，而三大主要参与"修法"政党之间也有着具有各自世代特色的斗争。

（一）执政党的党内争议

作为执政党的民进党内部围绕"修法"的争议也具有一定的世代政治特色，一方面是代表劳工以及青年世代的本党"立委"的分化与杯葛，另一方面是民进党内部不同世代之间的分歧与纷争。在民进党内部代表不同世代的"立委"之间的分化与杯葛贯穿"修法"过程始终。如2017年11月29日，赖清德宴请民进党"立委"吃午餐时曾劝导同党"立委"林淑芬，不要在委员会、媒体上骂行政官员，并与"立委"林淑芬辩论"轮班间隔"，遭林质疑劳工每天休息时间不足 8 小时等。①

党内分化还体现在最终表决上，2018 年 1 月 10 日，"立法院"临时会经过 18 小时不断电表决后三读通过"劳动基准法"修正案。但其中，修正案第 24 条，取消现行"做一算四""做五算八"，改为休息日加班费核实计算，民进党"立委"林淑芬、刘建国、钟孔照以及加入民进党团运作的无党籍"立委"赵正宇等 4 人弃权。修正案第 32 条经劳资会议同意后，确定延长加班工时上限，一个月 54 小时、每 3 个月不得超过 138 小时，"立委"林淑芬、钟孔照、赵正宇、管碧玲、江永昌等 4 人弃权，刘建国、姚文智未投票。修正案第 32 之 1 条，加班换成补休，刘建国、钟孔照、林淑芬、赵正宇未投票。修正案第 34 条，轮班间隔时数 11 小时缩短为 8 小时，刘建国、钟孔照、林淑芬、江永昌、叶宜津弃权。修正案第 36 条，7 休 1 限制改为可连续工作 12 天，刘建国、钟孔照、林淑芬、江永昌弃权。修正案第 38 条，特休假可递延 1 年，赵正宇未投票。三读表决时，国民党"立委"全数退席，民进党"立委"64 票赞成、0 票反对、0 票弃权。未投票民进党"立委"包括林淑芬、钟孔照、赵正宇。② 由此可见，在民进党当局期待修正案能够获得本党"立委"全力支持的背景下，仍有"立委"出于种种考虑而予以一定形式的杯葛，其背后立足于世代政治和阶级政治的考虑是一个重要动因。民进党"青绿世代"跨派系结盟组成的"新创政治连线"的态度也是明显例证。"新创政治连线"由民进党内首次投入地方议员初选的青绿世代组成，包括英系的张志豪、吴沛忆（台北市）；"新潮流系"的黄守达（台中市）、戴玮姗（新北市）、赖禀丰（新竹市）、林德宇（台中市）；以及谢系"立委"赵天麟"子弟兵"林智鸿（高雄市）、张以理（高雄市），一共 8 人，大多都参与过"反服贸学运"并担任要角。"劳基法"修正案引发民间抗议，让这群"青绿世代"的态度备受关注，他们曾经作为青年学生投入到当时的社会改造中，而现在也面临不得不表态的压力，③ 虽受制于民进党的约束，但各人也各抒己见，认为民进党"修法"过程太匆促且沟通不足、对劳工保障降低、对违规雇主惩罚不够等，认同"整个青年世代的愤怒是真实的，面对的困境一是

---

① 《赖清德、林淑芬唇枪舌战　绿委缓颊》（2017-11-30），https://www.nownews.com/news/20171130/2653741。

② 《"立院"三读"劳基法" 这些民进党"立委"拒投票》，《苹果日报》（2018-01-10），https://tw.appledaily.com/new/realtime/20180110/1275682。

③ 《"劳基法"修恶让台湾成为"过劳之岛"学生社团点名民进党青年参选人表态》（2017-12-12），http://www.storm.mg/article/371155。

工资太低，二是劳动现场保障不足"，而执政党则应多点耐心跟沟通，"世代差异是存在的，应该把不同需求都考量进去"，①基本上表达了民进党内的不同声音。

与此同时，民进党"反服贸世代"甚至还产生政党认同危机。民进党中存在着一批参与运动的"反服贸世代"青年，这批"反服贸世代"已经在民进党内担任"立委"助理、幕僚、地方议员候选人等等。而民进党执政以来前后间隔不到一年的两次"修法"，使党内的"反服贸世代"产生政党认同危机。有调查显示，党内的"反服贸世代"认为现如今民进党选择完全背离劳工，民进党的高层漠视"修法"给青年世代所带来的冲击；另外因为这个"修法"版本，未来可能很难再投民进党，有人产生了自我怀疑，认为民进党已经变成了第二个国民党。②

（二）争议中的党际博弈

传统意义上，国民党被认为是较多代表资产阶级利益，民众心中国民党向来偏向资方，"百年老店"的名号也更多地与中老年世代、既得利益阶层等挂钩。这次"修法"争议中，作为执政党的民进党力推法案通过，而作为在野党的国民党理应在"立法院"内外进行反制并抓住争取劳工与青年世代的大好机会，但总体上国民党未能发挥充分制衡的作用，也未能赢得劳工与青年世代的支持。当然值得注意的是，作为国民党内青壮世代代表的"立委"蒋万安利用拖延战术发言两小时，成功阻挡"劳基法"的初审，一战成名。而此举也视为是蒋万安试图使国民党改变长期以来与资方较好关系的形象，开始接触劳工团体使国民党"草根化"。③然而在蒋万安挡下初审的前一周，国民党"立法院"党团内部却出现意见不一致的状况。党团书记长林为洲认为自民进党执政以来，国民党接连遭受党产清算以至于党工薪资都无法发放，民进党对国民党步步施压，"劳基法"修正案期间又正值"促转型正义条例法案"的审查，林德福、林为洲作为国民党内资历较老的成员，会考虑到国民党处于在野党以及"立法院"

---

① 黄骍渊：《（独家）民进党"青绿世代"表态：一例一休原版本对劳工较有保障》（2017-12-13），http://www.upmedia.mg/news_info.php?SerialNo=31098?=fb。

② 黄骍渊：《民进党内"崩溃的反服贸"反弹："劳基法修法"毫无进步性》（2017-11-23），http://www.upmedia.mg/news_info.php?SerialNo=29545。

③ 《被视为劳权代言人！新闻透视——蒋万安一站成名 助蓝接地气》，《中时电子报》（2017-11-23），http://www.chinatimes.com/cn/newspapers/20171125000370-260118。

处于劣势的境地，因此对国民党今后的发展有较保守的打算与深层的担忧，且判定杯葛效果有限，蒋万安怒呛林德福、林为洲退让、态度摇摆，认为国民党应该展现自己的态度，另外部分"立委"也主张让民进党自行承担后果。① 党团内"立委"之间的争议不仅暴露了国民党内部的不团结，更是深刻体现了党内不同世代之间的冲突。

同样地，"时代力量"在"修法"过程，"立委"之间由于路线争议传出洪慈庸与黄国昌之间发生矛盾，② 而见"小绿"内讧，"大绿"更是见缝插针，撺掇其加入民进党。黄国昌，法律系教授出身，参加过反媒体垄断等社运。洪慈庸是由于2013年的"洪仲丘事件"后才出现在人们的视野中并开始投身公共事务，虽然两人当时都是受到民进党的"礼让"才得以当选，但是洪慈庸由于作为青年世代的代表以及她在"洪仲丘事件"上的影响力使她深受民进党的支持，与民进党有着密切联系尤其是民进党籍的台中市市长林佳龙。因此在"修法"过程中洪慈庸写信给蔡英文企图以缓和协商的方式修订"劳基法"，其实在很大的程度上还是考虑到"时代力量"作为"小绿"，在岛内的势力还没有完全壮大起来，只有"大绿"民进党能够稳定地执政下去，"时代力量"才有可能有所依赖和发展，其次由于"时代力量"的能力有限，强行阻挠民进党"修法"的可能性也不是很大。黄国昌早前因为多次参加"社运"，具有丰富的社会运动经验，因此借此机会借题批判民进党"修法"，试图打造"反服贸"2.0版，从而扩大"时代力量"的影响力，壮大自己的势力，吸引更多的青年世代加入党组织。但是"劳基法"修正案风波中的抗议示威并没有达到2014年"反服贸"形成的规模。不过此事却也暴露了"时代力量"党内所隐藏的世代冲突。

与此同时，民进党在面对社会压力和各党的牵制时，处理的方式显得尤为粗暴，态度野蛮。"劳基法"修正草案于"立法院"联席审查期间，"时代力量"党团总召徐永明霸占主席台，遭到民进党"立委"邱议莹嘲讽其丢人现眼，更是抛出了"你们反服贸已经崩溃了"这样的话。有网友随即在网络曝光了邱议莹于2014年"反服贸运动"所发表的感性言论，批评指责其"过河拆桥"。③

---

① 《一例一休意见分歧，蒋万安怒向党内开炮》，《中时电子报》（2017-11-17），http://www.chinatimes.com/cn/realtimenews/20171117004554-260407。

② 《网内互打再添一桩？ 时力黄国昌、洪慈庸对呛》，《中时电子报》（2018-01-18），http://www.chinatimes.com/cn/realtimenews/20180113001135-260407。

③ 《邱议莹讽"反服贸已崩溃"网友贴3年前感性文打脸》（2017-11-20），https://udn.com/news/story/11475/2829178。

同样的，国民党青壮世代"立委"蒋万安在"立法院"审查"劳基法"修正案时迟迟不愿离开发言台，遭到民进党"立委"的拉扯，硬生生将蒋万安拉了下来。无独有偶，"时代力量""立委"徐永明抱怨他们这些在野党"立委"被排除在外，后因为发言超时同样被架离。从审查法案的过程来看，民进党倚仗自己在"立法院"绝对优势的席位，对在野党的质疑与批评采取漠视的态度，对上台发言的在野党"立委"采取非常粗暴的态度，可以说，民进党完全主导了整个"劳基法"修正案的审查过程。

总体上来看，"修法"过程的党际斗争中，国民党、"时代力量"虽然内部存在策略上的冲突，但是总体来说都对民进党所提出的"劳基法"表示反对的，并不影响组织的团结。强行修订"劳基法"将使作为执政党的民进党失去他们先前所以依赖的青年世代的选票，而作为在野党的国民党、"时代力量"虽无法阻止民进党"强渡关山"，但是都能从中获益。

四、"劳基法"修正案中世代政治的影响评估

（一）对岛内政党格局的影响

民进党自2016年执政以来，拒不承认"九二共识"和一个中国原则，在岛内推行"去中国化"，使得两岸关系陷入僵持，台湾的经济受到一定的影响，尤其是台湾的旅游业等，由于陆客的减少而导致岛内的一些中小雇主收入大不如从前，由于经济的不景气而导致台湾人民生活薪资得不到提高，部分地区甚至供水供电都没有完全解决，可以说是处在水深火热的境地。但即使是这样，民进党依然置若罔闻，在面对"立法院"劳工与青年学生的抗议，"立委"邱议莹甚至表示院外的抗议不认真，用录音带来抗议。[①]另外民进党对前来游行示威的学生团体进行了驱离，学生遭到警方的攻击，犹如大逃杀一般。有学生声称"不止劳基法退步，连民主也倒退"。[②]可见青年世代对民进党选举提出的"民主化"政治诉求产生了质疑，民进党的种种行径使青年世代犹如重回威权统治时代。因此他们对民进党有了重新的认识，看清了民进党本来的面目。对民进党执政失去了信心，内心对民进党产生了厌恶，由此产生了政党的认同危机。有

---

① 《放录音带抗议 邱议莹酸陈抗劳团不认真》，《中时电子报》（2017-12-04），http://www.chinatimes.com/cn/realtimenews/20171204003108-260407。

② 《劳团：驱离陈抗 如对暴民》（2017-12-25），https://udn.com/news/story/11311/2893468。

民调也显示民进党存在青年崩盘的现象，[1] 这对民进党今后的选举及发展都产生了很大的影响。

作为后起之秀的"时代力量"虽然力量薄弱，在此次"劳基法"修正案风波中自囚、绝食到最终的退席协商所上演一连串激烈的戏码也被诟病"进退失据"、策略紊乱。但根据一份内部的民调调查结果显示，相较于第一次"劳基法"修正案"大绿小绿闹不和"所导致的民调由9%下降到6%，这次"劳基法"修正案使得"时代力量"的民调上升到12%；[2] 另外根据一份中华民族致公党的民调显示，民众对"时代力量"的不满意度都低于国民党和民进党，在受访的年龄族群中，"时代力量"获得最年轻族群的支持，在20到29岁的受访者中，"时代力量"获得39.6%的最高满意度。[3] 由此可见，由于罔顾民意而强行通过"劳基法"修正案导致青年世代对民进党失去信心，还由于国民党偏袒资方给青年世代所带来的负面印象，他们转而会支持除蓝绿两大党以外的第三势力。

但是民调中还显示20—29岁的青年世代对国民党的不满意度确是最高的（58.4%），[4] 在岛内的青年世代心中，之前国民党偏资方的负面形象依旧存在且难以磨灭。另外我们仍能从国民党的候选人看到不少"政二代"的影子，因此国民党仅仅依靠这次对民进党"劳基法"政策的批判很难在短时间吸引更多的青年世代来支持他们。

（二）对岛内阶级政治的影响

近年来，台湾岛内的阶级政治与世代政治具有紧密的相关性。台湾特殊的经济发展模式造就了特殊的劳资关系，劳工组织能力与议价能力薄弱，当局也多偏向于资方，也加剧了阶级关系的固化。蔡英文在2016年台湾地区领导人选举中声称要维护劳工利益而获得劳工、青年选票支持，而执政后推行"一例一休"、"劳基法"修正案等却无视抗议，这也与其对于劳工团体反对能量不足的评估有关。另一方面青年世代也逐渐积极涉入政治，与此同时面临着贫困化、

---

① 《修"劳基法"酿青年选票崩盘 新英派陷苦战》，《中时电子报》（2017-11-17），http://www.chinatimes.com/cn/realtimenews/20180117001857-260407。

② 《"时代力量"政党支持度民调 首次出现蓝大于绿 蓝绿各党拼选战》（2018-01-18），https://udn.com/news/story/6656/2936737。

③ 郑国强：《不满度低于国、民两党年轻族群最支持时代力量》（2018-02-14），https://www.cmmedia.com.tw/home/articles/8576。

④ 郑国强：《不满度低于国、民两党年轻族群最支持时代力量》（2018-02-14），https://www.cmmedia.com.tw/home/articles/8576。

发展前景堪忧等问题。两岸服贸引发的 2014 年"318 占领运动"下，由于"国族"与阶级矛盾同时发酵，一举击毁国民党的执政正当性，使国民党先在 2014 年底县市长选举大败，2016 年台湾地区领导人选举也是大败。① 而"劳基法"修正案引发的争议与抗议已经显示出，对于青年群体而言，阶级矛盾与世代矛盾相结合，青年世代贫困化实质上是阶级矛盾激化的征兆。因此，修正案对于民进党必然造成冲击，也必然对于劳资关系、阶级政治产生深刻的影响。

在传统劳资关系、阶级关系的结构中，劳工及劳工组织等处于弱势地位影响到了劳工权益的保障与争取，而本次"劳基法"修正案的抗议过程中值得注意的一个态势可能预示着"青年登场、工会退位"的台湾阶级政治的世代转向。② 即在劳动者权益的抗争中，由于传统抗争群体和路径的乏力，使得青年世代取而代之成为主要的力量和领导者，而青年世代的贫困化则又催化并加剧了这一倾向。而抗争政治中的青年世代转向的历史连接和先例则是"反服贸学运"，2017 年 12 月 23 日"反劳基法修恶大游行"即是佐证，这场台北的"白昼之夜"抗议最大特色在于，一场攸关全台劳动者权益的抗争，其担纲者并不是代表广大劳动者的工会组织，而是青年抗议者，如同"反服贸协议"的抗议主体并不是相关业者和劳工，而是青年学生。由此可以推断，岛内世代政治有与阶级政治合流之势，青年世代更可能会引领阶级政治。

（三）对"九合一"选举的影响

此前国民党"青壮世代"蒋万安与其他"立委"于去年的"反劳基法修恶游行"中也到场声援劳团和青年学生，试图改变国民党的形象。为了能够让青年世代看到国民党"年轻"的新气象。国民党新北市长参选人侯友宜在脸书上感慨国民党最大的错误就是"没有给年轻人机会"。他表示，"为人父母，都希望下一代更好，才会兴旺。一个百年政党，没有年轻人接棒，怎么会有未来？这次选举，我找了一些年轻朋友帮忙。这些人若是有机会，他们可以为台湾社会再奉献二三十年。"③ 当然他在此次"九合一"选举中也确实做到了这一点，充

① 《林恕晖："一例一休"工时斗争下的政治问题》（2016-7-26），https://wknews.org/node/1173。

② 《何明修：青年登场、工会退位——台湾阶级政治的世代转向》（2017-12-26），https://theinitium.com/article/20171226-opinion-homingsho-labour-day-off/。

③ 《侯友宜称国民党最大错误在于"没有给年轻人机会"》（2018-03-20），http://www.taiwan.cn/taiwan/jsxw/201803/t20180320_11934961.htm。

分扮演了"母鸡"的角色，对此次竞选新北市议员的江怡臻照顾有加，为她帮忙拉选票。但国民党台北市长的参选人丁守中否认自己扮演着"母鸡"的角色，认为党内的青年世代应该靠自己，① 参选台北议员的徐巧芯同样这么认为。②

另一方面国民党充分把握政治议题来改变其选举的被动性。由于台中空气污染问题，2017 年台湾中部的学子组成反空污青年大平台，到台中市政府门前抗议，并邀请现任的市长林佳龙参加，以解决当前严重的空气污染问题，使得他们可以安心求学就职。③ 国民党此次势必会抓住民进党在台中市青年世代所关注的议题来大做文章，以求在年底的"九合一"的选举中拿下台中市长的席位。

"时代力量"布局 2018 年"九合一"选举更是注重对青年世代的培养与历练，党主席黄国昌表示今年最重要任务，就是把有热情和理想的年轻人送入地方议会。④ 首波提名的 21 名青年世代候选人中比较有代表性的是台北三个选区的候选人吴峥、林颖孟以及林亮君，三人都在"时代力量"的"立法委员"林昶佐名下担任党内的重要职务，他们作为党内领导人的幕僚经过这几年的历练中得到了不少的锻炼，"时代力量"想借此机会让这些原来待在幕后的青年世代走向政治舞台。由于在青年世代中支持率的上升，"时代力量"更有意向提出要派出候选人参选台湾宜兰市市长的选举，他们表示由于民进党提出的候选人存在争议，所以提出与国民党进行选举较量，⑤ 这一点可以看出"时代力量"某些方面似乎是想要取代民进党。当然，作为后起之秀的"时代力量"拿下县市长的席位都能算作很大的胜利了。

民进党由于受到"劳基法"修正案的影响，其在青年世代中的形象大打折扣。身为民进党的党主席蔡英文在"劳基法"修正案通过后，立即对短时间二次"修法"给台湾社会带来的社会不安进行道歉，同时也承诺将在接下来的日子改善青年群体的低薪问题，但是蔡英文这样的道歉在"劳基法"修正案带来

---

① 《不是母鸡带小鸡 丁守中笑称人人都是"战斗机"》，《中时电子报》（2018-04-12），http://www.chinatimes.com/realtimenews/20180412003420-260407。

② 《丁守中这只母鸡不够强？ 徐巧芯：选战主要要靠自己拼》（2018-05-02），http://www.setn.com/News.aspx?NewsID=375084。

③ 《中部青年学子 219 反空污游行邀林佳龙参加》，《自由时报电子报》（2017-02-11），http://news.ltn.com.tw/news/life/breakingnews/1971821。

④ 《时力党庆 21 名议员参选人亮相》，《自由时报电子报》（2018-01-21），http://news.ltn.com.tw/news/politics/paper/1170524。

⑤ 《时代力量提宜兰县长名单？ 林郁容：一直都在准备》（2018-03-13），https://udn.com/news/story/6656/3028336。

巨大伤害的面前显得惨白无力，道歉只能更凸显蔡英文的施政无能。蔡英文破坏劳工权益又"承诺"提高青年劳工的底薪，然而他们对蔡英文的空头支票并不买账。地方选举方面，民进党为了营造青年世代积极参与政治的氛围，为了能够保住"六都"中的台中市，民进党特地在台中市组建"五力新世代"，民进党希望这批新的幕僚世代也期待有机会将创新、活力等年轻人的特质带进市议会，让监督更有力量，也让执政更有力量。① 民进党这一举措一方面是为了能够挽回之前带来的负面影响，另一方面也是为了保住台中市长的席位。

---

① 《民进党台中市参选人组"五力新世代"议会拼过半》，《自由时报电子报》（2018-03-01），http://news.ltn.com.tw/news/politics/breakingnews/2352471。

台湾地区选民政党认同的世代差异

——基于 TCS 调查数据的分析

王瀚、陈超[*]

近年来台湾社会动荡态势不减,蔡英文当局执政一年多以来,多项泛政治化的施政方案激化了不同群体的对立情绪。2017 年所推动的年金改革更是进一步塑造了"世代剥夺"的对抗意识,撕裂了不同世代之间的理解与包容,让青年世代对年长世代愈发不满。"世代"与其背后所蕴含的差异引发更多的关注。

那么,政治世代应该如何划分?不同世代之间的差异具体是如何体现的?本文通过观察"政党认同"这一概念在不同世代间的分布情况,为世代差异的复杂图景提供一个切面性的描绘。与先行研究相比,本文的贡献主要体现在如下两个方面:第一,从概念化的角度来看,本文不再从单一维度去定义政党认同,而是将其拓展为四个维度,以期得到更全面准确的了解;第二,从划分标准的角度来说,对于政治世代,我们从年龄与所经历重大政治事件两个标准出发将台湾地区选民分为三个世代,并观察世代之间在四个政党认同维度上的差异。本文通过台湾传播调查资料库(TCS)的相关数据来进行上述分析。

一、文献综述

* 作者简介:王瀚,厦门大学台湾研究院博士候选人;陈超,本文通讯作者,教育部"2011 计划"两岸关系和平发展协同创新中心,厦门大学台湾研究院助理教授,联系邮箱 ccxmu@xmu.edu.cn。

基金项目:教育部人文社会科学研究青年基金项目"台湾青年在大陆社会融入状况研究"(批准号:17YJCGAT001)阶段性成果。

在探讨台湾地区政党认同问题时，既有的实证研究大概可以分为两类：第一类研究把"政党认同"作为自变量，探究其对其他政治行为，主要是投票行为的影响；第二类研究则把"政党认同"当作因变量，从年龄、教育程度、阶级等各个方面出发分析不同因素对政党认同的影响。

从"政党认同"对其他政治行为的影响来看，先行文献主要集中在讨论政党认同对于投票行为的影响。以四次台湾地区领导人选举的投票情况为基础，张华分析了政党认同对于选民投票行为的影响。[1]类似地，包正豪也从四次"大选"的相关数据出发论证指出，具有高度政党认同的群体在现实政治参与中将会投票给所属政党的候选人。[2]廖益兴也从政党认同的角度回答了台湾地区选民为何有人参与投票，有人却拒绝投票的行为选择问题。[3]另外，一些研究也对民众群体进行了区别，例如包正豪分析了政党形象与台湾地区少数民族投票选择之间存在显著关系，当认知到某个政党对自身群体比较尊重，并开放求变的时候，少数民族选民会容易投票给这一政党。[4]与包正豪关注台湾地区少数民族群体不同，陈恩则把研究目光集中在了台商群体中，他指出，台商的政党价值取向确实会影响其投票行为以及对岛内选举结果的评价。[5]除了关注投票行为以外，也有学者从社会运动等其他政治行为入手，探讨政党认同在其中的影响。例如，刘嘉薇深度分析了红衫军政治运动，认为民众的政党认同与政治资讯来源是促进民众参与政治运动的必要条件；[6]吴亲恩与林奕孜分析了政党认同对于台湾民众"对两岸经贸交流的评价"的影响。[7]

在第二类研究中，多数研究者聚焦于影响政党认同的因素上。从三次地区领导人选举数据出发，李秘论证了"国族"认同、"统独"倾向、阶级地位等因

---

[1]　张华：《浅析台湾地区领导人选举选民投票行为的政党认同取向》，《台湾研究》，2009 年第 3 期，第 37—43 页。

[2]　包正豪：《政党认同者等于政党铁票？ 2000—2008"总统"选举中选民投票抉择之跨时性分析》，《淡江人文社会学刊》，2009 年（总）第 40 期，第 75—78 页。

[3]　廖益兴：《台湾选民投票参与行为的研究》，《中华行政学报》，2006 年（总）第 3 期，第 191—196 页。

[4]　包正豪：《政党形象与"原住民"投票选择》，《选举研究》，2017 年 5 月，第 69—71 页。

[5]　陈恩：《新世纪台商的政治生态变化和政党认同价值取向探析》，《东南亚研究》，2005 年第 1 期，第 43—47 页。

[6]　刘嘉薇：《民众政党认同、媒介选择与红衫军政治运动参与》，《政治学报》，2014 年（总）第 58 期，第 112—114 页。

[7]　吴亲恩，林奕孜：《经济投票与"总统"选举：效度与内生问题的分析》，《台湾政治学刊》，2012 年第 1 期，第 215—218 页。

素与政党认同的紧密联系。[①] 根据 1992—1998 年的面访资料，陈陆辉也进行了类似的研究，并发现"省籍"这一因素对政党认同的影响，同时探讨了影响不同世代政党认同因素的变化趋势。[②] 盛杏湲根据 2004 年到 2008 年"立委选举"的定群追踪样本，从稳定与变迁两个角度出发探政党认同的影响因素。[③] 她指出，民众的政党认同一方面行塑于早期家庭政治化的政党认同，另一方面，某些外在因素以及选民对这些因素的评估、政治精英的表现与评价都对政党认同的变化产生影响。吴重礼与许文宾从 2001 年的截面数据出发，分析了各个因素对政党认同的影响。[④] 刘义周也探究了民众的政治兴趣与政党认同的正相关关系。[⑤] 概括来看，此类研究都挖掘了受访者的社会、经济、认知、评价等不同的背景因素，并以世代、省籍等标准对受访者进行划分，探究这些背景因素对不同受访者政党认同的影响。

除以上两类解释性研究以外，也有一部分研究对政党认同的问题进行了多样的描述性分析。例如，陈陆辉发现，1992 年到 1998 年间，不同政治世代的选民对国民党的认同是相当稳定的；[⑥] 徐火炎探讨了台湾地区选民在 1983 年到 1991 年"解严"前后政党认同的变化趋势；[⑦] 吴重礼则讨论了在不同宗教信仰和政治知识量的群体中政党认同的分布情况等等。[⑧]

无疑，以上研究对于我们理解世代政党认同差异的问题提供了宝贵的经验。然而，需要指出的是，无论是解释性的分析还是描述性的归纳，在对政党认同的概念界定上，上述研究大多只从单一维度去讨论政党认同的内涵，而缺乏对这一概念多维度的全面认知。诚然，如果从坎贝尔（Campbell）关于政党认同

---

① 李秘：《台湾选民的政党认同——基于 2004、2008、2012 年三次"总统"选举的分析》，《台湾研究集刊》，2013 年第 2 期。

② 陈陆辉：《台湾选民政党认同的持续与变迁》，《选举研究》，2000 年第 2 期，第 120—125 页。

③ 盛杏湲：《台湾选民政党认同的稳定与变迁：定群追踪资料的应用》，《选举研究》，2010 年第 2 期，第 23—27 页。

④ 吴重礼，许文宾：《谁是政党认同者与独立选民？——以 2001 年台湾地区选民政党认同的决定因素为例》，《政治科学论坛》，2003 年 6 月。

⑤ 刘义周：《测不到的误差：访员执行访问时的偏误》，《调查研究》，1996 年第 2 期，第 45—48 页。

⑥ 陈陆辉：《湾选民政党认同的持续与变迁》，《选举研究》，2000 年第 2 期，第 120—125 页。

⑦ 徐火炎：《台湾选民的国家认同与党派投票行为》，《台湾政治学刊》，1996 年第 1 期，第 108—111 页。

⑧ 吴重礼：《台湾政党的持续与变迁：理论与资料的对话》，《台湾政治学刊》，2013 年第 2 期，第 3—5 页。

的经典定义出发，即把政党认同看作一个长期稳定的心理依附，是不容易改变的心理认同与归属，[①] 那么对于政党认同的简单定义或许是无可厚非的。然而，当我们把历史上诸多的"偶然"与"意外"纳入考量之后，民众政党认同又会因政策内容、领导人个性而呈现出短期性与灵活性的特征。于是，政党认同又往往表现为选民在短期内一时好恶的情感反应。而对于台湾这一地区而言，它既有多年以来选举政治形成的对某一政党稳定的认知与观感，又有不断剧烈变动的政党体系带来的好奇与期待，所以如果仅仅从单一维度去测量台湾地区选民的政党认同，那么难免会出现以偏概全的情况，使得讨论结果与现实情况产生偏差，无法得到全面完整的认知。

另外，虽然政治世代是探究政党认同的重要视角，但既有研究主要集中在探讨不同政治世代在一定时间跨度中政党认同的变迁趋势，以及相关的影响因素，而鲜有展示同一时期、不同世代政治认同的分布差异。综上所述，本文旨在建立起更全面的关于政党认同概念的界定框架，并在此基础上探究不同政治世代在政党认同上的分布差异。

二、世代与政党认同：分析框架

不同的政治世代由于生活经历以及所处的政治社会环境不同，他们的政党认同也会形成较大的差异，这是目前学界的共识，也是本文的基本出发点。那么，究竟台湾地区选民的政党认同在不同世代之间的差异如何？本研究将基于某一横截面数据，探讨不同政治世代之间的政党认同差异，其中关注重点在于一个时间点上的差异现状，而不是具有一定时间跨度的差异变迁。另外，本文认为政党认同不能被简单地从单维度进行定义，而是包含多个维度的复杂概念，应进一步拆分为偏好、观感、议题和政治人物特质等维度讨论，分别在每个维度上探究不同政治世代之间的差异。在下文中，我们首先会对政治世代进行划分，再对政党认同概念以及每个维度的内涵提出我们的定义。

（一）政治世代

这里所谓的"政治世代"不仅是生物学同时也是一种社会性的概念，它既

---

① Campbell Angus, Philip E Converse, Warren E Miller, Donald E Stokes, *The American Voter*, Chicago: The University of Chicago Press, 1960 ,pp 23-38.

包含了因为人们出生于同一时期而形成的同一世代，也强调了同一时期的人们处于相似的政治社会环境中。格伦认为生物学上的年龄是政治世代产生的首要因素，他倾向于用 10 年作为分界线来划分不同政治世代的人群，并观察每个世代所处的社会环境。[①] 他相信一定的历史、政治与社会环境会影响同一时期人们在态度、行为和情感上的变化，造成世代效果（generational effort）。另外，狄尔泰不把政治世代看作是简单的年龄区别，而更多地从成长经历中的"质"来理解政治世代。[②] 在他的论述中，同时经历了某些重要历史事件并受其影响的人群可以被看作是同一的政治世代。尤其是在开始认识与接触社会的成长过程中，经历了重要政治事件或是社会变革，往往会影响同一群体民众所共同的记忆与认知逻辑，而这些影响也深深刻画了他们的态度与行为。综上所述，本文将世代定义为，出生于同一或是相近时期，在成长过程中处于相似的政治社会背景中，共同经历了某一重大政治事件或是社会变革的年龄群体。这其中需要说明的是，同一政治世代之中并不必然的拥有一样的态度、意识与行为，

本文从年龄与所经历的重大政治社会事件两个方面出发，把台湾地区的选民分为了三个世代。首先是第一世代，年龄在 70 岁以上的群体，在成长过程中处于国民党统治与政治教育的环境，经历了国民党败退台湾或是"二二八事件"等重要历史节点；其次是是第二世代，年龄在 40 岁到 69 岁的群体，他们成长在国民党威权统治时期，并经历了数次重要的政治事件，如台湾退出联合国、中美建交等等；最后是第三世代，年龄在 40 岁以下，这是目前学界重点研究的"青年世代"，他们成长于台湾进行"民主化""本土化"的政治转型时期，整个社会环境都有了剧烈的变革，选举政治开始普及，西方思潮的涌入，社会运动风起云涌以及近年来新媒体的大量使用，这些都给了第三世代非常鲜明的世代特点。

（二）政党认同

政党认同的研究起源于美国，许多学者都对其概念、起源、变迁与影响做了非常细致的研究，涵盖了繁多的种类。在西方学界的研究中，政党认同更侧重于长期的稳定的心理状况，正如坎贝尔（Campbell）的经典论述，"政党认同

---

① 格伦：《世代分析（第二版）》，上海：上海人民出版社，2012 年版，第 12—15 页。
② 沈杰：《青年、世代与社会变迁：世代理论的源起与演进》，《中国青年政治学院学报》，2010 年第 3 期，第 1—3 页。

是典型一辈子的承诺（life-long commitment），只有在重大社会变动下，才会发生全国性的变迁"。由此出发来看，政党认同起源于个人早期的政治社会化过程，是稳定的，不容易改变的。然而后续研究指出，"重大社会变动"很少突然出现，现实更多的是以一种渐进、缓慢的变化过程来呈现的，在这过程中原有的政党认同概念不能很好地解释一些偶然性、短暂性因素所带来的政治行为的改变。基于此，Matthew & Prothro 提出了政党形象的概念，这一概念的基本内涵与政党认同相似，不同的是，政党形象不如政党认同那么根深蒂固，更突出的是其中的灵活性与短期性特征。① 这一概念的提出，进一步完善了政党认同的整体概念框架，丰富了研究的维度。

问题是，当我们把"政党认同"置于台湾这一场域之下，又该作何理解呢？本文认为，结合台湾政党政治体系的现状，政党认同在台湾地区的理解，应当将政党认同的"长期稳定性"特征与"短期灵活性"特征进行综合考虑，进而从多个维度理解政党认同的内涵，全面把握台湾民众政党认同的现状。20世纪 90 年代至今，台湾地区的选举政治已实践多年，蓝绿长期对抗的格局，塑造了台湾民众对某一政党的认知、态度与行为部分稳定的心理倾向，这种倾向渐已形成长期、稳定的心理依附与认知状况。然而在另一方面，我们必须看到，台湾的政党体系与社会环境正处于转型后的长期调整阶段，呈现出变动的新局面。其中一个重要的表现就是，不断有新兴势力加入政党体系的角逐。如近来兴起的"时代力量"就是一个典型的例证。该政党代表了更为激进的青年世代，宣传手段高调并极具感染力。面对这样的新兴政党，选民表现出了一定的关注与期待，甚至通过投票行为表达了对该政党的支持。然而，这些表现呈现出的更可能是一种因为政党人物、政党议题而形成的暂时性偏好特征，到底能否转化为稳定的心理依附还需经历长期的考验。可见，台湾地区复杂的政党体系与政治社会变迁过程提醒我们，要想全面把握台湾民众政党认同的现状，我们不仅要了解台湾民众稳定的认同偏好，同时要把握他们在政党议题、政党人物特质这些短期问题上的偏好情况。

因此，本研究把政党认同定义为民众对于一个政党支持或是反对的态度，情感上对于这个政党的观感，以及对政党的认知情况。从此定义出发，本研究进一步把政党认同分为四个具体维度进行测量。这四个维度是：偏好、观感、

---

① DR Matthew，JW Prothro，*The concept of party image and its importance for the southern electorate*，The Electoral Process，1966.

擅长议题以及人物特质。具体说来，偏好指的是，对于政党具有一定时间跨度、较为稳定的心理依附；观感指的是情感上的亲近程度、温暖程度，这些观感既包含长期以来对政党所作所为的评价，也会受一些偶然性因素的影响，如政党的某些举措会让选民感到情感上的触动，从而引发政党观感的变化；擅长议题，指的是各个政党与其他政党相比，具有优势与特长的领域与议题；人物特质，指的是政党典型代表人物在性格、特长等方面给民众带来的感知。由此可见，这四个维度从偏好稳定性的角度来看，包含了三个层次的逻辑：高、中、低，即政党偏好受偶然因素影响的程度最低，政党观感次之，而擅长议题与人物特质则容易受到特殊事件以及宣传手段等因素的干扰。

　　总的来看，从三种不同层次逻辑出发，这四个关于政党认同的测量维度，基本涵盖了构成总体政党认同概念的内涵。在这个基础上，本文意在描绘不同政治世代在政党认同上的分布图景，探究三个世代之间的具体差异体现，并对背后的形成逻辑进行反思。

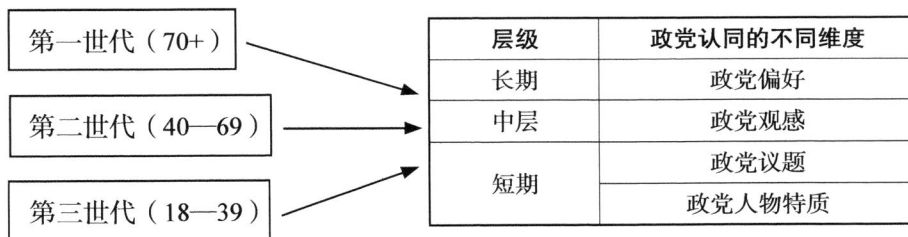

层级	政党认同的不同维度
长期	政党偏好
中层	政党观感
短期	政党议题
	政党人物特质

（图左侧方框：第一世代（70+）、第二世代（40—69）、第三世代（18—39））

图 1 政治世代与政党认同

资料来源：自制

三、不同世代政党认同的分布与差异：统计数据

　　本研究所用资料全部来自台湾传播调查资料库（Taiwan Communication Survey，以下简称 TCS）第一期第四次研究调查计划。该调查由政治大学张卿卿教授主持。本次调查计划以"政治传播与民主传播"为主题，涵盖了传播行为、政治态度与认知和政治行为等几个研究面向。该调查起止时间为 2015 年 11 月 14 日到 2016 年 1 月 15 日为止，样本总量为 2002 份受访者，且受访者都为 18 岁以上具有行为能力的成年人。在抽样方法上，该调查采用的是三层分阶

段抽样方法，从乡镇市区到村落再到门牌号进行逐级随机抽样，确保样本在各个方面具有一定的代表性，并且通过预访谈与预调查不断完善该调查的问卷设计。在正式调查阶段，与趋势研究公司合作，派遣调查员按照抽样名单进行入户一对一面访，现场填写问卷资料。随后在回收资料后，抽取 794（39.7%）的问卷进行电话或者实地复查，之后再进行统计分析的工作。可以看出 TCS 数据库在抽样方法、问卷设计、调查与统计等过程中都遵守了科学合理的研究方法与要求，其所获得的样本数据在学术研究上是完全可以接受的，这对我们探讨现行台湾地区不同世代在政党认同上的分布差异具有重要的参考价值与现实意义。

（一）测量

依上文所述，本文依照年龄与所经历重大政治社会事件把台湾选民分为了三个世代，其中第一世代为 70 岁及以上的年龄群体，第二世代的年龄范围是 40 到 69 岁，第三世代为 39 岁及以下的青年世代。本次调查在询问被访者具体年龄的同时，也以每十年为标准对被访者进行年龄分层，20 岁以下记为 1，20 到 29 记为 2，并以此类推（70 岁以上年龄分层都记为 7）。所以第一世代所包含的年龄层为 7，同理第二世代为 4、5、6，第三世代为 1、2、3，根据调查数据分类之后，我们共得到第一世代样本 182，第二世代样本 1080，以及第三青年世代样本 740 份。

在政党认同问题的测量上，我们把政党认同分为四个维度，并在每个维度上分别进行测量。具体来看，在政党偏好的维度上，TCS 数据库的问题罗列了台湾地区的主要政党并询问受访者是否存在对哪个政党的偏好，如果没有的话，会不会稍微偏向哪个政党，两个问题都是定类层面的测量方法；在政党观感的维度上，采用具体打分定比的测量方式，让受访者从 0—100 分的范围内对政党的温暖程度进行打分；在政党议题的维度上，同样罗列出多种社会议题供受访者进行多项选择，让其思考政党所擅长的议题；最后在政党人物特质上，也采用了定类的测量方法，展示了备选的多种人物特质，如是否有魄力、是否经验丰富、是否了解民众等等选项让受访者进行选择。

值得说明的是当下台湾政治生态中蓝绿对抗的大格局并未改变，虽然近年来"时代力量"等新兴政治势力的兴起一定程度上动摇了原有政党政治环境，但国民党所代表的蓝阵营和民进党所代表的绿阵营依然是台湾最为关键的两股对抗势力。在 TCS 问卷中，针对政党观感、议题与人物特质的问题设置上，都突出询问了受访者对于国民党以及民进党的看法与感受，可能忽视对其他小党派的观察，但仍然有助于我们在世代整体上探讨台湾地区选民的政党认同差异。

（二）分布与趋势

基于 TCS 调查的数据库资料，我们对三个政治世代在不同维度上政党认同的情况进行了描述性统计。首先在政党偏好维度上，现行的绝大多数民意调查或是问卷调查询问台湾地区选民的政党认同时，都是先调查受访者是否存在对某一政党的偏好，如果有偏好就问是哪个政党，如果没有偏好则接着再问对方有没情感上稍微偏向某个政党。在本次研究中，我们主要把政党偏好定义为选民较为长期的心理偏向，所以只选择了在一开始回答存在政党偏好的选民群体，来探究他们的政党偏好情况。

表 1 台湾地区不同世代选民是否存在政党偏好

单位：%	第一世代	第二世代	第三世代	全体世代
有	51.4%	47.1%	34.6%	42.5%
没有	38.7%	48.6%	60.5%	52.3%
拒答	2.5%	2.5%	2.5%	2.5%
不知道	7.4%	1.8%	2.4%	2.6%

资料来源：根据台湾地区"科技部"《台湾传播调查资料库 TCS2015》绘制

表 2 台湾地区不同世代选民的政党偏好情况

单位：%	第一世代	第二世代	第三世代	全体世代
国民党	44.3%	45.6%	29.2%	39.9%
民进党	51.1%	48%	63.9%	53.7%
新党	2%	0.8%	1.3%	0.9%
亲民党	1.7%	3%	1%	2.2%
"台湾团结联盟"（台联党）	0%	0.5%	1%	0.6%
其他政党	0%	0.3%	1.2%	0.6%

续表

单位：%	第一世代	第二世代	第三世代	全体世代
拒答	1.7%	1.4%	1.4%	1.5%
不知道	0.9%	0.5%	1%	0.7%

资料来源：根据台湾地区"科技部"《台湾传播调查资料库 TCS2015》绘制

从表 1 中我们可以看出拥有政党偏好的比例在逐年下降，第三世代即青年世代更加倾向于不对某一政党形成偏好，处于一种无政党偏好的中间地带。一方面是政党偏好的形成需要比较长期的接触与观察过程，更长的人生经历也许是造成世代之间拥有政党偏好比例变化的原因之一；而在另一方面，由于台湾政治生态深陷蓝绿对抗的泥沼多年，社会经济问题也不断涌现，借助新媒体时代的平台，青年群体愈发地渴望发出自己的声音，改变社会一些弊端与不足，"打破蓝绿""无党籍"在许多场合开始被重视起来，在这种情况下第三世代也会更倾向于保持政党偏好的中立，保持自主的政治立场与意识。

对于拥有政党偏好的选民来说，表 2 揭示了不同世代在政党偏好上的分布情况。其中最为明显的趋势就是对国民党大幅下降，第一世代与第二世代都成长在国民党一党执政时期，历经了国民党从一党独大到解严开放再到政党轮替的一步步权威衰落的过程，长期的接触与认识使得他们保持了一定程度上对国民党的政党偏好，而青年世代则见证的是开放性选举以及"解严"后的政治环境，不满于国民党多年积累的弊病，表格中的数据也体现出他们对国民党偏好大幅降低。另外，崛起于 20 世纪 80 年代后的民进党吸引了更多第三世代的偏好，其比例相对于第一与第二世代有着很大的提升。还有一个值得关注的地方在于，第三世代对于其他政党偏好陡然升高，因为选项中已包含了台湾现行政治生态中的主要参与政党，唯一没有纳入选项的就是近年来活跃于青年群体的"时代力量"政党，表 2 的数据也能反映出"时代力量"的确更加贴合第三世代的喜好。而且，更加激进的"深绿""台联党"也在第三世代中得到了较多的偏好，可以反映出所谓"台湾本土意识"在青年群体有着更多的体现，这也值得我们警惕与反思。

表 3 台湾地区不同世代选民的政党观感情况

		第一世代	第二世代	第三世代	全体世代
国民党观感	平均分	47.4	42.9	35.1	40.3
	标准差	26.1	24.5	24.1	24.9
民进党观感	平均分	48.5	47.8	46.9	47.5
	标准差	26.3	23.5	23.7	23.9

资料来源：根据台湾地区"科技部"《台湾传播调查资料库 TCS2015》绘制

在政党观感的维度上，我们想要观察的是不同世代的选民对政党在情感上的评分，这既有一定长期接触时留下的印象，也包括了对短期内政党议题人物的看法，在政党认同概念中处于中间地带。从表 3 的分数分布情况，我们可以总结出在世代之间国民党的观感分数是逐代下降的，且下降幅度也较大，而民进党也存在下降的趋势，但幅度很小。越年轻的世代对国民党的观感评分越低，结合上文关于政党偏好的论述，我们可以进一步看出国民党多年的顽疾弊病使得青年世代愈发的不满。另外，根据本文对世代划分标准的定义，第一世代指的是 70 岁以上的老年群体，其中包括了一部分跟随国民党败退而来到台湾的群体，也包括了在台湾出身成长的本省人士，他们之间有着截然不同的省籍或族群情况，这些都是影响政党观感的重要因素。在本次调查中并没有在一个世代内区分这些因素，所以在结果中我们可以看到第一世代对国民党和民进党的观感有着更大的标准差，表明内部之间差异较其他世代更为严重。

表4 台湾地区不同世代选民政党议题的认知情况

单位：%		第一世代	第二世代	第三世代	全体世代
国民党擅长的议题	前三位	都没有（63.5%）	都没有（45.3%）	都没有（48%）	都没有（48.3%）
		促进两岸关系和平发展（26.7%）	促进两岸关系和平发展（40.3%）	促进两岸关系和平发展（36%）	促进两岸关系和平发展（37.1%）
		提升台湾"国际"地位（14.2%）	维系政局稳定（19.6%）	提升台湾"国际"地位（13.8%）	提升台湾"国际"地位（16.4%）
	后三位	取消黑金政治（2.1%）	取消黑金政治（4%）	取消黑金政治（1.7%）	取消黑金政治（2.9%）
		解决失业问题（2.7%）	处理教育改革（4.8%）	解决失业问题（3%）	处理教育改革（4%）
		处理教育改革（3.9%）	解决失业问题（6.6%）	推动民主改革（3%）	推动民主改革（5.2%）
民进党擅长的议题	前三位	都没有（63.9%）	都没有（45.8%）	推动民主改革（40%）	都没有（45.2%）
		推动民主改革（21.9%）	推动民主改革（32.6%）	都没有（39.7%）	推动民主改革（34.5%）
		促进经济发展（10.1%）	取消黑金政治（17.4%）	促进经济发展（13%）	取消黑金政治（13.7%）
	后三位	促进两岸关系和平发展（3.7%）	促进两岸关系和平发展（3.2%）	促进两岸关系和平发展（3.6%）	促进两岸关系和平发展（3.4%）
		维系政局稳定（4.1%）	维系政局稳定（5.3%）	维系政局稳定（7.1%）	维系政局稳定（5.9%）
		提升台湾"国际"地位（5.4%）	提升台湾"国际"地位（8.3%）	促进省籍族群和谐（8.6%）	促进省籍族群和谐（9.1%）

资料来源：根据台湾地区"科技部"《台湾传播调查资料库TCS2015》绘制

表 5 台湾地区不同世代选民政党人物特质的认知情况

单位：%	第一世代	第二世代	第三世代	全体世代
国民党政治人物所具备的优秀特质	都没有（64.6%）	都没有（53%）	都没有（58.4%）	都没有（56.3%）
	经验丰富（23.8%）	经验丰富（31.1%）	经验丰富（25.1%）	经验丰富（28%）
	具有亲和力（11.2%）	具有亲和力（13.2%）	具有亲和力（8.2%）	具有亲和力（11%）
民进党政治人物所具备的优秀特质	都没有（57.1%）	都没有（37.8%）	都没有（36.6%）	都没有（39.3%）
	具有亲和力（25.3%）	了解民众需要（29.3%）	具有亲和力（31.3%）	具有亲和力（29.5%）
	了解民众需要（22.8%）	具有亲和力（29%）	了解民众需要（29.1%）	了解民众需要（28.6%）

资料来源：根据台湾地区"科技部"《台湾传播调查资料库 TCS2015》绘制

在短期层次的政党认同概念中，本文通过对政党议题与政党人物特质两个维度的数据来观察不同世代之间的差异。表 4 所呈现的是不同世代对于国民党和民进党所擅长的社会议题的分布情况，TCS 问卷提供了 11 个可供多选的选项（包括 10 个社会议题与 1 个"都没有"），本文罗列了每个世代选择最多的三个议题代表该政党最擅长的，以及三个选择最少的议题代表最不擅长的。同样的，表 5 揭示的是不同世代对国民党和民进党的人物特质中选择最多的三个选项。

通过表 4，我们看到在国民党最擅长的议题上，三个世代的选择基本一致，差别之处在于选择的比例上。其中第一世代选择了最多的"都没有"反映出他们对国民党能力的失望，这也许可以被解释为 70 岁以上的老年群体经历了国民党一路走来的长期发展过程，对国民党一直未能实现既定目标并深陷各种弊病感到不满，导致其认为国民党无能力处理好任何社会议题。虽然三个世代都会认为国民党能处理好两岸关系问题，但第二世代的选择比例比其他两个世代较高，可能是因为他们是最直接感受两岸交流从封闭到开放这种转变的一代人，前后的差异使得他们对国民党能促进两岸和平发展有着更多的信心。另外，"提升台湾国际地位"不在第二世代的前三选择中，这与其他两个世代有所差别。第二世代的成长过程中见证了台湾当局代表退出联合国、中美建交等重要政治事件，是台湾慢慢被主流国际社会边缘化的开始，使得他们可能会把台湾"国际"地位的降低归结于国民党执政的缺陷。同时，也正由于他们成长在国民党高压统治的时期，正是国民党对社会管控能力最强的阶段，让第二世代在议题选择上更愿意认为国民党能够政局的稳定。在最少选择的议题上，国民党纠缠于黑金政治的干扰成为三个世代的共识，都认为其是国民党最难以解决的议题。同时解决失业问题也在不同程度上被三个世代认为是国民党的困境，但其中我们发现第二世代对于国民党解决失业问题的认知是最好的，在第二世代的成长成熟过程中，正是在国民党执政的情况下台湾实现了经济的腾飞，一跃成为"亚洲四小龙"之一，社会经济得到飞跃式的发展，社会就业问题也自然得到了很大改善，这也影响了他们对于国民党解决就业能力的认知态度。对于第三世代而言，国民党在推动民主改革上是难以认可的，这反映出青年世代对国民党盘根错节的派系背景、不透明不公开的运行机制或是缺少年轻人表现机会等等方面的不满。

在民进党的讨论中，民进党能够推动民主改革在不同世代中存在非常清晰的上升趋势，在第三世代中成了民进党最擅长处理的社会议题。可见，标榜着"改革""本土"等旗号的民进党在民主改革方面的能力在三个世代中是愈发被承认的，多年来重视的青年工作与街头选举政治也使得民进党在青年群体中被认为是更好的改革推动力，青年世代比 70 岁以上的老年世代对民进党民主改革能力的认知提升了近 20%。我们也可以看到，第二世代更看好民进党能解决台湾的黑金政治问题，这在其他两个世代中并不是前三选项。民进党在成立伊始，就宣扬要与过去国民党深陷黑金政治不同，打出清白公开的口号，在发展初期确实也取得了一定的成果，这对第二世代的群体产生了影响。但随后民进党也同样与帮派组织和地方派系紧密联系在一起，无力于解决黑金问题，所以对第三世代而言民进党在黑金议题上就持比较失望的态度。而在后三位的议题选择上，三个世代普遍都认为民进党不太擅长处理两岸关系和维系政局稳定，但其中对于维系政局稳定的能力，存在不断上升的趋势，成长于多次政党轮替的第三世代能更好地接受民进党的一些"不稳定"因素。而且在提升台湾"国际"地位的议题上，第三世代对民进党也比前两个世代有着更多的认可。

最后在政党人物特质的维度上，表 5 的信息告诉我们三个世代对国民党人物特质的认知大体上是差异不大的，差异之处在于第一世代更加认为国民党人物不存在所提供的优秀特质，第三世代则对国民党人物的亲和力认知有所下降。而在民进党方面，选择"都没有"的比例第二、三世代与第一世代有着明显的下滑，体现着民进党人物的优秀特质在这两个世代中有着更多的认可，同样的，第二、三世代的群体也更加认为民进党人物会了解民众的需要。另外，对民进党人物具备亲和力的选择也在不断升高。

综上所述，本文分别就四个维度出发探究了不同世代的政党认同情况，通过绘制的图表突出三个世代之间的差异部分，并尝试就背后的差异原因进行了说明。

四、结论

在关于台湾地区选民政党认同的先行研究中，关于政党认同的定义往往是从认同稳定性的维度出发进行理解，而忽视了政党认同这一复杂概念中灵活性的一面。为弥补这一不足，本文尝试从政党认同的稳定性与灵活性两个特性出发，对政党认同所包含的内容进行重新界定。本文认为，政党认同包括民众对于一个政党支持或是反对的态度，对于一个政党的观感评价，以及对政党的具体事务的认知情况。从此出发，本研究把政党认同划分为四个维度进行考察，并把关注点放在台湾地区选民的世代差异上。依照年龄与所经历重大政治社会事件两个标准，本文将台湾地区选民分为三个世代，其中第一世代为 70 岁及以上的年龄群体，第二世代的年龄范围是 40 到 69 岁，第三世代为 39 岁及以下的青年。

本研究使用的是台湾传播调查资料库（简称 TCS）2015 年第四期的调查数据。研究发现，在政党偏好上，世代之间存在较大差异，青年世代更倾向于不对某一政党形成偏好。在存在政党偏好的民众当中，世代横向比较来看，对于国民党的偏好从第一世代到第三世代是逐渐下降的，同时对民进党的偏好第三世代比第一世代大为上升。在政党观感上，对于国民党的观感同样从第一世代到第三世代不断下滑，而在民进党观感上世代之间并没有明显的差异。最后在政党议题与人物特质上，不同世代由于成长环境背景的不同，对政治议题的看法有着不一样的选择，对政党人物的特质也看法各一。从各个世代内部纵向比较来看，三个世代在政党偏好上，倾向民进党的比例均多于倾向国民党的比例，而在政党观感方面，三个世代对于民进党的评价也均高过对于国民党的评价。由此可见，国民党不仅大大失去了第三世代的支持，同时也失去了第一世代与第二世代中的多数支持。

　　从上述论述结果我们可以看出，国民党的支持群体在不断缩小，在后续的各式选举中有可能处于非常不利的地位。当青年世代的影响力在不断扩大，其也更加倾向于不对某一政党形成偏好，成为处于中间地位的独立选民，那么争取第三世代更多的支持似乎是更加合理的策略。王中天曾把台湾地区中间地带的选民分为两类，一是纯粹的独立选民，二是具有一些偏向更为理性的选民。[①]对于第一类群体来说，他们对政治比较冷漠，教育程度不高，政治知识也相对匮乏，他们的投票行为比较容易受一些短期性因素如议题或政治人物等的影响。国民党若能推选出具有魅力的，并且抛出具有一定吸引力的政治议题，对争取这部分选民就更为有利。而另一部分群体，他们教育程度较高，对政治活动涉入比较深，具有不错的批判意识，其投票行为更多的是基于自己的理性判断。国民党应该利用好自己的在野身份，点出蔡英文当局目前的施政弊病，揭示其阻碍了台湾经济社会的发展和两岸之间的正常交流，展现过去两岸关系和平发展给两岸民众带来的红利，借此吸引更多理性的独立选民。

　　有几点值得说明的是，一是我们试图探讨台湾选民的政党认同因为存在世代差异而形成了世代分裂，虽然本研究意在描绘了世代之间的差异图景，每个世代的选民确实也因为其成长成熟的独特政治社会环境而具有自己的政党认同，但同一世代内部也存在着很大的分歧差异。认同更多的是个人心理层面的内涵，每个世代的群体特征虽然深深影响了个人层面的认同情况，但是否因此而存在世代的分裂与对立并不是本文想要讨论的内容，有待后续的进一步观察。二是本文所呈现的差异图景，并不是具有一定时间序列的变迁情况，而是从时间点出发的横截面数据，注重的是一个时间截面上的差异现状，而不在讨论这种差异的稳定或变迁。

---

　　① 　王中天：《独立选民的类型及其投票行为：台湾 2008 年"总统"选举的观察》，《选举研究》，2010 年第 2 期，第 45—48 页。

网络虚拟社区之意识对台湾新世代
政治参与行为影响探讨

姚德辉[*]

一、导论

根据 We Are Social 和 Hootsuite 两大网站共同发布《2018 全球数字报告，互联网使用者超 40 亿》指出，过去一年，每天都有百万人开始使用社交媒体，平均每秒新增 11 人，全球使用社交媒体的用户增加了 13%，互联网用户每日平均在线 6 个小时，互联网已经占据了人们清醒时间的 1/3，以台湾人民特爱用 Facebook 网络社群，13—17 岁用户的增速为 5%。[①] 可见随着手机的普及与互联网的广泛使用，透过互联网中介的沟通，让人们可随时随地与朋友互动与维持社交关系，其影响力不容小觑。互联网是一个开放的结构，人们在运用互联网下虚拟社区，除为满足本身社交动机，更在此新类型的社会活动中与他人互动，建立互利关系，[②] 频繁的互动之下促使社群中群体行为的改变。

虚拟社区的出现，打破许多现实环境的藩篱，如国家的疆界、人际关系的连结等，转换、改变了既有的社会现象，亦即只要在网络社群中分享相同的沟通符号（例如，价值、目标等），就能整合入新的节点。一个以互联网为基础的虚拟社会结构是一个具有高度活力的开放系统，能够无止境地解构与重构既有的社会政治文化，实时处理新价值与公共心态的政治体。虚拟社区的多元认同

---

* 作者简介：姚德辉，男，台湾东海大学政治学系博士生，邮箱 yau8926@yahoo.com.tw.

① *Tech In Asia .Digital snapshot: Internet and social media use in 2018*, 2018 年 4 月 30 日检阅 ,https://read01.com/xD5Kmy2.htm

② Brewer, *M. B., Taking the Social Origins of Human Nature Seriously: Toward a More Imperialist Social Psychology*. Personality and Social Psychology Review, 2004, 8(2): pp.107-113.

观点挑战了传统单一的认同观点，特别是台湾新世代在互联网环境下成长，更深受互联网的影响带来更多元化的认同观点。其影响可分为个人与整体环境两种层面。前者是指虚拟社区对人们的语言、社会、政治行为有所影响；后者是指虚拟社区造成社群成员的整合或分裂及对人际关系的重新定位、国家认同的形成。①

目前有关网络虚拟社区对政治参与行为影响的研究，尚在起步阶段，因此，本研究透过现今台湾新世代热络参与的网络社群所产生的虚拟社区意识是否与实体的社群一样，对其本身参与政治活动行为有所互动性。在梳理台湾新世代参与网络社群交流中的现状与问题基础上，来分析找出在网络虚拟社区之意识对个人政治行为影响相关因素。具体而言，本研究试图解决以下研究问题：

一、探讨台湾新世代在网络社群中交往形式与途径之各项因素？

二、探讨台湾新世代在网络社群中是否会受社群意识影响情况？

三、探讨台湾新世代在网络社群中是否会受社群意识影响政治参与行为的情况？

二、文献探讨

（一）网络社群（online community）

Howard Rheingold ② 认为网络虚拟社区是"一个在互联网上虚空间的社会集结"；一群人进行长时间的公众讨论，彼此拥有足够的情感之后，营造出彼此相互连结的意象时，就具备了形成虚拟社区的意识文化。当人们的社会人际互动模式由传统人与人的实际接触，转换成为以网络群聚的新型虚拟社区的生态，互联网中各种虚拟社区的出现，其发展与演变有别于传统社会实体社群。③在网络社群中聚集对共同主题、兴趣的用户，跨越传统地域与文化的限制，在同一个虚空间里进行分享与交流。④像 FB、Line、微信等知名的网络社群，这

---

① 杨堤雅：《互联网虚拟社区成员之角色与沟通互动之探讨》，台湾中正大学，2000 年。

② Howard Rheingold., *The Virtual Community: Homesteading on the Electronic Frontier*. London: MIT Press ,1993.

③ Debei, M. M. A., Lozi, E. A., and Papazafeiropoulou, A., *Why People Keep Coming Back to Facebook: Explaining and Predicting Continuance Participation from an Extended Theory of Planned Ehaviour Perspective*. Decision Support Systems ,2013,55 (1): pp.43-54.

④ Trusov, M., Bodapati, A. V., and Bucklin, R. E., Determining Influential Users in Internet Social Networks. *Journal of Marketing Research*, 2010,47 (4): pp.643-658.

些网络社群提供了丰富的媒介功能，像是短信、视频分享、电子邮件和博客，这些相互关联性和社会性功能，让参与者满足自己在情感取向上的需求，并从社群网络的网络外部性得到的两方面好处，包含在技术方面是网络社群的应用程序提供了消遣娱乐、促进用户互动机制的技术层面；社会方面是让参与者获得情感与信息方面的社会支持。[①]

互联网各种以网络为基础的虚拟社区，就如同真实世界里一样，使用者个人的情感状态、社群的"环境"与社群成员间的"互动"都会影响使用者对于社群是否产生归属感，就像实体世界里人对于小区、社会、国家的归属、认同与支持的行为。所以人们在互联网上频繁沟通互动，久而久之，有共同喜好者便会形成一种具信息分享与相互信任、接纳与情感支持的专属网络虚拟社区意识。当个人知觉与网络社群中其他参与者的态度同构型愈高，知觉该社群内容与个人兴趣的相符性愈高，愈倾向对于该网络社群形成高度的虚拟社区意识[②]，所以本研究聚焦在了解台湾新世代在网络社群互动媒介下，所产生虚拟社区之意识，如何影响彼此信任、接纳与情感交流，进而对其政治行为参与影响程度。

（二）虚拟社区意识（sense of virtual community）

从社会心理学的认知观点来看，"社群"含有共同体的意义，McMillan 与 Chavis 认为社群意识可让成员能分享彼此需求、关心他人和融入团体有归属感，进而产生的认同感。[③]若将社群意识的概念引用至网络虚拟社区中，也会发现类似情形。在网络虚拟社区也可以经由共同的价值、规范和所链接的共同情感，构成社群特有的文化和成员共享的集体意识；Blanchard 与 Markus 发现，虚拟社区意识的主要构面为"交换支持"与"认同"，其产生始于成员交换支持，再依序产生和制造认同感、信任感和虚拟社区意识，这可视为一种社会化过程。[④]

由上可见随着网络出现，当实体社群逐渐转移到虚空间上，人们与某些人、

---

① Liang, T. P., Ho, Y. T., Li, Y. W., and Turban. E., What Drives Social Commerce: The Role of Social Support and Relationship Quality. *International Journal of Electronic Commerce*, 2011-12,6(2): pp.69-90.

② 康耕辅：《"为什么网友会在消费社群网站上分享？"探讨知觉同构型、团体认同与消费信息分享行为》，2010 年中华传播学会年会论文，2010 年。

③ McMillan, D. W., & Chavis, D. M., *Sense of community: A definition and theory*. Journal of Community and Psychology, 1986,14(1):pp.6-23.

④ Blanchard, A. L., & Markus, M. L., *The experienced sense of a virtual community: characteristics & processes*. Database for Advances in Information Systems, 2004.

事、地、物有长期且密切的接触经验后，会对于个人产生重要的正向连系意义。而这个意义其中之一就是社会认同。"社会认同理论"最早由学者 Tajfel 和 Turner 提出，是指个体透过不同的群体成员归属所组成的自我面向，同时这些面向对个人而言，是充满了情感和意义上的重要价值。[①] 社会认同由三个主要成分组成：1. 认知的社会认同（cognitive social identity）：在社会认同的分类过程中是明显可见的，指的是个人对虚拟社区的成员形成自我意识，包括与社群成员的相似之处和非成员的相异处，成员身份带有界限，界限会为成员带来所需的安全感、情感表露与亲密关系的发展。2. 评价的社会认同（evaluative social identity）：是衡量个人是以群体为基础或是共同的自尊，也被定义为以属于特定社群为基础的自我价值评估。3. 情感的社会认同（affective social identity）：指的是对群体情感投入的感觉，其特征是对群组正向的患难与共情感的认同、参与和共享情感依附。[②③]

认同的形式有很多种，包括族群、国族、阶级、宗教、性别、地方等。然而，随着全球化脉络，以及互联网虚拟文化的出现，提供个人新的虚拟社区关系与社会认同的机会，[④] 当个人对于社群团体产生自我归类的现象时，即可能对团体形成社会认同，并采取与其他成员相似的集体行为。[⑤] 由于互联网中各类网站虚拟社区其匿名性与缺乏视觉线索的网络环境里，提供对等、双向有效的沟通与协商，个人会在网络社群与他人的互动而产生认同感，通过团体的认同感能促进网络社群成员彼此的了解、融合。而个人的认知互动性复杂，其所产生的影响不一，网络社群成员之社会认同差异所产生虚拟社区意识是本研究之核心。因此，研究者将本文的目标定位台湾新世代在网络社群互动交流的认知

[①] Tajfel, H., *Experiment in a vacuum. In J. Israel & H. Tajfel (Eds.).* The context of social psychology: A critical assessment. London, UK: Academic Press,1972,pp. 69-119.

[②] Dholakia, U. M., Bagozzi, R. P., and Pearo, L. K., *A Social Influence Model of Consumer Participation in Network- and Small-Group-Based Virtual Communities.* International Journal of Research in Marketing , April 2004,21(3):pp.241-263.

[③] Ellemers, N., Kortekaas, P., & Ouwerkerk J. W., *Self-Categorisation, Commitment to the Group and Group Self-Esteem as Related but Distinct Aspects of Social Identity.* European Journal of Social Psychology,1999,29(2-3):pp.371-389.

[④] Postmes, T., Spears, R., & Lee, M., *Breaching or building social boundaries? SID Eeffects of computer mediated communication.* Communication Research, 1998,25(.6): pp.689-715.

[⑤] Postmes, T. Spears, R., Sakhel, K., & de Groot, D. , *Social influence in computermediated communication: The effects of anonymity on group behavior.* Personality and Social Psychology Bulletin,2001,27(10): pp.1243-1254.

互动因素探究，并深入了解台湾新世代在网络社群影响下对"我群"认同进而内化产生集体社群意识的意涵。

（三）政治参与行为（political participation behavior）

以往探讨个人政治社会化过程，主要分为微观与宏观层次。从微观的角度来看，研究个人如何学习政治规范、信念、价值及制度的过程。而宏观层次主要从整个系统的角度，企图解释政治结构的维持与变迁。从系统论来看在政治系统与政治社会化的关系上，特别重视媒介因素对系统的影响。政治系统与媒介之间，不断的交互作用影响个人对公共事务价值与态度，导致政治社会化的结果。[①] 近年来，由于互动性高并有丰富内容的网络社群相继出现，除提升了政治信息的传散数量与速度，也提供个人接触他人借以沟通与讨论政治议题的另类管道，但网络的信息传播主体是多元化、交互式，使得网络的信息在内容、价值上往往不一致，易造成个人的价值混乱影响政治参与行为，也正是因为网络社群可提供多元且更便利的政治参与方式，社群成员在网络社群时间愈长，就愈可能发展出专属于网络的另类政治参与模式，使得网络社群媒介功能受到关注。[②]

Kushin 与 Yamamoto 研究 2008 年美国总统大选中有关网络社群与政治参与关系，将网络的政治活动分成两大类，第一类为信息寻求行为，个人可以透过网络来搜集信息；第二类则指个人可以与参与网络政治活动与其他人互动。[③] 而政治活动的类型也分成传统网络资源、社群媒体与网络表达，以此来探讨与政治效能和政治参与之间的关系。因此，互联网时代中，透过网络虚拟社区参与网络政治活动逐渐被视为一种政治参与行为的具体实践。通常一般人常认为年轻新世代似乎对于政治高度冷感，[④]Delli Carpini 研究显示美国年轻人的政治

---

① 陈义彦：《台湾地区大学生政治社会化之研究》. 台北：德成，1979 年版。

② Bimber, B., The study of information technology and civic engagement. *Political Communication*, 2000,17,pp.329-334.

③ Kushin, Matthew James and Masahiro Yamamoto., *Did Social Media Really Matter? College Students' Use of Online Media and Political Decision Making in the 2008 Election*. Mass Communication and Society ,2010,13(5):pp.608-630.

④ Sax, L. J., Astin, A., Korn, W., & Mahoney, K., *The American freshman national norms for fall 1997*. Los Angeles: Higher Education Research Institute,1997.

参与行为近年来有降低趋势，[①]原因有三：1. 年轻人的政治效能感较低；2. 年轻人缺乏公民参与机会；3. 年轻人欠缺公民参与能力。但 Quintelier 与 Vissers[②]研究发现青少年参与部落格与网络讨论团体，关注新闻或者转寄政治邮件皆和实体的政治参与有关，会影响其政治信任程度，提升政治参与的层次。由于年轻新世代正是网络主要使用族群，基于网络社群媒介的特殊性，网络虚拟社区之意识对这个参与动机较弱也较欠缺实体社会参与管道的年轻新世代族群，对其政治参与行为之影响是值得本研究深入探讨。

三、研究方法

本研究以深度访谈法做为主要研究工具，研究者于访谈之初，先请受访者详细回顾使用互联网中，在网络社群与网友相处过程中印象深刻之重要事件，随后再系统的询问研究者事先拟定的一套半开放式访谈题组，并在必要时深入访问与本研究相关子问题。待数据收集完成，研究者遂针对访谈内容转换之逐字稿进行归纳还原，检视受访内容中一再出现的重要议题，最后并对这些主题进行诠释。

（一）受访者招募与访谈流程

本研究之台湾新世代受访者以台湾籍的大学在学生（包含大学生与研究生）为主要对象，且在网络社群等新媒体使用中曾与网友有互动经验持续至少一个学期以上者。招募与访谈之涵盖期间为 2018 年 2 月至 2018 年 4 月，研究者以中国台湾之某私立大学为主要受访者招募校园，并透过大学生的人际脉络以滚雪球的方式介绍台湾其他地区（北、南、东部）至少 2 位受访个案。本研究之受访人数取决于资料搜集内容是否已经出现饱和的结果，当研究者发现受访者的陈述已不断出现重复、类似的经验时，遂停止招募新的受访者。访谈进行的地点为邻近车站或学校图书馆，平均访谈时间为 45 分钟至 1 小时。每位受访者皆被问及与网友接触时的重要事件、曾经引发正负面感受的经验，以及和对方

① Delli Carpini, M., Gen.com: Youth, civic engagement. and the new information environment. *Journal of Communication*, 2000,17, pp341-349.

② Quintelier, Ellen and Sara Vissers., The Effect of Internet Use on Political Participation: An Analysis of Survey Results for 16-Year-Olds in Belgium. *Social Science Computer Review*,2008, 26(4): pp.411-427.

沟通时所观察到的认知与价值观念差异造成对己政治参与行为，访谈结束后并再次允诺不透露其真实姓名。

（二）受访者资料

本研究受访者则有 13 名，6 位为女性，7 位为男性，平均年龄是 22.8 岁。当中有 10 名本科学生，3 名硕士学生。其主要就读社会科学系所，包含政治、经济、教育、社工、企业管理等，在网络社群使用中曾与网友平均接触的时间大约为 4.2 年（表 1）。

表 1 受访者基本数据

编号	性别	年龄	学校科系年级	与网友平均接触的时间	
T1	男	20	北部 O 私立大学社工系二年级	五年	是
T2	女	22	北部 O 私立大学企管系三年级	四年半	否
T3	男	21	北部 O 公立大学公行系二年级	三年	是
T4	男	25	中部 O 私立大学政研所一年级	五年半	否
T5	男	26	中部 O 私立大学政研所二年级	六年	是
T6	女	23	中部 O 私立大学政治系四年级	四年	否
T7	女	23	中部 O 私立大学企管系四年级	四年半	是
T8	女	25	中部 O 公立大学教研所一年级	二年半	是
T9	女	22	南部 O 私立大学经济系三年级	四年	否
T10	男	23	南部 O 公立大学教育系四年级	四年	否
T11	女	22	南部 O 公立大学教育系三年级	三年半	是
T12	男	22	东部 O 公立大学公共事务三年级	四年	是
T13	男	23	东部 O 公立大学教育系四年级	四年	否

数据源：本研究整理

四、研究结果

本研究透过深度访谈法呈现台湾新世代运用互联网在网络社群参与立场和看法对其政治参与行为影响，故以下兹将研究结果分述如下：

（一）台湾新世代"网络社群"参与及"我群"认知

访谈过程中，台湾新世代大都一开始基于好奇心及个人兴趣喜好需求因素，发现许多网络社群内各项资源丰富及易于取得是愿意参与网络社群的动机，在讨论交流互动过程中，发现社群中网友乐于在各项专业新知交流分享，让台湾新世代愿意持续在网络社群与其他人互动并交换信息进而产生之人际关系。

> 现在玩这款手机网络游戏碰到打魔王，会去网络社群求救（T1）。在PTT上有许多考古题库可以获得（T7）。我正在学习3D数字绘画，在社群讨论区可以找到最新绘图软件还有网络操作教学（T9）。我因论文报告需要在讨论区丢出问卷，马上就有人响应，有人帮助真好（T5）。

参与的概念在心理学领域中，被认为是一种主观的心理状态，个人会根据自己的需要、价值和兴趣，参与对个人有重要相关性活动的群体，[①] 因互联网的普及而出现，使各种不同需要的人，都能寻找到适合自己需求的社群，在物以类聚下，个人会在网络社群中寻找并认识与自己适合的其他成员一起讨论、分享信息与响应，聚合一个兼容性高的群体，可能是驱使台湾新世代参与网络社群形成团体认同进而产生社群意识的前提因素。

在访谈过程中，大部分的台湾新世代认为因使用互联网，发现自己在网络空间中与其他人拥有相似的兴趣、价值观等因素，进而发展出人际关系，认知自己属于这个群体，有种归属感，从而提升认同感并认同自己属于这一群体的个人认知。

> 我在社群网聚中认识现在女友，我们时常一起打怪分享宝物（T3）。我的兴趣喜好是动漫，在动漫网站结识跟我同样喜好火影忍者的网友，"我们"常讨论角色扮演（cosplay）（T11）。"我们"当然是朋友，朋友就是要有难相助，上回玩游戏打魔王，版主号召，各路人马一起打感觉真爽（T10）。

---

① Barki, H., and Hartwick, J. , Rethinking the Concept of User Involvement. *MIS Quarterly*, March 1989,13(1): pp. 53-63.

访谈中部分的台湾新世代认为，为维持与社群成员的关系，会积极参与网络的社交活动，像是网络社群经常办的网聚，邀请成员出来见面聊天。一来增加成员间情感，产生良性互动，二来有机会和社群管理者直接面对面沟通或建议，有了这个"见面三分情"，更是凝聚社群"我群"认知。

> 我上次跟网友一起追怪，就是《神奇宝贝》，大家还一起去"打超梦"，好过瘾（T1）。上回网聚见过这个人一面，当回到网络世界，再看到这个人的昵称时，顿时感觉就亲近了许多，如果是正妹／帅哥，还会比较想再和他／她做进一步的互动呢！呵呵（T7）。

当传统实体社群转移到虚空间上，网络用户可依据需求，归属到各类不同旨趣的网络社群当中。社群内因互动创造关系，有关系就带来认同，一旦个人认知觉察到自身隶属于某些群体（我群），则个人的社会认同便开始形成，[①] 本研究发现台湾新世代因"相同兴趣主题"参与网络社群，能主观认知且区辨出在网络社群互动交流因素是"相同兴趣主题"，再认识志同道合网友后，为维持彼此的关系，会进一步参与实体环境的社交活动而互相影响形成"我群"互动关系。

（二）网络社群意识认同强弱之分

访谈中发现台湾新世代原只想在"相同兴趣主题"上与网络社群维持联系，满足自己需求，然在互动与沟通过程中和密切的成员形成紧密"我群"关系后，因在网络新媒体中许多制作精美音乐、电影、戏剧、美食等"非相同兴趣议题"，这些议题促进台湾新世代与网络社群中"我群"成员进一步互动交流讨论。

> 动漫版上有人丢出热血系动漫音乐话题，引发大伙热烈讨论，好过瘾（T3）。上次科技版版主办了在地美食一日游网聚，广获大家好评，下回还有类似网聚，我一定要报名参加（T8）。

台湾新世代在访谈中表示社群中某些议题，如政治相关议题，通常会引发意见不同的双方论战甚至有"洗版"情况或网络霸凌事件发生。但大部分台湾学子其实很清楚台湾政治在制度运行下形成泾渭分明的两党制，其主要意识形态差别在于对台湾主权的"统独"立场对抗，已纷扰台湾数十年，各社群成员各持不同的立场，早已习以为常，碰到这种口水战，原则尊重每个人言论自由，

---

① Gudykunst, W. B., *Bridging differences: Effective intergroup communication (3rd ed.)*. Thous and Oaks.CA: Sage,1998.

多数认为最好是"避而不谈"。多数台湾新世代表示若会与"我群"朋友深交前，大都会事先约定，不愿意深入谈论在政治意识形态认同上的差异，因为认为此项话题根本是无解难题，以免破坏彼此"双方情谊"。

> 像最近台湾与多米尼加"断交"事件，网站讨论沸沸扬扬，"国际"现实面就是如此，就像台湾政治谈话节目每天吵来吵去有何用（T2）。有时社群会突然出现某些"爱台湾"或"爱中国"议题，我通常保持沉默不表意见（T6）。我时常跟好友说，先摆脱那些有的没的政治话题，真的受够了（T9）。

Bellettin 等人强调同侪压力的影响力，[1] 认为民众透过人际连结传播会形成服从团体期待的社会习惯，网络社群意识是透过网络与他人互动活动中，认知互动性会让个人感受温暖人性化的感觉，个人会更深入参与这互动中，进而影响透过内化的方式运作整合到自己的认知信念，形成强烈的认同感。[2] 但有趣的是从访谈中发现台湾新世代网络社群意识认同强弱，除社群中"相同兴趣主题"外，"非相同兴趣议题"则是在与密切的成员形成紧密"我群"关系后，能透过交流互相影响。但此议题如牵涉政治意识形态相关议题，台湾新世代则冷漠看待与现行相关研究有相同结果，[3] 台湾新世代认为此乃台湾政党恶斗现状层面所致，在网络社群间谈论无济于事。

（三）网络社群意识对政治参与行为之影响

台湾新世代如前所述在互联网中对层出不穷的政治意识形态相关议题淡定以待，但社群中有时会因偶发时事引起大家热烈讨论甚至参与，部分台湾新世代在受访中表示，个人在网络社群互动会受已拥有的各种社会关系影响，如现实生活中有亲人、好友对某些事务、政策偏好，而这些公共事务、政策与个人有关，会影响个人观念看法，进而影响"正、负面"的推论及认同归因，进而参与相关公民政治参与运动。

> 最近一例一休后薪水没涨万物齐涨，我在打工时薪也没涨又有学贷，最近社群有人号召要去抗议，我也想去赞声（T8）。上次洪仲丘"白衫军

---

[1] Bellettini, G., Ceroni, C. B., & Monfardini, C., *Neighborhood heterogeneity and electoral turnout*. Electoral Studies,2016,42,pp.146-156.

[2] Lu, J., Yao, J. E., and Yu, C. S., *Personal Innovativeness, Social Influences and Adoption of Wireless Internet Services Via Mobile Technology*. Journal of Strategic Information Systems , September 2005,14(3):pp.245-268.

[3] 黄佳婷:《当代台湾青年的政治参与：从批判性公民的角度分析》,台湾大学,2017 年论文。

运动"，同学和社群好多人去，我当然也有参加，因为以后当兵如果是我碰到，那怎么办（T5）？

个人透过网络社群的沟通与交流，建立维持与他人的连结，进而感受心理上的存在与认同，因此当网络社群有意义成员影响越大，会导致更高的社会认同与认知互动性；此外，个人在现实社会群体中也会体验到来自其他成员的一致性压力，此行为会对使用者的社会认同与认知互动性产生更强大的影响。[①] 因此，政治动员往往是透过意识形态同构型高的社群人际连结来传递，[②] 以往台湾政治活动参与是透过政党、地方派系动员参加。[③] 本研究发现台湾新世代虽然对相关政治意识形态议题冷感漠视，但在面临台湾钱空、人空、政策空的"三空状态"，[④] 当行政当局不能提出解决方案，施政无感无法有效解决青年就业、薪低困境，未能有效响应青年需求。台湾新世代在现实层面上面对己有关事务、政策上，如果此时有认知互动性强的社会关系，像现实生活中家人、亲人或网络社群"朋友圈"影响，个人会受其影响做出"正、负面"的推论及认同归因，台湾新世代会因认知互动性做出有利于个人的认同归因，会自发性进一步参与相关民众政治参与运动，就此结果可解释近年来为何台湾新世代自发性参与在网络串联发起大规模的新形态民众政治参与运动，如"反服贸""白衫军运动"，而非传统政治动员模式，实因青年感受不到愿景，不得不挺身而出，迫使行政当局需正视青年问题并给予响应。

五、结论

本文旨在探究网络虚拟社区之意识对台湾新世代政治行为参与影响之各项因素，在网络社群中双方互动沟通的过程中，区辨出哪些社群之意识认同相互影响台湾新世代政治行为参与背后的原因为何？本研究采用深度访谈法，一共访谈了13位青年学子，研究结果可做下列结论：第一，青年学子因需要、价值

---

① Sridhar, S., and Srinivasan, R., *Social Influence Effects in Online Product Ratings*. Journal of Marketing , September 2012,76(5).

② Fieldhouse, E., Lessard-Phillips, L., & Edmonds, B., *Cascade or echo chamber? A complex agent-based simulation of voter turnout*. Party Politics, 2015,22(2): pp.241-256.

③ 黄秀端：《1994 年省市长选举选民参与竞选活动之分析》，《选举研究》，1995 年第 2 期，第 51—76 页。

④ 许毓仁，《许毓仁观点：台湾青年的"三空"低薪困境 . 风传媒》，2018 年 4 月 30 日检阅，http://www.storm.mg/article/249784。

和兴趣与自己处境相似的网络成员共同讨论，分享信息与响应，进而感觉自己隶属此网络社群是形成团体认同的前提因素；第二，青年学子能主观认知并区辨出参与网络群组是因有相同兴趣主题而形成"我群"互动关系并互相交流影响；第三，青年学子在网络社群参与"非相同兴趣议题"上，对政治意识形态相关议题表现冷漠感，但受台湾面临钱空、人空、政策空的"三空状态"，青年学子面对尔后就业、薪低困境，加上现实生活中亲人、朋友或网络社群"朋友圈"影响，会对己有关公共事务、政策上受其影响做出正面的推论及认同归因，进一步参与相关公民政治参与运动。研究者依本文结果与文献进行分析比对，最后提出几点理论研究贡献如下：第一，针对影响网络社群成员"我群"认同因素，研究者根据参与者的心理因素，像社会认同与认知互动性，来解释影响青年学子参与网络社群的原因与彼此间的实际现况影响关系；第二，本研究的发现能提供青年学子在网络社群中与网友互动交流，其社会认同与认知互动性会受密切的成员形成"我群"紧密关系及现实生活中亲人、朋友圈联动影响，个人做出"正、负面"的推论及认同归因，进一步参与相关社会活动，可解释台湾近年来在网络串联发起大规模由青年学子自发参与的新形态民众政治参与运动。

　　本研究的限制与未来研究说明如下，首先，本研究的发现可能无法解释其他未运用参与网络社群互动的台湾新世代政治参与行为影响因素，因为我们只调查了当前的参与者。未来研究可进一步探讨，网络虚拟社区之意识对台湾新世代在运用和未运用在参与政治行为彼此间影响的差异比较。另外本研究受限于时间因素仅能在 2018 年的时空层面做横断面调查，唯在短时间所呈现样态较难呈现完整的面貌，建议后续研究者可以进行长期追踪研究以求更完善。再者，本研究着重于访谈与质性研究方式，未来之研究者若能配合量化方式进行相关资料统计分析，相信对本议题能有更进一步的研究成果与发现。

经济分论坛优秀论文

台湾第三方支付的发展及两岸合作前景研究

时梦怡[*]

摘要： 支付宝 2018 年 1 月 2 日发布的《2017 年中国人全民账单》显示，2017 年大陆 5.2 亿支付宝用户的移动支付占比为 82%，不带钱包出门已成为人们的新习惯，并成为世界的新时尚。与大陆第三方支付的繁盛相比，台湾第三方支付的落后显而易见，对第三方支付的研究也还处于初步探索的阶段。本文将在两岸经济合作的大背景分析下，探索台湾第三方支付的发展历程和现状，分析台湾第三方支付面临的问题和发展趋势，从而寻找两岸合作发展的广阔前景。

关键词： 台湾第三方支付　支付宝　微信支付　两岸经济合作

一、引言

第三方支付是指具备一定实力和信誉保障的独立机构，采用与各大银行签约的方式，通过与银行支付结算系统接口对接而促成交易双方进行交易的网络支付模式。在第三方支付模式，买方选购商品后，使用第三方平台提供的账户进行货款支付（支付给第三方），并由第三方通知卖家货款到账、要求发货；买方收到货物，检验货物，并且进行确认后，再通知第三方付款；第三方再将款项转至卖家账户。[①] 近年来大陆互联网经济迅猛发展，与此同时第三方支付的规模也不断扩大，逐渐占据了人们日常生活的方方面面，甚至取代了银行卡和现金，成为人们进行支付的主要方式。

---

[*] 作者简介：时梦怡，女，甘肃天水人，北京联合大学台湾研究院研究生。
[①] 大陆第三方支付，百度百科，https://baike.baidu.com/item/ 第三方支付 /565488?fr=aladdin。

第三方支付平台的概念在大陆最早是由阿里巴巴集团总裁马云在 2005 年 1 月第 35 届达沃斯世界经济论坛上提出，2005 年也因此被称为第三方支付元年，第三方支付平台在这一年竞相出现。相对于实践中的发展，大陆对于第三方支付的理论界定则较晚。宋仁杰、袁海威认为，第三方支付属于金融机构，但业务上并没有涉及贷款业务，因此第三方支付应定义为非银行金融机构。[①] 汪君君从传统民法定义支付与现代贸易相结合的角度，指出第三方支付是一些具备良好信誉的第三方支付平台和产品所在国的各大银行签约。钟伟和顾弦参考美国的监管模式将第三方机构定位为"货币服务机构"，接受央行和监管部门的相关监管。[②]

相对于大陆第三方支付的蓬勃发展和遍地开花，台湾的第三方支付发展就较为缓慢，台湾民众对第三方支付的接受程度并不像大陆这么迅速，相关的规定也是近几年才陆续出台。在台湾地区，可办理第三方支付服务的业者有两种，一种是金融机构，也就是目前"金管会"同意办理网络交易代收代付服务的银行；而另一种是非金融机构，就是目前在网络平台上办理第三方支付服务的业者。第三方支付在台湾被普遍定义为：为了解决"双方契约无法同时履行"且"缺乏信任基础"的买卖，而衍生出来的支付方式。[③] 具体指的是由第三方业者居中于买卖家之间进行收付款作业的交易方式。也就是说，当交易时，买家先把钱交给第三人，等收到货物没问题后，第三人才将货款给卖家。这时候的第三人指的就是"第三方支付"。目前来说，台湾对于第三方支付的研究还处于一个初级阶段，新闻里时有出现台湾第三方支付与大陆发展对比，但对于两岸第三方支付的相关理论都少有研究，大部分学者对于第三方支付的研究还集中于金融监管、安全问题、货币机制等方面，以两岸为背景研究的比较少。因此，本文欲将大陆与台湾第三方支付的大环境及具体发展进行研究，试图发现两岸第三方支付的合作现状及融合发展，分析台湾第三方支付发展缓慢的原因及未来趋势，并通过两岸第三方支付的合作发展提出两岸经济合作建议。

---

① 宋仁杰，袁海威：《第三方支付的性质界定》，《电子商务》，2008 年 11 期。
② 钟伟，顾弦：《第三方支付的创新趋势与监管思路》，《中国金融》，2010 年 12 期。
③ 台湾第三方支付，维基百科，https://zh.wikipedia.org/zh-hans/ 第三方支付。

二、两岸经济合作的背景

（一）民进党当局上台后两岸官方交流停摆，但民间交流仍是大势所趋

2016 年 5 月 20 日蔡英文就任以来，表面上说维持现状，实际拒不承认"九二共识"及"一中"原则，推行"柔性台独"和"文化台独"，使得两岸官方交流机制停摆，两岸制度化协商合作陷入僵持，民间交流及台商也受到一定程度影响。尽管如此，由于两岸有着共同的民族、历史、血缘和文化，两岸之间的联系是难以割断的，两岸民间交流仍是大势所趋，非台当局所能控制。据国家旅游局统计，2017 年台湾民众赴大陆旅游人数约为 587 万，与上年同期增加 2.5%。① 而 2018 年 1—3 月，大陆民众赴台总人数约为 69267 人次，较上年同期增加 6.4%。

（二）大陆经济持续稳步发展的同时台湾经济增长缓慢，竞争力下滑

2017 年大陆生产总值 827122 亿元，按可比价格计算，比 2016 年增长 6.9%，增速提高 0.2 个百分点。2018 年第一季度，大陆生产总值 198783 亿元，按可比价格计算，同比增长 6.8%，经济增长率已经连续 11 个季度稳定在 6.7%—6.9% 的区间，可以看出，国民经济延续了稳中向好的发展态势；② 反观台湾，2017 年台湾经济成长率 2.86%，2018 年台当局要持续落实结构性改革及推动加强投资等各项政策，刺激内需成长，并维持外需动能，经济成长率预测为 2.42%，③ 可见经济增长缓慢，此时更需要两岸加强合作，互利共赢。

（三）大陆持续对台湾民众释放善意，大开方便之门

十九大报告中提倡在融合发展的同时继续扩大和深化交流发展，提到"我们将扩大两岸经济文化交流合作，实现互利互惠"和"愿意与台湾同胞分享大陆发展的机遇""逐步为台湾同胞在大陆学习、创业、就业、生活提供与大陆同胞同等待遇，增进台湾同胞福祉"，未来肯定会双管齐下，推进两岸经济社会交流发展和融合发展。而今年 2 月 28 日推出"惠台 31 条"，其后各地有关部门也

---

① 国家旅游局网站，http://www.cnta.gov.cn/。
② 商务部综合司：《中国对外贸易形势报告（2018 年春季）》，附件二。
③ 台湾当局"行政院"：《总体经济指标》。

陆续出台相关举措，深化两岸经济文化交流，这就是大陆在惠台行动上的直接体现。

三、台湾第三方支付的发展

（一）台湾地区第三方支付发展概述

台湾最早的第三方支付可追溯到 20 世纪 90 年代末期相继成立的红绿蓝三间公司，分别是 1996 年的绿界、1998 年的红阳、2000 年的蓝新。大多是因为提供电子商务网站建置服务，所提供的代收代付机制，让店家不用一家一家跟银行签刷卡收单合约。简言之，当消费者跟商家买东西，客人先把钱放到第三方平台，等到商家出货成功后，且客人认为商品没有问题时，第三方平台再拨款给商家，这叫作第三方支付，只能够做代收付，其价值在于保障双方权益及交易过程的安全。2006 年，"中华电视公司"成立的华视网络商城，推出第三方支付首推交易安全保护机制，消费者的款项在卖家完全提供产品后才会交给店家，取名 100safe 机制，由全球联网建置。2010 年，红阳与安泰银行推出多利多金流服务，借由价金保管，银行方陆续成为第三方支付的金钱履约信托保管单位。

2011 年，响应从业者发展第三方支付服务的需求，台湾"金管会"在与"经济部"之跨部会协商会议中表示："就现行法令的架构下代收转付业务没有障碍，对实质交易的逐笔代收转付，尚无违反现行金融法规。至于'储值服务'与'资金传输'如系买卖双方于银行开户，由银行负责分户管理并依指示进行交易款项拨付，则亦无涉吸金；但非金融机构办理涉及无实质交易基础之'储值服务'与'资金传输'，涉及金融秩序稳定之考虑，本会持保留态度，因此决议暂不'立法'，第三方支付服务只能从事具备实质交易基础的'代收转付'服务。"2013 年 8 月 7 日，台湾当局行政部门表示，短期内以"电子票证发行管理条例"解决非银行提供储值服务的产业需求，长期应以制定"第三方支付专法"为方向。

2014 年 1 月 3 日，台湾当局经济部门公告了"第三方支付服务定型化契约应记载及不得记载事项"，该规定并于 4 月 15 日生效。2015 年 2 月 4 日台湾公告"电子支付机构管理条例"，2015 年 5 月 3 日开始实施，其后监管部门进一步简化了流程为产业松绑，境外支付机构获得准入，各类支付工具纷纷问世。依照"电子支付机构管理条例",台湾"金管会"目前共允许专营业者为:欧付宝(欧买尬及原欧付宝第三方支付)、智付宝(智冠)、橘子支(游戏橘子)、ezPay台湾支付(蓝新科技,前身为ezPay个人账房)、支付连(PChome_Online网络家庭)、街口。2016年上半年台湾电子化支付比例仅30%,"金管会银行局副局长"庄琇媛坦言,这个比例与周边地区相比还存在很大距离,"台湾移动支付提升的空间还很大。"

据统计,截至2017年7月1日,台湾共有5077家第三方支付机构。[①]以下为台湾较有代表性的第三方支付业者:

1. 支付连(PChome_Online网路家庭):是PChome旗下的露天拍卖积极整合电子商务三大核心力物流、金流和信息流所推出的寄(收)或与收(付)款服务。服务的核心精神是为电子商务平台提供一个安全、便利、迅速的在线金流服务;

2. ezPay台湾支付:蓝新科技转投资的台湾第三方支付公司,台湾第一家发展第三方支付业务的金流厂商,2016年取得台湾"金管会""专营电子支付机构业务许可",旨在打造出全方位的第三方支付平台,满足虚实与跨境环境中各式收付款的需求;

3. 街口支付:2015年成立,使用范围包含便利超商、超市、点餐、候位、百货、计程车、外送以及公共事业缴费等服务,同时也整合商家资讯让使用者掌握店家最新动态,并推出优惠折抵消费金额,每月交易量自1.9万笔到今年2月已暴涨至320万笔。

(二)台湾第三方支付与其电子支付、电子票证之比较

讨论台湾的第三方支付,就不得不提到与第三方支付概念类似的电子支付和电子票证。在台湾,由于"法令"的关系,电子支付、第三方支付与电子票证为三个不同的体系。电子支付与第三方支付二者极易搞混,台湾的电子支付是指以网络或电子支付平台为中介,消费者向商家选购商品后,先以支付工具(如信用卡、银行账户转账、预先储值等)将款项交由电子支付机构代为收取,再由该电子支付机构将款项代为交付予商家之交易过程。电子支付除了能提供第三方支付代收付功能,还可以提供转账、储值等业务。简单来说,可以转账

---

① 台湾"政府资料开放平台"。

的是电子支付，而不可以转账、储值的则是第三方支付，所以二者的关系是：电子支付一定是第三方支付，但第三方支付则不一定是电子支付。

表 1"电子支付机构管理条例"重点整理

业务范围	代理收付实质交易款项（包含 O2O） 收受储值款项 账户间资金移转（无实质交易基础） 其他经主管机关核定业务
规范对象	实质交易之代理收付且保管款项逾一定金额以上 储值业务 账户间资金移转
资本额	最低实收资本额：新台币 5 亿元 但仅代理收付实质交易款项业务者：新台币 1 亿元
业务限额	储值余额及账户间款项移转上限：新台币 5 万元

资料来源：台湾"金管会"/吴碧娥整理

台湾电子票证的监管单位是"金管会"，市场代表有悠游卡、一卡通、iCash 和 HappyCash，基本上算是台湾使用年龄层最广的塑胶货币，因为从公共运输到小额付款都可以有。目前最麻烦的应该还是在于储值这一块，如果没有银行发的联名卡系列基本上就是用完就要去加值机或是门市储值。虽然目前法规已经通过可以使用绑定银行账号的方式来做自动加值但还没有看到任何一家开始实做。电子支付、电子票证、第三方支付比较如下表：

表 2 电子支付、电子票证、第三方支付比较

	电子支付	电子票证	第三方支付
主管机关	"金管会"	"金管会"	"经济部"
法规	电子支付机构管理条例	电子票证发行管理条例	信用卡收单机构签订"提供网络交易代收代付服务平台业者"为特约商店 自律规范
最低实收资本额	五亿	三亿	无规定
最高储值金额	五万	一万	不得储值

资料来源：《中时电子报》，黄慧雯：《搞懂电子支付、第三方支付、行动支付》

（三）大陆第三方支付在台湾的发展

1. 支付宝在台湾的发展

2015 年 12 月底，大陆第三方支付平台支付宝进入台湾地区，至 2017 年底已经有超过 5 万家台湾商家可接受支付宝付款，OK 便利超商旗下 880 间门市已透过合作银行接入支付宝，再加上全家、莱尔富以及 7-Eleven，全台湾 4 大超商逾万间门市已全面接入支付宝。支付宝台湾业务负责人辜端祥曾指出台湾的便利商店密集度世界第一，是大陆游客和大陆学生最爱的消费场所之一，支付宝消费者人均消费介于 26.4 元至 40.4 元人民币之间（约合新台币 120—182 元），非常适用于便利商店的小额消费金额范围。[1]2017 年十一长假，大陆旅客在台便利商店交易数就比 2016 年涨了 33 倍；就整个台湾地区的交易笔数，相较 2016 年同期则增加 13 倍，整体笔数在大陆以外市场位列第 3，比去年进步 2 位，超越日本和韩国等地。目前已有四家台湾银行开办跨境支付扫描，其中玉山、元大合作对象即为支付宝，第一、华南银行则选择与微信支付合作。台新银行也已取得监管部门核准与支付宝合作，成为第五家推出的银行；兆丰银行去年底也与财付通签署合作备忘录，为后续开办预做准备。

2. 微信支付在台湾的发展

微信支付进入台湾的时间要晚于支付宝。2016 年 2 月，微信支付正式落地台湾，台北 101 大楼是它接入的第一个商户。微信支付在台湾的落地过程，说起来并不简单。首先，当地的收单行是微信支付和支付宝都绕不开的。台湾 2015 年正式实施的"电子支付机构管理条例"规定，像微信支付这样的境外机构在台湾落地时，无法直接签约商户，必须通过收单行来接入。想要和银行合作，微信支付首先需要确认，对方是否符合两岸的相关法规，以及它们本身的软硬件设施是否能够配合得上腾讯方面的要求。过了第一关的银行，接下来就需要搭建整个跨境支付的系统。这其中包括了清算、换汇、资金流动等部分。内部的系统构建完毕之后，银行方面还要准备商户端的支付系统方案。这些都完成之后，还要帮助银行构建招商团队以及还要负责后期的日常运营，整个流程结束，大概需要花费六个月左右的时间。

虽然落地过程艰难，但是微信支付进入台湾以来，已覆盖全台湾的衣、食、住、行、娱、购等多个领域，进入台湾刚一年是就已经拿下了超过三万家商户。

---

① 中国台湾网，http://econ.taiwan.cn/econ/201710/t20171025_11856582.htm。

以遍布全台湾的 7–11 便利店为例，90% 以上的门店都已支持微信支付。对于他们来说最显而易见的改变是零钱的减少，7–11 一个门店一周就会收到超过 30 公斤的硬币。通过接入第三方支付，硬币将成为过去式。门店店长费力搬运硬币的现象也将不再出现。除了购物方面，在出行上，出租车等出行系统也在全面向移动支付敞开怀抱。目前台湾前两大出租车队，已全部接入了微信支付。台北大都会卫星车队有将近有一万台车已经接入微信支付，而且接入速度还在加快。车队瞄准的不仅是台北的出租车，而是要扩大到全台湾。比如现在游客到垦丁的偏远地区打车，也一样可以使用微信支付付款。

（四）支付宝与微信在台湾的发展前景

2016 年 3 月 5 日，习近平总书记在参加十二届人大四次会议上海代表团审议时曾指出："我们将持续推进两岸各领域交流合作，深化两岸经济社会融合发展，增进同胞亲情和福祉，拉近同胞心灵距离，增强对命运共同体的认知"。[①] 推进两岸经济社会融合发展，是习近平在对台讲话中的新提法，相较于原来的"交流发展"，显然融合发展更有针对性和亲和力。两岸经济社会的融合是双向的，不仅是台湾同胞融入大陆经济，加入中华民族伟大复兴进程，而且也要大陆经济融入台湾岛内，与台湾经济体进行合作，互利双赢。显然，大陆第三方支付即支付宝与微信支付进入台湾就是两岸金融领域融合发展的一个小缩影。

蔡英文当局现如今拒绝承认"九二共识"，顽固推行"柔性台独"，使得两岸官方交往进入僵持状态，几乎停摆，但经济交流是无法阻挡的。当今社会是互联网社会，人们的生活越来越离不开互联网，现金支付终究会被移动支付的大潮流取代。这种情况下，支付宝和微信支付的发展其实是可以预见的，未来第三方支付的发展肯定会越来越为台湾大众所接受，业务种类也会更加多元化。支付宝和微信支付不仅在台湾建立起了数量众多的支付点，也搭建起了两岸跨境电商发展的平台。支付宝通过"发现"平台把商户信息和促销优惠等快速触达数以亿计的大陆支付宝用户，微信支付通过公众号运营为台湾商商家和大陆消费者搭建点对点交易平台。据台媒估计，大陆消费者习惯的"跨境 O2O（Online to Offline，线上到线下）"消费模式，一年约含 600 亿元新台币的商机，这无疑是两岸互利共赢的好局面。

---

① 《习近平参加上海代表团审议》，载新华网，2016 年 3 月 5 日。

四、台湾第三方支付面临的问题及两岸合作前景

（一）台湾第三方支付面临的问题

1. 支付工具大量涌入，"僧多粥少"引发"支付大战"。全球移动支付市场规模 2019 年预计将突破一万亿美元，在这种巨大的利益面前，各方都想要分食蛋糕。在台湾来说，支付宝和微信支付先后进入台湾，2017 年苹果、三名和谷歌三大手机支付系统也陆续登台，再加上台湾本地的智付宝、欧付宝、橘子支、台湾 Pay 以及借口支付等支付工具，台湾岛内一时间竞争激烈，这种情况极易引起市场恶性竞争并且鱼龙混杂的支付市场很难维持良好秩序，这种情况对于台湾民众来说，无法进行长久的用户体验，从而会让台湾的第三方支付发展缓慢，与大陆差距越来越大。

2. 监管制度出台缓慢，支付安全存在漏洞。台湾地区相关的主管部门始终对第三方支付存有疑虑和保留态度，第一部条例"电子支付机构管理条例"直到 2015 年才姗姗来迟，在这之前境外支付机构想在台湾发展程序复杂且耗费时长，浪费了大好的发展时机。即使之后台湾当局突然醒悟，转变态度，大力推进移动支付相关政策和落实，但也未能让岛内移动支付迅速发展起来。此外，不管在大陆还是台湾，移动支付的风险防范能力和安全管理水平都是要面对的一大问题。

3. 台湾民众对第三方支付需求不强，收益激励不足。相对于快速便捷的第三方支付，台湾民众似乎更愿意沿用惯有的支付习惯，进行现金支付，且由于台湾 2000—2018 年间，经济增长率跌至"亚洲四小龙"末位，内部需求增长缓慢，外部需求增长落后，所以台湾消费市场较为低迷。相对于大陆第三方支付储值较高的报酬率，台湾的第三方支付在这一方面显然激励不足，不足以吸引民众。

（二）两岸合作前景

1. 随着支付宝与微信支付在台湾的发展与普及，越来越多的台湾企业和商铺与之进行合作，这不仅增加了台湾的就业机会，也为两岸企业合作提供了新的发展方向和机遇，且一定程度上带动了大陆游客赴台旅游，间接为台湾创造了收益。在这个过程中，台湾同胞也在无形中了解和接受着大陆的生活方式，

感受着大陆的经济发展，这就是一种无声的融合，有助于台湾同胞民族认同和情感认同的建立。

2. 对于第三方支付的风险防范和安全管理，两岸完全可以携起手来，在发展的过程中发现问题，解决问题，如共同派出研发人员研究第三方支付的安全漏洞并齐心协力解决漏洞，共同商讨安全管理的办法并一起推行解决方法等等。当今世界的趋势是经济全球化，大陆与台湾同属中华民族，有着天然的骨肉联系，在这个经济全球化的进程中，更应该携手同行，互帮互助。

3. 支付宝与微信本身除了支付作用外，还有其他功能，在二者进入台湾支付市场发展的过程中，同时也可以展开与台湾在其他方面的合作。如微信的社交功能，可以极大程度便利大陆游客在台湾的出行，与台湾商家合作开设相关公众微信号就是一种新的趋势。通过社交上的努力不但可以间接增加陆客赴台人数，还可以在两岸经济中糅合文化因素，让台湾民众更加了解大陆。还有支付宝的大数据，同样可以为台湾企业提供新的商机，促进二者共同发展。

4. 当前两岸关系处于"政冷经热"，经济交流作为促进融合的主要方式更应大力推进。第三方支付在台湾虽然面临诸多竞争，但是由于大陆第三方支付产业已经相对成熟，有丰富的实践成果和较为扎实的理论建构，所以在台湾市场中占有一定的竞争力，大陆第三方支付对于台湾本地第三方支付的冲击同样会加速台湾第三方支付的快速发展，同时两岸第三方支付在竞争中也可以加强合作，实现互利共赢。

5. 第三方支付是一种新兴的支付形式，不同于传统的现金支付，所以对于这种新事物，年轻人的接受程度要远远高于其他群体。两岸第三方支付的合作发展可以从青年人入手，一是继续推进台湾青年到大陆体验式交流，为他们创建机会，搭建平台，让台湾青年通过在大陆对于第三方支付的体验和使用接受和熟悉第三方支付，并且将这种支付方式延伸到岛内；二是针对岛内青年，支付宝和微信支付可以与台湾商家合作，推出专门针对年轻人的激励活动，刺激年轻人使用第三方支付，并通过年轻人的使用推广到其他群体。

6. 第三方支付只是两岸经济合作中的一小部分，由小见大，两岸在整个大的经济合作上也有很大的合作空间和潜力。由于大陆政策开放及对台湾同胞的同等待遇，进入大陆的台商和青年越来越多，他们在大陆生活、工作、学习，与大陆融合。同时，大陆企业和民众也应该走进台湾，与台湾企业进行合作，进入台湾企业工作，融入台湾。一方的融合太单薄，只有两岸互相促进，互助发展才是真正的融合发展，才能真正实现"两岸一家亲"。

五、结语

综上，台湾第三方支付现在处于行政当局大力发展，监管政策跟进缓慢，支付工具乱象横生，民间接受程度低这一状态。虽然岛内充斥着本地、大陆以及来自岛外的各种类型、各有特色的第三方工具，但由于岛内市场狭小，加之台湾近几年经济低迷导致需求下降，所以台湾民众在日常支付中仍以现金支付为主，第三方支付的市场接受程度并未如大陆一般突飞猛进。在第三方支付方面，大陆起步较早且民众接受程度高，市场发展空间广阔，所以形成了相当丰富的实践经验和理论研究，这些对于台湾第三方支付的发展及大陆第三方支付进入台湾有着极大的借鉴和引导作用。

近年来，尽管两岸政治交流机制停摆，但是十九大报告和政府工作报告中仍然强调维护两岸关系和平发展及加强经济社会融合发展。所以，两岸应当在有着广阔发展空间的第三方支付上开展合作，在大陆第三方支付进入台湾后与台湾本地第三方支付取长补短，在适应当地市场环境的同时加大与台湾企业及商铺的合作，可以通过建立共同的安全标准与认证制度，共同发现支付漏洞，让两岸第三方支付在融合中稳步发展。

两岸融合发展的可能方向：
以"新南向"与"一带一路"为例

殷瑞宏[*]

一、前言

2013 年，在国家领导人习近平出访中亚和东南亚国家期间，先后提出了共建"丝绸之路经济带"和"21 世纪海上丝绸之路"（即"一带一路"）的倡议，经过一段时间的酝酿与研究，其后在 2015 年 3 月 28 日由国家发展改革委、外交部、商务部联合发布了《推动共建丝绸之路经济带和 21 世纪海上丝绸之路的愿景与行动》正式文件，自此"一带一路"的倡议开始加速进行，渐渐成为中国对外发展、布局的主轴，也由于其愿景之宏大，[②] 再加上近年英国脱欧、美国主张海外设厂必须要回归美国等事件发生，俨然使得"一带一路"成为 21 世纪最大规模经济倡议，许多国家难以忽视其影响，纷纷开始关注"一带一路"的内涵与运作，甚至参与其中。

无独有偶，台湾地区也开始调整对外的经济发展战略，民进党于 2015 年 "29 周年党庆外交使节酒会"上首次提出"新南向政策"（New Southbound Policy）的说法，在 2016 年胜选换届后，随即成立"新南向政策办公室"，规划"新南向政策"的发展重点。一来着眼于开拓东南亚与南亚等有潜力的目标，让台湾的"内需市场"得以延伸；二来则从经济安全的角度切入，试图借此摆脱

---

[*] 作者简介：殷瑞宏，台湾政治大学"国家发展研究所"博士研究生。

② 沿线国家包括东南亚、南亚、中亚、东北亚、中欧及东欧、非洲、澳大利亚与中东等多个区域约 70 个国家和地区。

"过度"依赖大陆市场的隐忧。① 最后定下涵盖东南亚国家联盟（The Association of Southeast Asian Nations, ASEAN，简称东盟）、南亚与纽澳等共 18 国，② 并有"经贸合作、人才交流、资源共享、区域链结"等四大面向的"新南向政策"。

由于"一带一路"与"新南向政策"的目标国家之间将不可避免地产生重叠，我们可预期两者之间必然产生交互作用。问题在于，两岸之间会走向竞争还是合作？事实上，两岸在设计"一带一路"与"新南向政策"时，皆不约而同地留下了彼此合作的空间。大陆在《推动共建丝绸之路经济带和 21 世纪海上丝绸之路的愿景与行动》中提及了"为台湾地区参与'一带一路'建设做出妥善安排"，台湾则在"'新南向'工作计划"中针对"区域链结"面向提到"配合两岸整体情势发展，于适当时机和大陆就相关议题及合作事项，展开对话及协商。"可以看出两岸确实有意愿合作，那么新的问题在于，如何替双方的经济发展策略搭建合作路径、共创双赢？此即本文所想要探究的。

二、"新南向政策"的发展历程

所谓"南向"在台湾并不是一个全新的概念，最早应可追溯自 1993 年时任"经济部长"江丙坤的"南进政策投资说帖"，当时提出有几项主要目的，包括：③

1. 协助台湾企业将不具比较利益之产品移至东南亚生产。

2. 以部分东南亚国家取代 1997 年以后香港之地位，作为未来大陆投资之"中继站"。

3. 运用在台成长经验，善用当地资源、扩大经营规模，达成厚植企业实力根留台湾。

4. 因应未来越南加入东盟及配合东盟自由贸易区（ASEAN Free Trade Area,

---

① 例如中华经济研究院台湾东盟研究中心主任徐遵慈就认为，民进党在最初提出"新南向政策"时就是希望借此加强东盟和印度的整体关系来强化贸易与投资，以逐渐降低对大陆市场与投资的过度倚赖。此外，她也提出这个政策曾遭受质疑，是否其真正用意在抗拒或阻挠业者"西进"。徐遵慈：《"新南向政策"：内涵、机会与挑战》，《亚洲金融季报》，2016 特刊（2016 / 11 / 01），第 4—5 页。

② 以正式成员来说，东盟系指共计五个创始会员国（印度尼西亚、马来西亚、菲律宾、新加坡及泰国），与其后陆续加入的文莱、越南、老挝、缅甸和柬埔寨共 10 个国家；南亚则是以印度半岛为中心的周边六国，有印度、巴基斯坦、孟加拉国、尼泊尔、斯里兰卡与不丹；纽澳则分指新西兰与澳大利亚。

③ 江丙坤于 1993 年 12 月 27 日对"立法院经济委员会"所提出的南进投资政策说帖，http://npl.ly.gov.tw/npl/report/821227/4.pdf，查考日期：2018/5/28。

AFTA)之成立，早日进入东盟各国建立生产基地及据点，对我持续经贸发展相当有利。

5.增进台湾地区与东盟五国及越南之实质经贸关系以增强台湾在区域安全体系中之关键地位。

简而言之，"南进政策"是一种以经济为主轴的战略，其有两点核心精神：分散对大陆投资过度集中的风险、配合发展台湾成为亚太营运中心的策略。以此为始，后续台湾陆续以"南向"为内涵推动了三波行动，包括于1994—1996年依据"加强对东南亚地区经贸工作纲领"正式启动、1997—1999年因应东盟自贸区AFTA成立扩大实施范围出台"加强对东南亚及纽澳地区经贸工作纲领"，以及1999年之后，"东盟加三"成立再次延长工作期程，时任台湾地区领导人陈水扁更宣示重启"南向政策"以应当时东盟和东北亚经济体扩大合作的趋势。在这之后虽然台湾已不再有"南向"为主题的政策设计，但基于东南亚区域的经济崛起与为了平衡大陆投资的经济安全考虑，仍积极拓展与东南亚国家之经贸联结，大体上维持鼓励、协助与支持台商赴东南亚投资的思路。

至于"新南向政策"，其最早源自2015年蔡英文竞选期间在"29周年党庆与外交使节酒会"讲话中提出的构思，她认为基于东盟和印度即将成为世界上强大的经济体，因此在台湾希望推动贸易多元化的同时，强化对东盟和印度的整体关系就成为理所当然的选择，"新南向政策"就是在这个思路下所得到的答案。至今"新南向政策"已经历几个重要阶段，主要包括（如下表1所示）：

表 1 "新南向政策"的重要发展阶段

时间	2015/9/22	2016/5/20	2016/6/15	2016/8/16	2016/9/5	2016/12/14	2017/8/31
事件	政策提出	政策确立	成立政策办公室	政策纲领	推动计划	工作计划	明确五大旗舰计划与三大潜力领域
内容	·有别于过去的"南进政策"，贸易与投资仅仅会扮演其中一个合作面向，亦将建立于双方的民间交流、文化、教育研究等多方面的联结。 ·成立一个项目小组，积极执行这个政策目标。	·于台湾地区领导人就职演说中，再次提及"新南向政策"，将之置于"区域的和平稳定发展及两岸关系"的论述段落中。	·核定《"总统府""新南向"政策办公室设置要点》。 ·成立"新南向"政策办公室，作为提供台湾地区领导人"新南向政策"相关策略、咨询与建议的任务编组。	·台湾地区领导人召开对外经贸战略会谈。 ·"行政院"通过"新南向政策"政策纲领。	·"行政院"提出"新南向政策推动计划"。 ·四大面向：经贸合作、人才交流、资源共享与区域链结。 ·成立经贸谈判办公室，负责统筹与协调相关执行工作。	·分就四大面向拟订计划目标。 ·产业合作与经贸拓展、基础建设工程合作与系统整合输出、金融支持。 ·人才培育、产业人力合作、新住民培力。 ·医疗及公共卫生合作、观光促进、文化交流、农业合作、科技合作。 ·区域整合、协商对话、策略联盟、侨民网络。	·区域农业发展旗舰计划 ·医卫合作与产业链发展旗舰计划 ·产业人才发展旗舰计划 ·"新南向"论坛与青年交流平台旗舰计划 ·产业创新合作旗舰计划 ·跨境电商潜力领域计划 ·观光潜力领域计划 ·公共工程潜力领域计划

数据源：作者自行整理

根据表 1 可以发现，透过不同阶段的层层堆栈强化，"新南向政策"的执行方针看来已经确立，并在各个领域逐步落实。总而言之，"新南向政策"加强与东南亚区域联结以转移对中国大陆的投资比重，可见其实"分散风险"始终作为施政核心之一。但蔡英文的"新南向政策"之所以为"新"，主要体现在以下两点：[①] 首先，有别于过去重视降低生产成本来促进企业发展的思路，其新颖点在于，"新南向政策"特别强调"以人为本"与"双向互惠"的核心理念，关于"人才交流"与"资源共享"这两个面向有较明显的侧重。尤其是目前东盟国家正积极推动工业化或产业升级，对于人才培育方面有其迫切需求，因此"新南向政策"下扩大与目标国国家间双向人才交流与培训青年学生、技

---

① 相关细节可参见附录表 1。

术人才、年轻讲师等规划就相当有吸引力，[①] 可以说"新南向政策"强调"以人为本"的思维确实有其独到之处。其次，从"新南向政策"所重点关注领域的考虑来看，也展现其反映当前台湾的产业结构已经不同过去的特性，一是服务产业的角色愈来愈重，二是为了发挥相对优势以具备竞争力，必须以发展台湾地区相较东南亚等国仍具有领先地位的医卫、电子科技及公共基础建设等相关产业。

然而其成效如何？根据学者的研究整理，初步已得到多数东南亚国家的正面响应，从新加坡开始，菲律宾、印度尼西亚、越南、马来西亚与泰国等，皆在多个场合表达强化双方合作关系的意愿，乐见台湾资金的流入，未来拟将提供更多的关税优惠与投资利多政策，也希望能在双方商会与社会文化领域有更进一步的联结。[②] 此外，根据台湾"行政院经贸谈判办公室"所公布的简报内容来看，在确立旗舰计划与潜力领域的同时，国际媒体对于统括在"新南向"目标底下的各项政策，似乎也有许多给予正面看法。[③]

三、探询两岸间可能的合作模式

（一）"新南向政策"应设法与"一带一路"合作

在"一带一路"蓝图刚被提出时，台湾就有学者对其分析，认为台湾有必要对参与其中提早做出考虑规划，见下表2：

---

① 徐遵慈：《"新南向政策"：内涵、机会与挑战》，《亚洲金融季报》，2016特刊（2016 / 11 / 01），第14—15页。

② 杨昊：《台湾"新南向"政策的格局与路向》，《全球政治评论》，第55期，15—16页。

③ 该报告指出，媒体报道多肯定台湾"新南向政策"方向与做法，认为政策推动有利于台湾与区域的融合，亦助于台湾整体体质的强化，其中国际媒体露出部分，自2016年8月至2017年8月共有456篇报道。请参见"行政院经贸谈判办公室"，"新南向政策"旗舰计划与潜力领域简报，查考日期：2018/5/28。不过，这却和笔者过去的研究呈现不同的趋势。笔者曾与他人针对"新南向"国家官方媒体对于"新南向政策"的注视程度做调查，以检索这18国之"国家通讯社"所发出之新闻，检析其中含有"新南向政策"之报道数量，以此审视"新南向政策"对当地官方单位的注视程度（检索范围为2015年9月至2017年5月）。但结果却发现除了新加坡，其他对于台湾"新南向政策"似乎并没有太大的关注，虽然这可能与研究者本身的能力限制，无法检索到许多国家以当地语言所撰写的"新南向政策"有关，但就算是官方语言认可英文、一向和台湾地区关系不错的新加坡，相较之下其实也仅保持低度关注而已。再者，进一步检视新闻内容的类别，"新南向政策"中大力推动的观光与双边人才交流计划，亦少见于报道中，反而是应当较少提及的政治类别为大宗。迥异的结果可能与检索日期与方式有关，但除了媒体报道外，所涉及的内容更应该被重视，只可惜在"行政院经贸谈判办公室"的简报中未见此分析，此处补充说明。

表2 台湾参与"一带一路"与否的机会与挑战

参与优势	未参与挑战
可以避免遭边缘化、有利参与亚太区域经济合作，减少所谓"大陆因素"的负面影响。	"一带一路"将导致台湾中间产品出口大陆和相关市场的份额减少，甚至有被替代的贸易危机。
福建和上海自贸区可开拓海上丝绸之路广大新市场。	"一带一路"倡议的落实可能衍生新一波台商的"大陆热"。
两岸产业可在"一带一路"沿线国家地区携手共同发展。	"一带一路"可能在台湾的政经领域造成困扰。

数据源：作者自行整理自吴福成，"一带一路"倡议政策对台湾企业的机会与挑战，台湾经济研究院，https://goo.gl/MqZe58，查考日期：2018/5/28。

学者的分析确有其道理，但倘若台湾将"经贸战略"调整为依托以美国为主的跨太平洋战略经济伙伴关系协议（Trans-Pacific Partnership, TPP），以此为跳板成为亚太区域经贸合作伙伴中的重要一员，那么至少前述之挑战有很大程度上能够被克服。只不过随后台湾推出"新南向政策"，再加上美国新任总统特朗普当选后决定退出 TPP 的做法，正视"一带一路"对台湾的影响又成为现阶段的首要任务。然而随着大陆对"一带一路"的逐步推动，在早期台湾并未参与，中期也未能成功加入"一带一路"重要机制的亚洲基础设施投资银行，如今在大陆全盘推动"一带一路"的情境下，竞争的成本显然高于合作成本，因此应设法与之合作。

（二）融合发展的路径

自 2016 年台湾当局换届之后，两岸之间的互动情形不如以往热络，特别是两岸制度化交往机制停摆的状况下，民间的交流与合作就更显得重要。在诸多面向当中，经济合作一向被认为是推动两岸关系发展的重要动力，大陆方面指出，"早在 30 多年前，两岸民间经济交流合作就冲破重重阻力，从无到有，从小到大。时至今天，两岸民间经济交流合作依然动力强劲、空间广阔。大陆将一如既往支持台商在大陆发展，协助其转型升级，维护其合法权益，为两岸民间经济交流合作进一步提供政策扶持与环境。"[①] 在另一方面，大陆方面的态度

---

① 赖锦宏，国台办：《续推两岸经济社会融合发展》，联合影音，https://video.udn.com/news/579703，查考日期：2018/5/28。

则始终是"两岸关系形式越复杂，越需要两岸民间加强交流""两岸关系和平发展的根基在基层，动力在民间""不再仅仅局限于经济物质层面，而是扩展到包含文化思想、制度管理等内容在内的社会领域"，目标在"推动实现两岸民众心灵契合"。[①] 整体看来，"融合发展"已经成为习近平任内对台湾问题的一个新阶段的标志，并认为此举是切实可行，并指出中国已经有充分条件可以推动这条路线。[②]

"融合发展"的概念还具备了延续性、连贯性，在 2017 年 10 月 18 日召开的中共十九大会议当中，习近平的报告内容再次提到此点，并进一步诠释指出：

"两岸同胞是命运与共的骨肉兄弟，是血浓于水的一家人。我们秉持'两岸一家亲'理念，尊重台湾现有的社会制度和台湾同胞生活方式，愿意率先同台湾同胞分享大陆发展的机遇。我们将扩大两岸经济文化交流合作，实现互利互惠，逐步为台湾同胞在大陆学习、创业、就业、生活提供与大陆同胞同等的待遇，增进台湾同胞福祉。我们将推动两岸同胞共同弘扬中华文化，促进心灵契合。"[③]

基本上"融合发展"包含了社会与经济两大面向的议题，本文则从其中的经济面切入，尝试提出符合"融合发展"概念的两岸经济合作思路。

四、结语——"新南向"融入"一带一路"发展的可能方向

整体来说，本文认为"新南向政策"与"一带一路"之间是可以合作的、应当要合作的，而关键点就是能否彼此视为合作而非竞争关系；在合作的前提下，进一步的实务操作则是要落实平等待遇的问题，以大陆当前喊出的"融合发展"思维来说，就是要能够让台湾和大陆有同样的参与机会。而如果接续大陆"融合发展"的思维来看，重点在于能够让台湾民众享有和大陆居民同等的生活条件，以经济贸易方面来说，就是相关资源的可取得性是均等的，包括政

---

① 潘维庭：《两岸经济社会融合渐进式统一》，《中时电子报》，http://www.chinatimes.com/newspapers/20170726000683-260309，查考日期：2018/5/28。

② 更多讨论请参见柯文：《在新的历史起点上深化两岸经济社会融合发展——写在两岸同胞打破隔绝状态 30 年之际》，中国台湾网，http://www.taiwan.cn/xwzx/la/201709/t20170915_11843480.htm，查考日期：2018/5/28。

③ 十九大报告全文，多维新闻网，http://news.dwnews.com/china/big5/news/2017-10-18/60018047_all.html，查考日期：2018/5/28。

策支持、赋税优惠，以及宣传力度等。基于此特质，笔者借由亲身参与每年固定于广西南宁举办之"中国－东盟"博览会之经历，① 提出以下讨论。

2017 年"中国－东盟"博览会之中，特别重点加入了为"一带一路"服务的功能展区，除了新增"一带一路"发展历程的静态展览之外，特别邀请"一带一路"沿线国家作为伙伴机制，及其他受此倡议辐射地域的国家参展。此外，在各大展厅中还规划了针对发展"一带一路"沿线国家合作机制特定目标的主题展览，例如民用高科技、基础建设材料，以及农业技术暨商品合作推荐等；会上双边交流气氛热络，再加上周边协同举办的特色论坛如电子商务、永续发展等，可以说"中国－东盟"博览会已成各国重要的沟通平台，中国正是依托"中国－东盟"博览会的品牌优势来为"一带一路"服务。

在会场中，其实台湾地区是有参与的。台湾地区近年来屡次以"台湾精品馆"的名义进驻展区，对外介绍来自台湾的精选产品，包括单车、计算机、无人机等。但就笔者观察，台湾在其中的曝光度并不高，也未能享有和大陆对等的参与度，举例来说，在模式上今年台湾依然只能算作一个独立厂商参展，并未获得较高级别的对待。诚然，若说要争取台湾地区如东盟国家那般具有独立场馆展区是不现实的，毕竟在"中国－东盟"博览会当中本来就不包括台湾这个角色，但如果是要具备和大陆同等级别待遇，理应在非以国家为单位的展区中皆有台湾地区参与，像是以农业合作的主题来说，其恰巧同为两岸经济发展策略中的重点项目之一，2017 年举办的农业主题展览中有大陆各个省份的特色商品与厂商参展寻求合作机会，就应该要安排台湾加入而不是仅让其单以"台湾精品馆"的名义，陈列在综合商业产品展区当中而已。

前述"中国－东盟"博览会的案例从性质上来说，比较像是台湾融入大陆的既有体系中寻求合作，而在这之外两岸间也可以尝试寻求相互融合运作的模式。以 2018 年公布的 31 条"关于促进两岸经济文化交流合作的若干措施"来说，其中"继续在中西部、东北地区设立海峡两岸产业合作区，鼓励台资企业向中西部、东北地区转移并参与一带一路建设，拓展内需市场和国际市场。大力推进台商投资区和两岸环保产业合作示范基地建设。"这条有提及台湾参与

① 广西在"一带一路"两个方向的倡议之中兼具有重要角色，同时拥有中国面对东南亚的海上与陆地门户；此外，国务院总理李克强参加 2013 年"中国－东盟"博览会时就强调过，"铺就面向东盟的海上丝绸之路，打造带动腹地发展的战略支点"，可见其在"一带一路"倡议中，尤其是海上丝绸之路上的重要性，故被笔者选为切入点。

"一带一路"建设国际市场，虽然光就内文来看比较偏向"一带"的范畴，但在涉及"新南向"的"一路"国家和地区中也可能有合作的机会。举例来说，在台湾目前推动的"新南向政策"中，有一项以公共工程领域为搭配的 ODA 计划，就有可能成为一个合作的目标。

所谓 ODA 即是 Official Development Assistance 政府发展援助的简称，在"新南向"中出现的 ODA，最早的公开消息应是来自于 2017 年 9 月蔡英文召开的对外经贸战略会议，会中"宣示行政当局将祭策略性项目融资，以千亿资金作为业者拓展海外公共工程市场商机后盾，换言之，'新南向'的光谱中将要扩大有关基础建设的成分。"① 这与"一带一路"推动中的重要环节，即协助目标国间推动公共基础工程建设有所相似。这与两岸合作有何关联性？假使在某一工程案件中，不论对大陆企业或台湾企业都难以独立进行（可能是资金限制或技术限制），相较于其他竞争对手，两岸在合作上应有先天优势，再加上政策支持，当能够共同谋求目标国家的商机。

---

① 《"政院"匡列千亿融资"新南向"抢基建标案》，《中时电子报》，http://www.chinatimes.com/newspapers/20170904000046-260202，查考日期：2018/5/28。

历史分论坛优秀论文

台湾"中华文化复兴运动"初期
"国民教育"发展概述

——以"第三代国民教育"说为例

陈佩云 *

　　近现代以来,教育成为国家事业,肩负着促进经济发展、社会进步和谐、文化繁荣的任务,教育的成败,甚至左右着一个国家的命运。如何积极促进教育发展,成为政党建设国家的要务。1966 年 11 月 12 日,孙中山 101 岁诞辰纪念与台北阳明山中山楼中华文化堂落成典礼上,蒋介石发表《中山楼中华文化堂落成纪念文》,表明:"三民主义之思想,不惟为中华民族文化之汇归;而三民主义之国民革命,乃益为中华民族文化之保卫者也!"[①]论证了"三民主义"与中华传统文化一脉相承的关系,勉励人民庄敬自强,坚定"光复大陆"的信念。随后,孙科、王云五等人倡议发起"中华文化复兴运动",被台湾当局"行政院"所接纳,并设定每年 11 月 12 日为中华文化复兴节。隔年 7 月 28 日,举行"中华文化复兴运动"推行委员会发起人暨成立大会,确定了"运动推行纲要"与推行委员会组织章程,正式由运动过渡到委员会。轰轰烈烈的"中华文化复兴运动"就此揭开帷幕。"中华文化复兴运动"涵盖了社会的各个阶层与方面,借由演讲、媒体报道、展览、作文比赛等各种方式,影响到台湾的角落。"中华文化复兴运动"推行委员会主要负责的工作包括:"弘扬伦理道德、推展科学研究、学术研究出版、教育改革促进、文艺研究促进、倡导标准行书、推

---

　　* 作者简介:陈佩云,1992 年生,女,福建厦门人,厦门大学台湾研究院博士研究生。

　　① 《中山楼中华文化堂落成纪念文》,"侨务委员会"编印:《"中华文化复兴运动"论文集》,"侨务委员会"出版,1967 年版,第 3 页。

广梅花运动、进行弘扬国粹及传统他文化与现代生活相结合以及文化向下扎根等工作，均经加强实施"①。

20 世纪 60 年代台湾的教育宗旨，仍然延续着 1929 年 4 月 26 日国民党当局所提出的："中华民国之教育，根据三民主义，以充实人民生活，扶植社会生存，发展国民生计，延续民族生命为目的；务期民族独立，民权普遍，民生发展，以促世界大同。"②蒋介石重视"国民教育"，将其视为"复国建国之根本""建设现代社会，与复兴民族文化之张本"。并且继续去除"日本化"的遗留，加强中国化教育，强调精神训练，培养国民意识与爱国精神。

学界关于"中华文化复兴运动"与台湾的"国民教育"均有诸多论述。前者如施志辉《"中华文化复兴运动"之研究》与林果显《"中华文化复兴运动推行委员会"之研究（1966—1975）》等。台湾教育的研究则主要着眼于光复后、战后初期与二十世纪末三个时期，对于 20 世纪六七十年代的专门研究较少。本文借"第三代国民教育"的说法，探讨 19 世纪 60 年代末至 70 年代初之间台湾的"国民教育"。

一、"第三代国民教育"的概念厘定

国民党退台后，为加强对台控制，极力宣传以三民主义为中心的思想，推展各项文化运动，积极推进台湾的"中国化"与"民族化"，国民党以台湾作为"反攻大陆"、传承中华文化的基地，以此寻求确立统治的正当性，蒋介石退至台湾后，常常宣称："今日复兴基地之台湾省，实为汇集我中华文物精华唯一之宝库；且又为发扬我中华民族文化使民富且寿之范式！"③1934 年国民党在江西南昌推行"新生活运动"，最后草草收场。败退台湾后，蒋介石仍走这样的路子，例如 1952 年的"文化改造运动"、1954 年"文化清洁运动"、1955 年"战斗文艺运动"等，试图通过开展文化运动、政治运动，改造思想，净化岛内风气，"反共抗俄"。为了使台湾当局在"国际"上"代表中国"地位不动摇，与

---

① "中华文化复兴运动"推行委员会秘书处编印：《"中华文化复兴运动"推行委员会第十六次全体委员会议工作报告》，第 1 页。

② 台湾省文献委员会编：《台湾省通志 卷五教育志 制度沿革篇》，台湾省文献委员会出版，1970 年版，第 78 页。

③ 台湾省文献委员会编：《台湾省通志 卷五教育志 制度沿革篇》，台湾省文献委员会出版，1970 年版，第 78 页。

大陆"文化大革命"抗衡，以彰显自身是传统中华文化的"唯一的、真正的、正义的接班人"。

时任国民党"中央评议委员"的萧瑜，在中华文化运动开始不久后，即于1968年4月8日，萧瑜自乌拉圭寄给蒋介石一封信，表达他对推行"中华文化复兴运动"的意见。他提出"第三代国民教育"的概念，即："我将如何加以收拾，如何'洗脑''换骨'重加教育，此一工作较之'陆海空军中作战'，更为长期艰苦，其时我方相与搏斗者正为'我国'今日在台之第二代'国民'。'我国'今日五六十岁以上之人，及大中学尚在中年之教师，实为'国民'之第一代，大中学生为第二代，第三代'国民'则今日之小学生也。"①萧瑜将当时的大中学生看作是第二代"国民"，"反攻大陆"时冲锋陷阵、摇旗呐喊的战士，将当时的小学生作为战斗种子。第三代"国民"因其年纪尚小，所以具有如此特质："其秉赋性最纯洁，心最热烈，道义之根，理智之芽，皆郁郁勃勃，待时而发，躯体心灵，皆富生气，日益向上，皆天真烂漫，前程似锦之天使也，加以特别之教练，即收特别之功效。"②因此，第三代"国民"乃是文复运动的根本之基，有此基层与健全组织核心，与大中学生教育相配合，长期发展科学，教授中华文化，便能促进全面作战的完成。而第三代"国民"的"洗脑"与"换骨"教育比荷枪实弹的"海陆空军中战斗"更为艰难，对其教育也显得尤为重要，他认为："中华文化复兴运动必特别注重于"第三代国民教育"，及对外文化输出。"③必须着重于这两点开展运动，才能达到振兴中华文化的目的。

"第三代国民教育"，包含着政治功利的需要，是为反攻大陆目的服务的。自1949年败退台湾，国民党一直以"光复大陆"为目标。因此，"第三代国民教育"的概念具有强烈的政治意涵与斗争性质，"故文复运动之根本精神，原有抢救国家民族命脉，而有战斗之性质也。"④萧瑜认为，因"文化大革命"发生，所以国民党"复国建国"更难，中华文化是台湾这座孤岛与"中国"的重要纽带，中华传统文化既然在大陆受到破坏，退居台湾的炎黄子孙便必须奋起加以挽救，使中华民族的文化在台湾扎根生存。蒋介石的原意在于将台湾打造成一

---

① "台（57）中秘字第 074 号谷凤翔呈"，中国国民党文化传播委员会党史馆，馆藏号：总裁批签 57/0040，1968 年 4 月 8 日。

② 同上。

③ "台（57）中秘字第 074 号谷凤翔呈"，中国国民党文化传播委员会党史馆，馆藏号：总裁批签 57/0040，1968 年 4 月 8 日。

④ 同上。

个三民主义建设的模范省,台湾人必须时刻准备着战斗,为抢救、保存中华传统文化不遗余力。

　　同时,规划"光复大陆"后对民众之再教育,也是"第三代国民教育"的重要内容之一。只有台湾的"第三代国民教育"得当,才能在国民党"重返"大陆后,为"文复会"临阵作战,第一代"国民"可为指挥及队长,第二代"国民"上战场直面"敌军",这样的作战或许会持续十八年至二十年,所谓"十年生聚,十年教训",① 这一典故出自《左传》,公元前 496 年,越王勾践,带领越国军民同仇敌忾,奋力抵抗,大败吴军。用十年的时间繁殖人口,聚积人力物力财力,以及作战教育训练。而文化之战,则是更为长远的事情,推行教书育人是国家政党的百年大计。恐怕必须要持续五十年乃至一百年,第一代与第二代"国民"终究年纪渐长,而第三代"国民"则成长为历史舞台上的重要角色。最后,"复兴中华文化"的重任唯有落在第三代"国民"身上,第三代"国民"教育关系着中华民族的命运与中华文化的前途。第三代"国民"几乎都是在台湾出生,对祖国大陆几无印象,对中华传统文化所知甚少,必须由国民党当局加以训练,重视针对第三代"国民"的教育,才能激发他们爱台湾爱民族、弘扬传统文化的热忱,进而担任起"复兴"的大任。

　　为培育第三代"国民"成为真正保护和发扬传统文化的"革命战士",尤其要注重小学教育,正所谓"小学之功,大学之基"。萧瑜提出两点措施,一、加大力度推行九年义务教育,特别厘定小学课程,改编小学课本,在之前的德智体群教育的基础上尤其加强文化教育,接受复兴中华文化的预备教育和作战训练。小学毕业考试与升学考试应增加传统文化学习一门。二、用特种方式训练小学老师,充实小学学校设备,提高小学老师的待遇,参照第一次世界大战时英国政府将小学教师薪资提高一倍的做法。仿照大学的做法,领导人应宴集小学教师、设立小学教师奖励金、举办"文化复兴运动"教学比赛。萧瑜且以"反共救国青年团"、幼狮社等组织不力,说明没有侧重发动小学教育的不足。

　　除了防范共产主义在台湾萌芽壮大,以及"文化大革命"对传统文化的破坏,二战后西化思潮渗入台湾,带来了追求物质享受的奢靡风气,社会道德水准下降,倡导独立与自由民主的思想,20 世纪 50 年代末 60 年代初雷震主办的《自由中国》杂志对国民党统治进行了尖锐的批判,甚至胡适也加入声讨国民党

---

① 蒋冀骋点校:《左传 哀公元年》,长沙:岳麓书社,2006 年版,第 337 页。

的队伍中。西化思潮对国民党的统治造成了冲击。复兴中华文化显得十分迫切，因此，发展中华文化教育也就显得愈加重要。

二、"第三代国民教育"的构想

根据"中华文化运动推行纲要"的推行要项第一条："中华文化复兴运动，教育为重要推行部门，应由各级教育主管机关对教材师资及社会教育，尤其国民体育、德育、群育之设施与推行加以检讨改进，订定办法，积极实施。"① "中华文化复兴运动"推行委员会设立了五个机构，分别是"国民"生活辅导委员会、文艺研究促进委员会、学术研究促进出版委员会、教育改革促进委员会、基金委员会，其中教育改革促进委员会，以阎振兴为召集人，大致负责以下五项内容：第一，教材教时师资情况之检讨与改进，并于各公私立大学设立文化讲座，以阐扬中华文化；第二，"收复大陆"后对大陆民众再教育之规划，并鼓励民众投资教育文化事业，促进社会公益；第三，会同地方政府，整修及兴建体育场公园社教馆及音乐、舞蹈、戏剧等演出场所，并扩建教育广播电台、电视电台，建立全省转播网，以有效实施电视广播教学；第四，比照岛内推行办法，辅助"侨教"之改进，斟酌当地环境，积极予以协助实施；第五，岛外大学中文范本之调查及编印。②

台湾当局教育部门为"中华文化复兴运动"中的重要推行部门，由各级教育机关主管，"订定办法，透过各级学校，并与家庭教育、社会教育，密切配合，积极推行。"③ 教育改革促进委员会负责教育改革的研究、设计、指导和促进等事宜。此会设置主任委员一人，由总会遴选；研究委员若干人，由主任委员依照实际需要报总会聘请；执行秘书一人，协助主任委员综理会务；执行秘书下设干事三人，分管联络、公文处理与文书缮发等。依照工作性质，教育改革促进委员会分为六个小组：第一小组：教育制度课程改进之研究；第二小组：科学教育之研究；第三小组：生活教育之研究；第四小组：体育健康教育之研

---

① "中华文化复兴运动"推行委员会编印：《"中华文化复兴运动"推行委员会法规汇编》，1987 年版，第 51 页。

② 《"中华文化复兴运动"推行委员会各研究委员会之重要工作项目纲要》，馆藏号：总裁批签 57/0004，1968 年 1 月 8 日。

③ 《"中华文化复兴运动"推行方案（草案）》，馆藏号：总裁批签 56/0147，1966 年 12 月 27 日。

究；第五小组：语文教育之研究；第六小组："侨民"教育之研究。①

其中，萧瑜借普法战争中普鲁士战胜法国、日俄战争中日本战胜俄国与英国政府延长义务教育年限的做法，表明重视小学教育的正确性。九年义务教育的推广就是在"中华文化复兴运动"的背景下。九年教育，由六年延长至九年。延长义务教育年限，是革新教育的重要举措。"至望教育部于此作始之际，能根据三民主义——伦理、民主、科学的教育思想，彻底检讨自民国以来之教育政策、教育制度与教育设施，以'另起炉灶''重整河山'之精神，殚精竭虑，重头作起，使今后之教育，成为生动活泼的教育，并使此能新能行之教育，成为一切知耻知病、求新求行之张本。"②台湾的义务教育制度延长至九年，除了学习三民主义、教育青少年成为庄敬自强的"国民"外，还以伦理、民主、科学为重，希望青年为现代化做出贡献。"总之，'九年国民教育制'，以养成民族伦理与固有文化——即四维八德之习尚，以及初级历史地理之常识，务使其能了解现代国民对国家社会应尽之义务与责任，不失为爱国爱民、堂堂正正之现代国民为教育方针。"③

针对 20 世纪六七十年代的台湾小学生所开展的"第三代国民教育"，萧瑜提出四个推行办法：第一，加强小学有关"中华文化"的课程，及早加以教育，激发其爱护固有中华文化的热忱，使其担负起复兴的大任，培育其成为斗士，教其作战；第二，拟定长期发展小学教育计划，充实小学设备，训练小学教师，提高其待遇，仿照宴请资深大学教授之例，每年赐宴资深中小学教师，召见绩优资深小学教师。设立小学教师奖学金，予以鼓励；第三，举办"文化复兴运动"学习比赛，在小学学年考试、毕业考试及升学考试，均宜加考"文化复兴"课程一门，借以提高其对中华文化课程的重视；第四，将全台小学生皆纳入'童子军'组织接受改造，加以培养，使人人从小得到军事训练，日后可胜任"中华文化复兴运动"之战斗，构成基层与核心的健全组织，然后与大学青年教育与长期发展科学计划相互配合、相得益彰。④

---

① "中华文化复兴运动"推行委员会秘书处编印：《"中华文化复兴运动"推行委员会法规汇编》，第13—14页。

② 《先"总统"蒋公手令：革新教育注意事项》，何凤娇编：《九年"国民"义务教育资料汇编》，"国史馆"印行，2000年版，第24页。

③ "'先总统'蒋公有关九年'国教'之训示及'九年国民教育'实施条例"，何凤娇编：《九年"国民"义务教育资料汇编》，"国史馆"印行，2000年版，第36页。

④ "台（57）中秘字第 074 号谷凤翔呈"，中国国民党文化传播委员会党史馆，馆藏号：总裁批签 57/0040，1968 年 4 月 8 日。

三、民族精神教育的实施

萧瑜所主张的"第三代国民教育"是在"中华文化复兴运动"下背景下，思考国民党指导的"国民"教育的推进。虽名为"第三代国民教育"，本质上仍是凸显青少年教育尤其是精神文化教育的重要性。从 1969 年开始，为配合"中华文化复兴运动"的开展，台湾"教育部"每年颁布下一年的加强民族精神教育计划，如"修正戡乱时期高中以上学校学生精神军事体格及技能训练办法"与 1970 年"加强民族精神教育计划"。

1971 年 11 月 19 日，台教育主管机构公布"民族精神教育实施方案"，包括原则、办法、考核等项，通令各学校加以实施。方案在前言中指出："复兴国家的教育，以发扬民族精神为根本。民族精神是立国的精神，也就是国魂。民族精神在教育中生根，屹立不摇，才能使全国人民深知体认'四维''八德'之真谛，从而培养笃实践履之优秀国民，成为堂堂正正、忠勇爱国的中国人。以国家的国魂为自己的灵魂，以民族的生命为自己的生命，奋发最大的努力，争取最后的胜利。"本方案揭示了民族精神教育的六项原则：一、复兴中华文化，整理民族遗产，继承光荣历史，以培养庄敬自强的民族自信心和自尊心。二、加强民族意识，融合民族情感，坚定民族意志，以发挥团结一致与坚忍不拔的民族力量。三、发扬固有道德，使四维八德生活化、行动化、社会化，以巩固民族精神的基础。并培养民主气质，使社会暴戾凶残之恶习消弭于无形。四、恢复民族固有的智能，以穷理致知，培育研究精神，迎头赶上欧美科学。五、确立"主义、领袖、国家、责任、荣誉"五大信念，养成积极奋发、勇敢牺牲之战斗精神。六、明耻教学，发愤图强，以光大砥砺雪耻的民族气节，使人人怀于民族大义。实施教育必须学校、家庭、社会三方面密切配合。针对小学学生，要注意培养儿童良好的生活习惯，加强伦理教育与语文教学，提升学校环境，充实教学设备，增加团体活动，参观科学馆、艺术馆、博物馆等。针对中学学生，应以公民教育、道德教育与职业教育为主，尤其加强"童子军"训练，养成忠勇爱国、乐于助人的健全品格。另外，针对高中、大专院校与师范教育均有专门说明。

1975 年五月六日，台湾省政府则颁布《台湾省加强民族精神教育实施方案》①实施重点包含：一、加强"反共爱国"教育；二、加强推行中华文化复兴；三、加强生活教育；四，加强时事教育；五、加强推行小康计划。第五点具体阐述为"转移'自我中心'的观念，培养仁爱、互助、推己及人的精神，养成服务国家社会的人生观"。台湾地区经历了1971年退出联合国、保钓运动、台日"断交"、中美关系改善等一系列的挫败之后，"台湾自决"的呼声高涨，"反攻大陆"基本无望。此时的"国民教育"，则更为注重现代性的培养与台湾社会经济的自身发展。

四、"中华文化复兴运动"期间台湾"国民教育"的价值取向

国民党败退台湾以后，继续实行"动员戡乱"体制，蒋介石领导国民党一心致力于"反攻大陆"，因此，教育是为培养庄敬自强的民族自信心、"复国雪耻"的民族气节，呈现出明显的政治色彩与战斗特征。针对自小生长在台湾、缺乏大陆与"中国"知识的"第三代国民"，教育上强调"民族化"与"再中国化"，学校成了运动重要的前线；改进教育制度，向西方国家学习，以中华传统文化为核心，中西合璧，文化交融，教育向现代化迈进。20世纪六七十年代，台湾的经济正在起步发展的阶段，教育培育青少年为社会栋梁之才，体现其具有建设性的一面。

（一）政治性导向：民族精神教育

蒋介石屡屡陈述自身"重光"大陆的信念："隔水西望，满目疮痍，渡头落日，青山一发者，莫非中原，泪枯血干，死生无告者，莫非吾胞与骨肉焉！是以中正难经艰难险阻，与侮辱横逆之来，犹予孳孳，而忘其身之老，责之重也。"②面对大陆的"文化大革命"，蒋介石标榜国民党的"道统地位"，暗含着上承自尧、舜、禹、汤、文、武、周公、孔子圣圣相传之道统，再由孙中山传给蒋介石。蒋介石将台湾作为实行三民主义建设复兴基地，与大陆抗衡，打着传承、抢救、保卫、复兴中华文化的旗号，最终的诉求乃是"反攻复国"，具有强烈的战斗性与时代性。运动的政治性主要包含"反共复国""国家至上"、领

---

① 《台湾省政府公报》，1975年夏字第三十三期，第14—16页。
② 《中山楼中华文化堂落成纪念文》，"侨务委员会"编印：《"中华文化复兴运动"论文集》，"侨务委员会"出版，1967年版，第4页。

袖崇拜。

　　蒋介石多次在公开场合阐述文化在政治斗争中的重要性与必要性："文化建设为一切建设的源头，而文化战又是总体战的前卫。文化建设有深远的渊源，文化作战才有锐利的锋镝，其贯通二者之间，以厚植其基础，而激发其光芒者，乃是中华文化的全体大用。"[①] 这种论调在"中华文化复兴运动"委员会领导者的文章中屡见不鲜，"但我们如不急起努力，从事复兴文化的工作，亦将延长其统治，使全国人民益陷于水深火热之中，而无以自拔"，[②]"国父诞辰同时为中华文化复兴节，使世界认识瞭然于我文化正统之所在，亦所以鼓励海内外敌前敌后军民同胞保卫我历史文化之英勇奋斗"。[③] 在文化复兴运动中特别有《改进本党组织适应战斗需要案》，其中指明运动应该充分发挥基层的力量："为适应战斗之需要，动员组织达成特种任务，应订定地区党部授权办法，以发挥统合力量之功效。"[④] 为了加强基层人民的战斗技能训练，为此预备了经费以便于基层工作的开展。教育青年一代，"中华文化复兴运动"要"借我们传统的人本精神和伦理观念，来唤醒这一代人的理性与良知，以建立起反抗斗争真正坚强和必需的心理基础"。[⑤]

　　"中华文化复兴运动"时期的"国民教育"，受到了意识形态的影响，进而影响到教育内容的选择。在教材方面，全面检讨民族精神教育、品德教育、生活教育与忠孝教育，调整了中国文化基本教材、史、地、公民与国父思想等课程。正如文复会认为的那样："此次文化复兴运动，将与反攻复国以及建国运动相始终，其有关于国运前途及我中华新文化之建立者，至深且钜。"[⑥] 教育改革的推展，以"三民主义"为核心，目的是使知识与道德融会贯通于"三民主义"之下，培养"忠孝仁爱信义和平"之道德，爱好科学之品质，使人民笃信"三民主义"并身体力行。蒋介石对青少年寄予了重大的希望，彼时台湾由农业社

---

　　① 蒋介石：《对"中华文化复兴运动"推行委员会第七次全体委员会议书面致辞》，秦孝仪编：《"总统"蒋公思想言论总集：卷四十》，中国国民党中央委员会党史委员会，1984年版，第463页。

　　② 孙科：《如何复兴中华文化》，"侨务委员会"编印：《"中华文化复兴运动"论文集》，"侨务委员会"出版，1967年版，第14页。

　　③ 《请"总统"明令定国父诞辰为中华文化复兴节启事》，《"中华文化复兴运动"》，第7页。

　　④ 《"中华文化复兴运动"推行方案（草案）》，馆藏号：总裁批签56/0147，1966年12月27日。

　　⑤ 《中央日报》，1966年12月26日，第1版。

　　⑥ 文复会秘书处编：《"中华文化复兴运动"推行委员会一年来工作报告》，1971年7月27日，第6—7页。

会转向工业社会，经济加速发展，但是社会风气、道德水平却不甚理想，"各位少年子弟于今日完成国民教育阶段的学业，当感于自身职责的重大，在学校要做一个明礼尚义、活活泼泼的学生，在社会要做一个自立自强、堂堂正正的'国民'，发挥潜力潜能，贡献'国家'社会，以从事建设为己任，以转移风气为己任。"[1] 在小学的语文课本中，有诸多关于蒋介石的课文，塑造偶像崇拜，如《爱国的蒋"总统"》《忠勇的蒋"总统"》《蒋"总统"小的时候》《勤劳的蒋"总统"》《努力向上》《伟大的蒋"总统"》等。这对于小学生的价值观有塑造作用，并使之建立起对祖国、民族的热爱与对领袖楷模的崇拜之情。

（二）传统性导向：主张"再中国化"

日本殖民统治台湾地区五十余年，在台湾留下了深远的影响。二战结束后，国民党政权败退台湾，面对一个百废待兴并且受日本文化影响极深的领土，当局陆续推行了许多重塑、强化中华传统文化的政策措施，极力消除"日本化"，而"再中国化"。"中华文化复兴运动"时期教育的开展，是这一思想的延续。

在教育上，为"陶冶民族人格以利反攻复国大业的进行"，[2] 首先培养学生的爱台湾精神与民族精神，加强"国父思想"教学增加台湾史地教学，强化"大中国"意识，强调台湾与大陆的历史渊源，重塑、深化台湾人民对台湾的记忆和情感。推行"国民生活须知"，规范学生生活与礼仪，举办展览、竞赛、作文等活动，大力加以宣传；发扬民族音乐、爱台音乐，举办爱台歌曲比赛，以艺术为载体，熏陶学生思想；建立各级学校训导导师制度，对学生的思想动态加以掌控，及时排除违反民族精神的心理倾向；规定并组织学生参观历史名胜古迹。

在学校范围内，继续大力推行"国语"运动，"以沟通国民思想，增进情感"。[3] 日本殖民统治期间，台湾以日语为主，国民党的政令难以施行。在光复初期，便开始了"国语"运动。到了20世纪六十年代中后期，在"中华文化复兴运动"浪潮下，国民党再一次强化国语教育和学习。"国语"成为大中小学校

---

① 《蒋公训词：对"国民"中学全体教师暨首届毕业生训词》，何凤娇编：《九年"国民"义务教育资料汇编》，"国史馆"印行，2000年版，第59页。

② 《"中华文化复兴运动"推行纲要》，台湾省文献委员会：《重修台湾省通志》，2005年版，第133页。

③ "中华文化复兴运动"推行委员会秘书处编印：《"中华文化复兴运动"推行委员会法规汇编》，1987年版，第51页。

的教学语言，文化复兴运动时期，"国语"运动已经开展十余年，台湾小学生的"国语"水平大幅提高，台湾地区实现了"国语"的普及，奠定民族统一的基础。

在民俗艺术推行中，可谓事无巨细。民俗艺术包罗甚广，鉴于实际情况，决定推行春联、剪纸、元宵制花灯、端午制香包、重阳登高吟诗会、放风筝、捏面人、中国结绳、泥塑、木偶雕刻、京韵大鼓、说相声、说书、皮影戏、傀儡戏、布袋戏、跳绳、踢毽子、打陀螺等。在推行方法上，令"中华文化复兴运动"推行委员会所属地方分支机构辅导各中、小学校支会学生利用美术劳作课程制作花灯、香包、风筝、剪纸、春联等民俗艺术，并配合节令，举办有关研习会、观摩会、展览会、表演会及竞赛等活动。[①]通过学习国画、武术、围棋等，着力提高学生的传统文化素养。

以四维八德为基础，提倡儒家文化，主张学校教育与家庭教育相结合，"家庭为中国文化之基石，对于家庭教育与孝悌之道，尤应特加注意倡导实践。"[②]本着修身齐家治国平天下的文化思想，笃行实践，树立优良家风，从而导正社会风气。家庭教育的具体实施包括：营造良好的家庭氛围，培养道德品质良好的子女；培养子女勤俭朴实的习惯，使其奋力自强；发扬和邻里和睦相处、互助互利的精神，促进人际关系等。以家庭为单位，提倡纲常伦理道德有助于端正社会风气，维护社会稳定秩序。

"国民教育"的推行，从弘扬中华民族精神始，到"国语"的普及与使用、传统文化的吸收与实践，使得台湾人对大陆产生一种"两岸同根同源"的文化认同感，构成了日后两岸开放交流的基础。尤其在社会结构与价值观日趋变化，西方文化大量涌入台湾社会、风气逐渐败坏、传统道德价值观濒临崩溃的时候，国民党大力推行的教育使得中华文化真正在台湾生根发芽。

（三）现代性导向：合格公民修养

"'中华文化复兴运动'推行纲要"中明确指出："积极推行新生活运动，使民众生活在固有文化四维八德之熏陶下，走向现代化与合理化。"[③]随着社会的

---

① "中华文化复兴运动"推行委员会秘书处编印：《"中华文化复兴运动"推行委员会法规汇编》，1987年版，第57页。

② 同上。

③ 秦孝仪：《"中华民国"文化发展史：第四册》，上海：近代中国出版社，1981年版，第2182页。

转型，教育势必发生重大的改革与发展。在"中华文化复兴运动"中的助推下，台湾的教育从传统教育向现代教育转变。"文化复兴运动既不是文化复古运动，那么，我们就要不仅能够守经如常，还要能够创新应变。"[①] "中华文化复兴运动"时期的"国民教育"，旨在培养合格的现代公民。时代的急遽变化，要求教育上与时俱进，体现时代精神。

首先，教育要求新求行，要成为"活的教育"而非"静态的教育"，因"盖有能新能行——日新又新、实践笃行——之教育，而后始有能新能行之政治，与能新能行之社会与台湾。"[②] 中华文化与现代西方学术思想融合发展，摄取西方文化的精华，促进中华文化的创新发展。

其次，改进教育制度，完善教学体系，对初等教育、中等教育以及高等教育进行了全面的改革。提倡职业教育，辅导中学生就业。1968年台湾施行九年义务教育，基本教育的延长，不仅是教育水平的提高与扩充，更是整个教育重建与革新的起点。在小学教育中，全面增设科学学科。1970年，台湾"教育部"派遣小学科学教育考察团赴美国与日本考察，1972年7月正式成立"国民小学科学教育实验研究指导委员会"，积极改进小学的科学教育。

再次，在师资方面给予大量的投入。教育以建立师资为首要。蒋介石认为，教育之关键在于师长为人楷模，以身作则，修己崇德，为学生所敬畏。掌握优良的教学方法，实学实用，启发学生的潜能，使其明理义知廉耻，自觉自爱，学以致用。"如此因小学之成功，方能著大学之明效，于是国家化民成俗之意，学者修己治人之方，庶几粲然复明于全台，自不致落于现代教育之后，而'复国''建国'之成功，亦赖于此。"[③] 鼓励学人回台讲学任教，以提高大专学校学术研究水准。

五、小结

"中华文化复兴运动"时期的"国民教育"，基本实现了其目标，台湾人认

---

① 张其昀编：《先"总统"蒋公全集：第二册》，台北：中国文化大学出版部，1984年版，第2164页。

② 《蒋公手令：革新教育主义事项》，何凤娇编：《九年"国民"义务教育资料汇编》，"国史馆"印行，2000年版，第34页。

③ 《蒋公手令：革新教育主义事项》，何凤娇编：《九年"国民"义务教育资料汇编》，"国史馆"印行，2000年版，第44页。

同、发扬中华文化并产生了文化自觉。在此期间,台湾教育取得较大发展,在古籍文献的整理与研究、对国学的推广与普及、培养科学技术人才等方面做出了贡献。1968年中华文化复兴初期,台湾"行政院"颁布"九年国民教育实施纲要",蒋介石指示"加强民族精神教育、生活教育及职业陶冶为中心"[①],强调课程要实现"明了中华文化的渊源与现代生活的关系"与"激发其爱护国家、团结奋斗的精神与观念"[②]。"中华文化复兴运动"时期的"国民教育",提高了台湾人的素质水平和民族自信心,增强了台湾学生对中华民族的身份认同与传统文化认同,促进了民族意识的回归。

　　文化复兴运动对中华传统文化的重视与教育,增强了台湾同胞的祖国大一统意识。以国民党"中央评议委员"萧瑜所提出的"第三代国民教育说"为例,重视小学教育,并完善初级、高级、职业教育体系,为台湾培育出一大批优秀人才。"中华文化复兴运动"将台湾同胞与大陆人民紧密联系在一起,不论动机如何,"中华文化复兴运动"时期"国民教育"的推行,一定程度上弘扬了中华传统文化,使得其重新树立起在台湾的文化主体地位。

---

　　① 台湾当局"教育部国民教育司":"国民小些暂行课程标准",台北:正中书局,1968年版,第351页。

　　② 台湾当局"教育部国民教育司":"国民小些暂行课程标准",台北:正中书局,1968年版,第161页。

1874 年《北京专条》新解

——以"琉球"归属问题为中心

黄宇宏[*]

一、《中日修好条规》的修订与日军侵台

明治维新的重要历史任务，便是资本主义制度的确立。但在资本主义确立的进程中，日本政府也面临着内忧外患，实谓是阻力重重。同时，伴随 1857 年的印度民族大起义，英国殖民政策遭遇挫败，从而在对华政策上发生了巨大变化，1861 年以后，英国在华政策一改而为以"和平的方式支持中国的政治稳定和保持英国在商业上的优越性"，[①] 从而放松了对华掌控，这样一来，包括日本在内的对中国觊觎已久的国家便蠢蠢欲动了。在这样的背景下，"明治的志士们认为，不能退守，必须进攻，便纷纷主张向海外扩张势力，侵略朝鲜和中国。"[③] 试图通过海外扩张来弥补因帝国主义胁迫而遭受的损失。一时间"侵韩论""侵台论"甚嚣尘上。

讽刺的是，即便如此，日本还是在 1871 年与中国签订了《中日友好条规》，而这一切实则与朝鲜有关。早在明代，日本将军足利义满为了增加国库收入，接受了朝贡国的地位，到 16 世纪中期以后，又中断了与中方的往来。基于这段

---

* 作者简介：黄宇宏，男，福建漳州人，北京外国语大学日本学研究中心硕士研究生。

① 费正清，刘广京，中国社科院历史研究所编译室译：《剑桥中国晚清史》，北京：中国社会科学出版社，1993 年版，第 88 页。

③ ［日］井上清著：《日本军国主义第二册 军国主义与帝国主义》，尚永清译，北京：商务印书馆，1985 年版，第 7 页。

历史，日本政府认为，想怀柔朝鲜，必先与中国修好，缔结条约。只有通过缔结条约，使清国与日本国在国际地位上平起平坐，才有成为朝鲜上国的可能。[①]

日方向清政府解释，称与清政府签约，是旨在联合中国抗击欧美。但在 1870 年天津杀害传教士事件中，英、法侵华时，日方又意欲支援英、法，其用心和目的昭然若揭。[②]

而在《中日修好条规》修订期间的 1871 年，中国属国琉球王国有一艘船因风浪搁浅台湾八磘湾，在与当地生番发生摩擦后，琉球王国 54 人被杀害，12 人逃至福州，福州当地按照藩属惯例，对其安抚厚赐后遣送回琉球王国。这次案件也被称为"琉球漂民事件"或"牡丹社事件"。

琉球王国与中日两国的宗主权关系较为特殊，自明初以来，琉球与中国关系密切，1429 年琉球统一后仍向中国进贡，1663 年和 1756 年清帝两次赐印给琉球国。直到 19 世纪 70 年代均为中国藩属国。而 1609 年万历年间，日本的萨摩藩征服了琉球，将其视为附庸，[③]并通过琉球实施中国和萨摩之间的走私贸易。每逢中国的册封使到琉球时，萨摩人都躲藏起来。故琉球在正式名分上毫无疑问是中国属国，实际的管理却多是日本政府操办的。

而后，日本政府借题发挥，以日本国民被杀害为借口，开始了侵台的准备。明治政府向清政府提出的侵台理由有两点：1. 上文提及的琉球漂流民遇难事件；2. 日本小田县民漂至台湾遇害一事。

关于小田县漂流民一案，查 1873 年 8 月外务省上报明治中央政府文件可知，佐藤利八一行在 1872 年 10 月 28 日启航，后因风浪漂流到台湾生番地区，靠岸时先是被几十个番民劫尽船上货物，身上衣物和值钱物品均被抢光，危难时刻番社一位老者出面，方才得救。一行人后转交清政府，经由福建回到日本。[④]

《中日修好条规》的换约是在 1873 年进行，而早在 1872 年，明治政府就开始暗地里着手侵台准备。

① 费正清，刘广京，中国社科院历史研究所编译室译：《剑桥中国晚清史》，北京：中国社会科学出版社，1993 年版，第 105—106 页。

② ［日］井上清著：《日本军国主义第二册 军国主义与帝国主义》，尚永清译，北京：商务印书馆，1985 年版，第 33 页。

③ ［日］渡辺龙策：《近代日中政治交涉史》，东京：雄山阁，1978 年版，第 38 页。

④ 蕃地事务局，副岛种臣：《外务省ヨリ小田县民佐藤利八外三人蕃地漂到土人为メ二暴掠セラル一件上申並小田县届》，https://www.digital.archives.go.jp/das/image/M0000000000000902727 2018 年 7 月 6 日。

而"征台"一举由于触及列强在中国的利益,英美纷纷宣布中立,明确指出"台湾属于中国领土"并发函询问日本政府"征台"一事。作为对策,日本政府派柳原赴华进行外交活动,试图掩盖日本"征台"的真正意图。

日军登台后,遭到台湾民众的顽强抵抗,加上日军士兵水土不服和传染病等原因,以及清政府积极地备军和强硬的态度,且日本也没有一定能战胜清政府的把握,故日方在"占领台湾"的目的上有所动摇,转向通过外交来解决问题。

在多次谈判过后,双方签订了《北京专条》,清政府不否认日本"征台"为"义举",支付日本军费及抚恤金合计 50 万两,日本方面答应退兵,承认台湾是中国领土。

《北京专条》全文如下:①

照得各国人民有应保证不致受害之处,应由各国自行设法保全,如在何国有事,应由何国自行查办。兹以台湾生番曾将日本国属民等妄为加害,日本国本意为该番是问,遂遣兵往彼,向该生番等诘责。今与中国议明退兵并善后办法,开列三条于后:

一、日本国此次所办,原为保民义举起见,中国不指以为不是。

二、前次所有遇害难民之家,中国定给抚恤银两,日本所有在该处修道、建房等件,中国愿留自用,先行议定筹补银两,别有议办之据。

三、所有此事两国一切来往公文,彼此撤回注销,永为罢论。至于该处生番,中国自宜设法妥为约束,以期永保航客不能再受凶害。

二、学界对《北京专条》的主要观点

至今为止,国内外学界对于《北京条约》的看法,大体上较为一致。普遍认为《北京专条》间接地将琉球的宗主权让渡给日本,清政府是舍小保大,卖国求荣。

例如美国学者泰勒·丹涅特在《美国人在东亚——十九世纪对美国、日本、朝鲜政策的批判的研究》中称,《北京专条》中将日本国属民等同于琉球难民,

---

① 马士:《中华帝国对外关系史 第二卷》北京:生活·读书·知新三联书店,1958 年版。

表明 "日本彻底将中国对于琉球群岛的宗主权主张连根推翻了"。[①] 马士在 "中华帝国对外关系史"中认为这条专约 "等同于中国放弃了对琉球的宗主权"。[②] 熊志勇在《中国近代外交史》中也认为清政府 "实际上默认了"日本对琉球的宗主权。[③] 安冈昭男在《日本近代史》中也指出承认日本所行为义举无异于 "承认"琉球所有权归属于日本。[④] 王芸生著《六十年来中国与日本》、信夫清三郎著《日本外交史》、李鼎新著《中国近代史》、关捷著《中国甲午战争全史 第1卷》等其他大量著作中以及论文中均有相似的观点，此处不再一一列举。

"清政府在 1874 年对日谈判中主动放弃对琉球的宗主权"这一看法似乎已经成为学界共识。但实则有待商榷：一、1874 年的清政府与明治政府，在军事实力上颇为接近，清政府完全没有必要通过让渡领土这种极度耻辱的方式结束争端；二、条约中并未明确写明 "清政府放弃对琉球的宗主权"，学界所谓的 "间接承认"这个说法的推导过程是否逻辑严密？

纵观整个史学界，目前仅有 1994 年厦门大学陈在正先生所著论文《1874 年中日 <北京专条> 辨析》对这个史学共识提出了质疑，并做出了较为严密的分析和推理。本文将以学界目前的研究成果为基础，从其他不同视角以及近来的一些历史文献的新发现进行补充说明。

---

① ［美］泰勒·丹涅特：《美国人在东亚——十九世纪对美国、日本、朝鲜政策的批判的研究》，北京：商务印书馆，1962 年版，第 377 页。
② 竹内实：《日中国交基本文献集》，东京：苍苍社，1993 年版，第 301 页。
③ 熊志勇：《中国近现代外交史》，北京：北京大学出版社，2014 年版，第 71 页。
④ 安冈昭男：《日本近代史》，北京：中国社会科学出版社，1996 年版，第 227 页。

三、《北京专条》辨析

必须事先说明的是，本文讨论的核心问题是清政府是否有意通过让渡琉球的方式来结束中日争端，而并非讨论《北京专条》是否能解读为清政府放弃了琉球所有权。《北京专条》中的内容，如若结合历史事实来看，的确可以有许多种不同的解释法。其中一些内容在陈在正先生的论文中已有详论，在此简单地列举一例，不做细述：

如条约中写道："兹以台湾生番曾将日本国属民等妄为加害。"学界多认为条款中这行字表明清政府已承认台湾番民所杀害的琉球岛民为日本国属民。

关于这点陈在正先生在文中称，基于日本当时多次在照会以及函件中指出，入侵台湾理由有二，分别是为琉球漂流民事件及小田县民一案，故没有充分的理由可以断定日本国属民即为琉球岛民。[①]但针对陈先生的该观点，有其他研究者称"加害"一词即杀害之意，当时小田县民并未遭杀害，遭杀害的仅有琉球漂民，所以陈在正先生的说法站不住脚。[②]

若查《汉语大词典》可知，"加害"一词有"杀害""伤害"两意，并非仅仅有"杀害"一意，故"日本国属民"指代的是"小田县民"这一可能性也是存在的。[③]

如上，文本的解读可以多样化，《北京专条》在明治政府和清政府眼里就有着不同的解读法，故研究该条约的意义应该是在于清政府到底有没有通过让渡琉球宗主权来解决事端的意图，而不在于该条约文本应该适用于哪一种解读。

以下是较为详细的内容分析，本文主要从清政府态度、日本的外交策略，以及外国公使在事件中施加的影响三个方面进行阐述：

（一）清政府态度

清政府在整个事件过程中，无论是对外照会、文函，还是内部书信，始终

---

① 陈在正：《1874 年中日〈北京专条〉辨析》，《台湾研究集刊》，1994 年第 1 期，第 68—75 页、108 页。

② 袁成毅：《1874 年中日〈北京专条〉之再认识》，《杭州师范学院学报》，1998 年第 1 期，第 95—100 页。

③ 汉语大词典编辑委员会汉语大词典编纂处：《汉语大字典（第 2 卷）》，上海：汉语大词典出版社，1986—1994 年版，第 775 页。

将琉球称为不同于日本的第三国，并未将琉球国难民等同于日本国难民。①

在 1874 年 7 月的廷寄中如此描述：“日本借口他国积年旧案，违约称兵，曲直是非，中外共见。”②将琉球漂流民遇害事件称作“他国积年旧案”，且在经由福建布政使潘霨转交西乡从道的照会中写道：“及观贵中将照会闽浙总督公文，方知为牡丹社生番戕害琉球难民而起。无论琉球虽弱，尽可自鸣不平。即贵国专意恤邻，亦何妨照会总理衙门商办。乃积累年之旧案，而不能俟数日之回文，此中曲折是非，想亦难逃洞鉴。”③直接否认了琉球为日本领土，将琉球叙述为独立国家，并将日本行为定性为“恤邻”。9 月，奕䜣等人的上奏中也记载着：“随驳以琉球之事，应由该国王清理”。④予柳原前光照覆中也提及：“如琉球曾受生番之害，应由琉球国请中国处置”。⑤

在给西乡从道的照会中，还有如下表述：“乃闻贵中将仍扎营牡丹社，且有将攻卑南社之谣，夫牡丹社，戕琉球难民者也；卑南社，救贵国难民者也。相去奚啻霄壤，以德为怨，想贵中将必不其然。第贵中将照会闽浙总督公文，有佐藤利八至卑南番地亦被劫掠之语，诚恐谣传未必无因……天下有劫人之财，肯养其人数月不受值者耶？”⑥即清政府就听闻有关西乡从道将攻卑南社一事进行质问，中国方面认为卑南社是否劫掠佐藤利八等小田县民尚无确证，但他们漂至卑南番地后全员回到了日本是事实。可以看出，清政府将琉球难民和“贵国难民（即日本国难民）”做了严格的区分。此外，在给柳原前光的照覆中也有类似记载：“若谓戕害琉球民，则琉球国王应请命于朝廷，若谓强夺备中⑦难民（即日本国难民）衣物，则何年月日之事，何人被夺，何件衣物，应由贵国大臣照会本衙门办理。”⑧将牡丹社事件中受害的琉球民众与海上遇风难的小田县民分为两类谈及，区分明确，从未将两者统称为“日本国难民”，并要求日本政府详报有关小田县民遭劫相关数据。显然，按照清政府在照会以及文书中的用词习惯，所谓的“日本国难民”，包括《北京专条》中的“日本国属民”，很大可

---

① 在当时的华夷秩序中，琉球是即是清的附属国，也有独立的政权。故采用了第三国的称呼法。

② 筹办夷务始末（同治朝）卷十，北京：中华书局，第 3777 页。

③ 清史稿 十六 志，北京：中华书局，1976 年版，第 4621—4622 页。

④ 筹办夷务始末（同治朝）卷十，北京：中华书局，第 3860 页。

⑤ 筹办夷务始末（同治朝）卷十，北京：中华书局，第 3864 页。

⑥ 筹办夷务始末（同治朝）卷十，北京：中华书局，第 3779 页。

⑦ 备中：日本古代的令制国之一，属山阳道，又称备州，今冈山县附近。

⑧ 筹办夷务始末（同治朝）卷十，北京：中华书局，第 3868 页。

能指的仅仅是小田县民佐藤利八等人而已，并非牡丹社事件中的琉球漂民。也有观点认为，"属民"乃属国人民之意，显然指代的是琉球，但查《汉语大词典》可知"属民"为"民众、统属的百姓"之意，并无特指。①

（二）日本的外交策略

明治政府从一开始就有试图混淆概念，且诱骗清政府确立带争议条约的意图，以方便为日后吞并琉球创造依据。《北京专条》中模棱两可的用词，以及那些看似对日本的琉球宗主权表示认同的条款之所以会跃然纸上，是有明治政府的外交谋略蕴含其中的。

首先，在前期的侵台准备过程中，明治政府就确立了这一目的。

1874 年，明治政府阁议审核通过大久保利通和大隈重信提交的《台湾番地处分要略》。其中第二、第三条内容如下（参照引用关捷主编《中日甲午战争全史》中的译文）：

第二条：应派北京公使，背公使馆，办理交际。清官若问琉球之属否，即照准去年出使之口迹，言琉球古来为我帝国之所属，并明示现今弥弥浴我恩波之实。

第三条：清官若以琉球遣使献贡自国之故，而发两属之说，更不可顾应其所议关系为佳。盖控御琉球之实权皆在我帝国，且欲止其遣使献贡之非礼，须等台湾处分之后，为此目的则（不可）②空口与清国政府辩论。③

由此可见明治政府的整个侵台计划中，对于琉球的归属问题十分看重。在西里喜行的《清末中琉日关系史研究》中对这两条均作了解析，称：因为"日本国民被台番杀害"是日本此次出兵的主要理由，倘若在琉球问题上出现纷争，

---

① 汉语大词典编辑委员会汉语大词典编纂处：《汉语大字典（第 4 卷）》，上海：汉语大词典出版社，1986—1994 版，第 65 页。

② 引用时已对照《台湾番地处分要略》原本，发现所引的中文版本有一处错误，在此增加括号内文字以修正其误。《台湾番地处分要略》原本出处：日本国立公文书馆，亚洲历史资料中心。
大隈重信，大久保利通. 台湾番地处分要略 [DB/OL]. https://www.digital.archives.go.jp/DAS/meta/listPhoto?LANG=default&BID=F0000000000000060766&ID=M0000000000001691051&TYPE=&NO= 2018 年 6 月 14 日。

③ 关捷，唐功春，郭富纯，刘恩格：《中日甲午战争全史第一卷》，长春：吉林人民出版社，2005 年版，第 223 页。

日方的出兵理由就站不住脚。故日本政府极力避开琉球问题，并在侵台理由中加上小田县民一案。①

但实际上该要略背后的含义也许不止如此，第三条后半段有"欲止其遣使献贡之非礼，须等台湾处分之后"字样，并强调"为此目的则（不可）空口与清国政府辩论"。为什么欲断琉球与清国之联系必须等台湾处分之后？此处甚疑。按一般常理来说，明治政府侵台的表面上理由是为解决牡丹社事件，替"本国"人民伸张正义，显然只有先解决琉球问题，让琉球宗主权划归于日本之后侵台的理由才更能站得住脚，而日本政府为何偏偏要反其道而行之？如果假设明治政府是寄希望于通过出兵台湾地区来解决琉球问题，想通过出兵台湾来获取日后吞并琉球的条约依据，那一切就显得更加合理。而"为此目的则（不可）空口与清国政府辩论。"既可以理解成日本担心侵台理由站不住脚，也可以理解成日本希望通过模糊概念的方式诱骗清政府签订模棱两可的条款。当然，仅凭此处记载显得主观性偏强，但从日本和中国的一些外交文书和回忆录中可以看到不少体现明治政府该意图的影子。

1874 年 9 月，柳原前光赴华谈判时，曾在寓所内与恭亲王奕䜣等人谈论过此事，根据总理衙门的记载，当时柳原"谓琉球之事，日本应为办理，况有本国人受亏。"②可见，经清政府多次强调琉球问题不应由日本操办后，日方不得已便在谈判中称琉球难民中掺杂有日本人。中方多次让日方拿出证据证明有日本民众受难，但日方迟迟未能给出答案。

且日方此后多次补充解释称，日方出兵台湾不仅仅是为了保本国民众，还有惠及他国的目的，乃义举。柳原的函件中曾提道："夫我伐番义举，非恶其人，非贪其地，务为保恤己民，并以惠及他国为利。"称伐番是由于中国政府消极处理番民乱杀难民事件，为了保恤己民，且为了维护国际秩序，惠及他国，方才出兵整治。"惠及他国"这一说法在后来的谈判中屡次出现，多次两个意图并提，例如：9 月初柳原前光照会中有"今举恤内惠外之义，诚宜始终贯彻其功"，并提出日本此举对内外皆利。9 月 18 日将日方全权大使大久保利通在第五回北京谈判中努力争取让中国承认日方出兵为义举。大久保提到"我国征台之举旨

---

① ［日］西里喜行：《清末中琉日关系史研究》，北京：社会科学文献出版社，2005 年版，第275—277 页。

② 筹办夷务始末（同治朝）卷十，北京：中华书局，第 3860 页。

在开化番民，使得国内外航海者均得安宁，乃义举。"（笔者自译）[①]并提出两便办法，即愿意退兵，但要求中国赔款并承认日本侵台为义举。大久保利通在给清政府的照会中多次指责清政府"放任野蛮番民，不予治理"，故日本"劳师耗财，开榛锄梗，铃束番民，不纵作凶，以除南海之一害。"[②]强调日本侵台行为是"替天行道"，是不得已而为之，试图让清政府承认侵台为义举。且从19世纪末以"文明"为标准的国际法的角度而言，日本入侵"置之化外"的生番之举勉强可被称作"义举"。这点实则戳中了清政府的软肋，据马士的"中华帝国对外关系史"，李鸿章曾在1973年和副岛种臣的会谈中答应处置生番，但遭朝廷大臣反对[③]，才有了后来毛昶照称杀人者属"生番"，所以"置之化外"[④]，此乃清政府曾经犯下的外交失误。[⑤]故清政府在该问题上自觉理亏，在李鸿章给总理衙门的奏折中才会有"平心而论，琉球难民之案，已阅三年，闽省并未认真查办。无论如何辩驳，中国亦小有不是"。[⑥]

从中我们甚至可以总结出明治政府的外交套路，无论是侵台理由，还是难民表述，以及义举理由，都是先以"1+1"的形式提出来，随后两者并提，混淆概念。侵台理由是"琉球漂民案＋小田县民案"，难民表述是"琉球难民＋佐藤利八等日本国属民"，义举理由是"替琉球人民申冤＋惩治生番给国际社会营造良好秩序"。且前一个"1"均站不住脚，属于有争议内容，很容易遭清政府辩驳，后一个"1"则相对踏实，辩驳难度较大。况且，这三项内容均是只要后面的"1"成立，无论是侵台理由还是义举理由都至少表面上显得有理有据，而第一个"1"的不成立并不会影响最终结果。明治政府正是以此方式控制住清政府的思路，以达到日本以条约形式获取日后吞并琉球依据的目的。但显然，清政府签订条约时绝无让渡琉球宗主权之意，所谓条约中的"保民义举""日本国属民"等字样，都是在日本的这种外交策略的影响下达成的。

① 東亚同文馆：《对支回顾录》，东京：原书房，第86页。
② 筹办夷务始末（同治朝）卷十，北京：中华书局，第3982页。
③ 竹内实：《日中国交基本文献集》，东京：蒼蒼社，1993年版，第301页。
④ 孙乃民：《中日关系史（第一卷）》，北京：社会科学文献出版社，2006版，第468—469页。
⑤ 竹内实：《日中国交基本文献集》，东京：蒼蒼社，1993年版，第301页。
⑥ 王芸生：《六十年来中国与日本 第一卷》，北京：生活·读书·知新三联书店，2005年版，第64—65页。

（三）外国公使的影响

中日关系的紧张令在驻清国的西方各国办事人员忧心忡忡，倘若两国发生战争，那各国特别是英国的在华利益势必受到巨大打击。于是英国公使威妥玛积极斡旋，他的调停对两国《北京专条》的签订起到了极大的促成作用，这点在很多学者的论文中已经得到论证。而王庆成在 1984 年于英国国家图书馆发现一份《北京专条》的草本，与正式本内容极其相似，王庆成也在论文中对该草本和最终确立的正式本内容进行了一些比较。[①] 正式本是由日清政府在英国版的基础上进行修改而完成的，从其间的变化便可以看出清政府的意图。

九月末，当时日清两国于北京的谈判迟迟没有进展，通过威妥玛的介入，两国纷纷向英使透露了自己的底线，中方提出赔款不能超过五十万两，日方提出接受五十万两的数额，但中方必须承认日方所为是义举。[②] 于是此后日方并与威妥玛一同商讨了《北京专条》草本，正式本中的“日本国属民”便是此时添加的。[③] 据王庆成在论文中所述，草本与正式本最为重要的不同点有两处：[④]

1. 正式文本中“照得各国人民有应保证不致受害之处，应由各国自行设法保全，如在何国有事，应由何国自行查办。”的后两句并未在草稿中出现，应该是清政府后来补上的。

2. 草稿中为“日本国此次所办义举，中国不指以为不是。”《北京专条》终稿则是将其改成“日本国此次所办，原为保民义举起见，中国不指以为不是。”

第二条从语意上把所谓的保民义举作为日本的主观意图确立下来，中国不加以指责。实际上这条规则的修改所蕴含的背后含义是：我们相信日方出兵的出发点是善意的（他们认为他们的出兵是保民义举），所以不追求日方违反《中日友好条规》的责任，不加以指责。可见清政府也可能已经察觉到北京专条中用语的暧昧性，并试图修改。但既然如此，为什么中国政府不大刀阔斧地对条约进行整体修正呢？从恭亲王奕䜣的奏书中就可察觉一二。

“威妥玛来臣衙门，初示关切，继为恫吓之词，并谓日本所欲二百万两，数并不多，非此不能了局……在我武备未有把握，随在堪虞，且令威妥玛无颜而

---

① 東亚同文馆：《对支回顾录》，东京：原书房，第 88—89 页。

② 王庆成：《英国起草的“中日北京专条”及与正式本的比较》，《近代史研究》，1996 版，第 79—85 页。

③ 关捷，唐功春，郭富纯，刘恩格：《中日甲午战争全史第一卷》，长春：吉林人民出版社，2005 年版，第 274 页。

④ 東亚同文馆：《对支回顾录》，东京：原书房，第 88—89 页。

去，转足坚彼之援。"①

可见威妥玛调停时的语气十分强硬，只为赶紧了结此事，保住英国根本利益，并未真正顾及两国利益。海关总税务司赫德（英国人）给在清朝海关英籍官员金登干的 9 月 11 日的书信中写道："我怕我们现在不如五个月前那样对战争有备无患了。在开始时日本人会给我们麻烦……最糟的是，叛乱将四方蜂起，内乱将更甚于外患。到目前为止还没有战争，但局势看来很糟。"②且在金登干给赫德 11 月 13 日书信中洋溢着事件解决的喜悦："我很高兴收到您宣告同日本的纠葛已解决的电报，它证实了星期一早报登载的消息。此间人士推断，威妥玛对促成这一结果帮了大忙。"③可见解决清日问题对英国而言的重要性。故清政府有可能已经意识到《北京专条》的暧昧性，但是不愿得罪英国公使，且其暧昧性在日本"1+1"外交策略下显得并不严重。故也没有对条约进行大改。

四、结论

综上所述，无论是从清政府官方文书记录，还是日本外交策略的角度，抑或是从英国的调停给清政府造成的影响看来，清政府都没有表现出让渡琉球的意图。况且从整个事件以及后续发生的甲午中日海战等历史经验来看，很显然，日本奉行的是地区帝国主义政策，而清政府奉行的是现状维持政策。所以，学界一直以来存在着的："通过 1874 年《北京专条》清政府放弃琉球宗主权，让渡给日本。"这一说法还需推敲。无论《北京专条》遭日本政府何种解读，清政府在 1874 年并未有以主动放弃琉球的宗主权换取和平的意图。

---

① 筹办夷务始末（同治朝）卷十，北京：中华书局，第 3947 页。
② 中国海关密档 赫德，金登干函电汇编：《第一册 中国第二历史档案馆》，中国社会科学院近代史研究所合编，北京：中华书局，1995 年版，第 128 页。
③ 中国海关密档 赫德，金登干函电汇编：《第一册 中国第二历史档案馆》，中国社会科学院近代史研究所合编，北京：中华书局，1995 年版，第 170 页。

清代新竹北埔的民间信仰与客家地方社会

——以慈天宫为核心的探讨

刘拯华 [*]

一、问题的提出

自 20 世纪 80 年代初期日本历史学者提出明清中国地域社会研究以来，[①] 其影响力逐渐扩大，诸多学者开始利用相关概念与方法进行中国史研究，取得了众多优秀的学术成果。[②] 这些研究涉及地方精英、地方秩序、移民与社会开发、国家与地方关系、宗族与社会、民间信仰等多方面，不仅融合多学科研究方法，也带来新的视角。由于地域研究相关理论可以立足于不同区域进行探究与具体分析，因此能够被运用在各种观察对象上来解释其内部的特点和问题。

学术上的地域社会通常具有两种概念，一为涵盖具体的地理空间与环境，

　＊ 作者简介：刘拯华，台湾成功大学历史学系博士生，主要研究方向为清代妇女儿童史、清代台湾社会史。

① 地域社会研究缘起于 1981 年名古屋大学举办的中国史研讨会，由森正夫教授进行倡导。次年出版了研讨会论文集《地域社会的视点——地域社会与领导者》，开启相关研究。关于地域社会研究的演变与评价，具体可参见常建华：《日本八十年代以来的明清地域社会研究述评》，《中国社会经济史研究》，1998 年第 2 期。

② 森正夫：《"地域社会"视野下的明清史研究：以江南和福建为中心》，南京：江苏人民出版社，2017 年版；王笛：《跨出封闭的世界——长江上游区域社会研究：1644—1911》，北京：中华书局，2001 年版；吴滔，[日] 佐藤仁史：《嘉定县事——14—20 世纪初江南地域社会史研究》，广州：广东人民出版社，2014 年版；[日] 山田贤：《移民的秩序——清代四川地域社会史研究》，北京：中央编译出版社，2011 年版；黄志繁：《"贼""民"之间——12—18 世纪赣南地域社会》，北京：三联书店，2006 年版；[日] 滨岛敦俊：《明清江南农村社会与民间信仰》，厦门：厦门大学出版社，2008 年版；宋德剑：《民间信仰、客家族群与地域社会》，广州：暨南大学出版社，2015 年版；相关重要著作极多，此处不一一进行列举。

属于实体的社会范围，如北埔的行政区域；另一个指的是生活场所，更趋近于抽象概念的社会，本质是方法意义上的社会纽带。① 按照台湾历史学家施添福的理解，地域社会是一个整合各种社会关系的操作概念，由地理空间与地域社会结合，可视为经济、政治、文化、意识等各种关系的运作场所。本文关注的，正是这种内涵下的地域社会。

目前关于台湾地域社会的研究，很多集中在日据时期的社会结构、西部平原社会的建设，以及闽南族群的社会变迁上。相较之下，在清代台湾内山地区的客家社会层面，还存在一些可以利用地域社会视角进行研究的空间。和人数占优的闽南族群社会相比，这些客家人聚居的地区无论在历史形态还是社会经济结构上，都存在着独有特点，很难将其与闽南族群视为整体进行研究。闽南族群大多占有平原河岸，人口兴盛开垦便利，往往自然演化出农业发达的村落；而客家族群人口较少，所获土地多在边缘地带，聚居区的形成和发展过程与闽南族群并不相同。由此我们可以提出这样一个问题，既然不能套用闽南族群的经验，那么客家汉人如何在这些山区地域上维持一个有秩序的社会？除了传统的血缘和地缘关系之外，还有其他方法吗？由于各种现实因素的影响，每个区域都会产生差异化的社会运作。我们尝试通过观察客家山区聚落——北埔的社会开发过程，注意到了蕴含其中的地方宗教信仰因素，因此可以利用民间信仰的思路来进行客家社会相关秩序问题的探讨。

二、作为研究思路的民间信仰

对于客家聚落北埔而言，由于其特殊的历史与地理要素，如武装移民、台湾少数民族领地、入垦时间较晚等，与那些通过自然垦殖形成的聚落存在较大区别。② 北埔社会的形成与维持，与精英人士掌控的金广福武装垦殖以及由金广福推动的民间宗教信仰有着密切的联系。这提供给我们一个思路，从民间信仰、地方精英与社会之间的关系着手，多维度理解北埔社会建构秩序的问题。毫无疑问，北埔社会不只是一个地理层面的疆域空间，更是一个抽象意义上的生活场所，其社会发展是地理范围与社会文明结构多重互动变化的过程。民间信仰

---

① 黄朝进：《清代竹堑地区的家族与地域社会》，台北：“国史馆”，1995 年版，第 4 页。
② 刘拯华：《清代台湾北埔的望族与当地社会的开发与治理——以姜、彭两家为例》，《河南财政税务高等专科学校学报》，2015 年第 1 期。

和祭祀活动在这一过程中起到了非常重要的作用。

关于地域性的民间信仰文化，林美容和许嘉明提出了祭祀圈的概念，他们认为祭祀圈是"为了共神信仰而共同举行祭祀的居民所属的地域单位"，① 或是"以一个主祭神为中心，信徒共同举行祭祀所属的地域单位"。② 也就是说，祭祀圈通常会围绕一位核心的神明展开，其信仰能够覆盖一定地区的民众，并且会进行祭祀活动。那么，如果不单以某位神明为中心，而是以一座容纳两位主神加多位配祀神的具体庙宇为信仰中心，则构成何种概念？除了也将其简单归类为祭祀圈之外，可以更关注其宗教的地域社会联结性。具体来说，北埔当地虽有多样化的民间信仰，但最大的信仰中心还是慈天宫。宫内主祀观音与妈祖，配祀多位神灵，香火非常旺盛，其信仰范围覆盖包括北埔、宝山和峨眉在内的大隘地区，且有定期性针对不同神明的大规模祭祀仪式，吸引众多周围区域的民众参加，与社会发生着紧密互动。比起以一位神明为核心的祭祀圈，慈天宫的民间信仰与地方社会有着更密切的联系，被称为当地最大的地域性祭典组织更合适。

慈天宫建立最早源于地方精英之行为，北埔初垦时有番害为祸，使开垦异常艰苦。垦户首姜秀銮遂将从大陆带来的观音像建小屋予以奉祀。其后开垦顺畅，百姓纷纷称奇信奉，戮力推动垦荒，且由于姜家关系，在社会稳定后观音逐步转化成为北埔公有神明，取得慈天宫主祀之位。随着妈祖和多位神明的加入，慈天宫成为当地核心庙宇，并不断举办公共仪式来强化整合社会。伴随着北埔社会的进步，慈天宫经历了聚落初创的无庙小屋时期，再到社会开发之后的恢宏庙宇时代，这是一个共生的过程。可见慈天宫与北埔社会一起发展，从精神层面维系并整合了地方社会，即"庙宇及其仪式活动，加强了社区内部民众的凝聚力，并最终在精神层面实现社区的整合。"③

因此，我们以民间信仰作为一种研究思路，来观察慈天宫和北埔地方社会的关系：作为当地超越个人地位、族群关系和地理空间的信仰核心，一方面，精英领导的社会开发诞生并塑造了慈天宫，另一方面，慈天宫利用地域性祭典

---

① 林美容：《由祭祀圈到信仰圈——台湾民间社会的地域构成与发展》，《中国海洋发展史论文集》(第六辑)，1999 年。

② 许嘉明：《彰化平原福佬客的地域组织》，《"中央研究院"民族学研究所集刊》，1975 年第 36 期。

③ 杨庆堃：《中国社会中的宗教》，范丽珠等译，上海：上海人民出版社，2007 年版，第 86 页。

组织的特性，在北埔地方社会形成过程中凝聚精英和民众力量，维系整合了这一区域的秩序。在这一过程中，地方精英如何涉入，尤其是慈天宫的兴起中，他们扮演何种角色？慈天宫通过哪些具体的方式维系整合社会？我们以慈天宫信仰为核心进行探讨，将精英领导下的地方社会开发、慈天宫的兴起及其与地方社会的互动关系进行研究诠释，以回答北埔客家汉人社会的秩序维持问题。

三、地方精英与北埔社会的开发

新竹地区早在康熙年间即有汉人王世杰率众进行垦荒。至道光初年，竹堑城及周围已经建立街庄。但是当拓垦人群抵达包括北埔、峨眉、宝山在内的大隘地区时却大为受阻。《台湾通史》曾有记载：

> 当是时，竹堑开垦，渐入番境，东南一带，群山起伏，草莽林菁，虽设隘数处以防番害，而力寡难周，番每出而扰之。番之强者为钱朱夏三族钱居中兴庄；朱居北埔；下居社寮坑，大小三十余社，有众二百数十人，凭其险阻，已掠近郊。急则窜入山，官不能讨。[1]

此地尚属生番所有，时常出草各处杀人抢掠，阻碍垦荒。道光六年（1826），还发生堑城南门外巡司埔，巡检以下七人被黔首而去的事件。此地生番约有三十余社，共计二百余人，属于斧斤不响、锄犁未入之地区。[2] 由于先民开垦致使生番生存愈加受限，其反击也日趋激烈，双方尖锐对峙。这种情况引起官府、闽籍和粤籍精英人士的注意。官府需要平息番害保护地方安全；闽籍人士善经商，握有大量资金，尽早在山区垦荒可以进行投资换取更多收益；对于粤籍客家人士来说，他们入驻较晚，务农的传统生活方式导致土地供不应求，迫切需要开垦新地。加上原本对付生番的数处私隘力寡难支，[3] 在这种情形下，无论开垦方式或资金的筹措，都需要合作建立大垦号来进行解决。

道光十四年（1834），淡水同知李嗣邺物色到新竹南庄人姜秀銮，其胆识绝佳，处理庄中大小纠纷成绩斐然，且时常协助官府捕盗。当防番事务告急，李嗣邺谕令姜氏筹设新隘，兴垦大隘地区，并允诺由官方资助其开办经费，隘费

---

① 连横：《台湾通史》（下），北京：商务印书馆，2010年版，第151页。
② 黄奇列：《北埔乡文献采访录》，新竹：新竹县文献委员会编，《新竹文献会通讯》第13号，1954年版。
③ 吴学明：《金广福垦隘研究》（上），新竹：新竹县文化局出版，2000年版，第47页。

可就地取粮。姜秀銮受命后在堑南建隘楼十五座，招募垦户和隘丁分驻。道光十五年（1835），李嗣邺命令扩建隘楼，并招佃垦耕以提供隘费。姜秀銮建议由闽粤绅商共同投资成立垦户。同年李嗣邺下令竹堑西门总理林德修，向各业户铺户劝出本银。林德修即与姜秀銮立约，组织金广福合作垦户。共议招二十股，其中每股招有数伙合本者，俱各照样另立大小股合约。① 姜林二人被推举为垦户首，分别在城内和乡村劝捐。两人议定分工，凡有呈禀事件，具应通同盖以公戳并銮、修戳记。垦区事务由姜秀銮办理，城内事务则由林德修分办。但林德修不久亡故，由竹堑东门总理周邦正接任职务，常驻城内，负责衙门公事及垦荒集团的会计事务。② 周邦正生于乾隆四十六年（1781），来自闽南士绅家庭，专事商业活动。他于道光初年（1821）由泉州安溪赴台，并曾捐纳监生。因其经商有道，积极参与公共事务，为官府看重，遂接任闽籍垦户首。至此，由闽粤精英合力创建的金广福正式诞生。

《北埔乡土志》记载如下：

> 昔因生番出至城外巡司埔杀人，淡防厅丞未如之何，乃给示谕责成粤人姜秀銮、闽人周邦正，倡首邀股，即将金广福闽粤字号充为垦户。③

另一份合约则彰显了金广福的运作：

> 立给垦批字总垦户金广福垦户首姜秀銮、周邦正。情因堑南一带地方，寻遇番扰我不胜数，人民畏缩不前，以致田园荒芜。缘道光十四年冬，经蒙李分宪切念民瘼，在堑南横岗选择妥基，违（建）隘募丁，以为防番保民之计。嗣因隘费丁粮两无所出，复着遵谕招佃开垦，就地取粮以资发给。④

从这两份材料中可见，当时番人杀人扰民，危害甚大，致使田园荒芜，只有责成闽粤地方精英建立金广福以武力开垦，方能达成防番保民的目的。而姜秀銮和周邦正，正是精英的代表人物，他们在担任垦户首之前，就已经是处理村中纠纷、协助官府的能人，或是经商有道的功名之士。二人任职后，领导金广福在土地开垦与财政、文教建设和公共事务等方面做出贡献，最终完成北埔

---

① 吴育臻：《大隘地区聚落与生活方式的变迁》，新竹：新竹县立文化中心，2000年版，第40页。

② 吴学明：《金广福垦隘研究》（下），新竹：新竹县文化局出版，2000年版，第79页。

③ 北埔公学校编：《北埔乡土志》，新竹：新竹县文化局，2006年版，第27页。

④ 陈其南编：《台湾总督府档案抄录契约文书》，第一辑第六册，台北：远流出版社，2005年版，第324页。

的开发。

（一）土地开垦与财政

北埔及其周边地区的垦荒，主要分为前期和后期两个阶段。前期从金广福组成到道光末年止。这一时期开山防番卓有成效，生番被逼入更深山区。金广福先选择较为安全的宝山乡着手开垦。宝山的旧隘经过整顿，诸多垦民沿着盐水港溪上游，进入山区开垦；另一批垦民沿着客雅溪开拓双溪；姜秀銮则率领大批垦丁进入北埔，沿途的山地相继被开辟。众人在北埔站稳脚跟后以此为据点，沿峨眉溪往下游方向垦殖，陆续开发南埔、中兴、峨眉、富兴等地，整条峨眉溪沿岸，都已陆续开辟。

其中在道光二十年（1840），金广福为获得更多资金支持，再向闽粤两籍商绅集资二十四股，附约如下：

> 立合约字南兴庄总垦户金广福粤籍垦首姜秀銮，闽籍周邦正等为事有分辨……在堑南横岗一带，建隘募丁，就地取粮，以为防番保民久计，嗣因隘费丁粮两无所出，复着闽粤两籍殷户劝捐银圆，粤籍捐出银壹万贰仟陆佰元，闽籍捐出银壹万贰仟陆佰元，以资发给。所有金广福守隘防番要务，统归姜秀銮办理……同立合约字第壹样二纸，各执一纸存照。①

合约显示开垦防番事务"统归姜秀銮办理"。实际上在开垦过程中，以周邦正为首的闽籍士绅商人们多是提供资金，既不亲身参与垦务活动，也不移居到山区。他们主要关注开发之后山中出产的稻米、茶叶和樟脑，进行低价收购后与其他地区进行贸易，其目的为经济利益，无意在山区立业。相较之下粤籍人士更积极进行山区移民，其目的为占有更多土地资源。除姜秀銮家族领导开垦之外，六张犁的林先坤家族、横山的刘朝珍家族、树杞林的彭源盛公号以及彭三贵家族等粤籍客家家族之整体或部分先后举家迁居大隘区域，获取诸多土地进行耕种，并招募大量粤籍客家人前来定居开垦种植。

周邦正虽不像姜秀銮那样亲身士卒投身垦殖，但也对北埔和大隘的社会开发做出贡献。曾有闽籍士绅捐户质疑金广福开销无序，浪费巨大，拒绝再加派投资，时任竹堑巡检汪昱有鉴于治安与开发之考虑，谕示周邦正力劝闽籍士绅为地方公事效力。②经周的劝解后，士绅们同意继续捐资，并由周告诫前方垦

---

① 北埔乡公所网站，北埔乡公所编，《大隘垦荒历程》，http://www.beipu.gov.tw。
② 北埔公学校编：《北埔乡土志》，新竹：新竹县文化局，2006年版，第101页。

民禁止奢侈开销，以免滋事，务必节约开支，以免苛派无休。此案例表明周邦正和闽籍精英虽远居城内，对金广福的财政仍具有相当之掌控力。

道光二十六年（1846）12月，姜秀銮逝世，享年63岁，由长子姜殿邦继任垦户首。[①] 此后持续由姜氏担任此职，姜殿邦之子姜荣华任三代垦户首，姜荣华之子姜绍基任四代垦户首，一家四代数十年掌控当地垦殖事务，可见姜氏家族在北埔的影响力。隔年八月，周邦正逝世，享年67岁。二人去世后，开垦活动进入后期。北埔与月眉村开垦土地已达一千多甲，有千余户居民，宝山乡也已开垦完毕。咸丰年间，包括北埔村、南埔村在内的北埔核心地域已开垦完成，成为人口兴盛的聚落之地，交通便利，商业也有所发展，"田野之间尽是一片客家农庄的景象"。[②] 此时垦殖也开始往更深的山区推进。包括水礤仔、麻布树排、大湖，并沿着峨眉溪更上游，开垦大份林、番婆坑，还有沿峨眉溪支流，开垦石硬仔、茅坪等。此时山区土地已陆续垦殖完毕，番害几乎清除，[③] 定居化的汉人聚落已基本建立起来。

（二）文教建设与公共事务

在北埔社会开发的过程中，除积极开垦土地之外，地方精英家族亦积极响应地方政府的号召，参与到文教建设与公共事务中去。

在文教建设上，道光二十四年（1844）姜秀銮曾邀请彭青莲、戴立坤等学人，在北埔街市开设私塾，教书育人。咸丰四年（1854），有秀才吕应钟应姜殿邦之聘请兴办学堂，咸丰十一年（1861）分别有学人何义汉、黄腾玉在北埔和南埔应姜家之请兴办学堂。在同治元年（1862），学人彭官生应彭三贵家族聘请于埔尾兴办学堂育人，[④] 可见精英家族对当地文教的重视程度。

同时，每开发一地，精英们都会积极做好辅助工作，例如在道光二十五年（1845）姜家就出资开凿修筑南埔圳埤，可灌溉田园达40甲，[⑤] 彭三贵家族所出资创设的北埔圳小分林圳亦于咸丰元年（1851）完工，[⑥] 协助农业发展，此举深

① 吴学明：《金广福垦隘研究》（上），新竹：新竹县文化局出版，2000年版，第150页。
② 梁宇元：《清末北埔客家聚落之构成》，新竹：新竹县立文化中心，2000年版，第74页。
③ 吴育臻：《大隘地区聚落与生活方式的变迁》，新竹：新竹县立文化中心，2000年版，第45页。
④ 北埔公学校编：《北埔乡土志》，新竹：新竹县文化局，2006年版，第188页。
⑤ 北埔公学校编：《北埔乡土志》，新竹：新竹县文化局，2006年版，第188页。
⑥ 北埔公学校编：《北埔乡土志》，新竹：新竹县文化局，2006年版，第139页。

受垦荒民众的欢迎。

在公共事务方面，早在金广福初垦之际，即与山中生番发生过数次战斗，垦丁民众多有死伤，姜秀銮此时已利用宗教手段安抚大众。道光十五年（1835）九月，姜秀銮进行祭山仪式，意图超度亡魂，后为凝聚民心，于十一月在树杞林再举行公共超度祭典。①

道光二十年（1840）8月，英军舰队进犯基隆，姜秀銮亲自率领勇丁一百五十名赶赴基隆协助清军击沉英国舰船并俘获多名英兵，立下大功。② 这是由于隘垦日渐顺利，使负责垦务、防务的姜家拥有大量财富，又统辖数百名隘丁，才能督率隘丁防番、维持地方治安的同时，尽士绅功能协助官府处理公共事务。咸丰十年（1860）9月，新竹发生漳泉械斗，时任垦户首姜殿邦率领三十位金广福垦民前往协助官府镇压。同治元年（1862）3月，发生台湾八卦会戴潮春反清案，垦首姜殿邦奉淡水同知张世英谕，也为避免此事波及大隘，率领武装垦民攻克大甲、彰化。③

等到光绪年间，淡水厅改制为新竹县，北埔社会业已开发完成。《树杞林志》对此记载说：

> 垦成，乃以北埔为市场，聚居四百余家，此庄亦盛矣乎！嗣于月眉亦建市场。其庄较聚者有南埔、中兴庄、富兴庄；此外，则小庄散处者指不胜屈。惟北埔为形胜之区，有令人念念不忘者云。④

纵观这段开发史，由于社会情况特殊，最初即由地方精英领导金广福军事垦号，才使土地得到开发，汉人社会才在当地扎根。而前文曾提到的闽粤籍在开垦事业中的分工，渐使居住在竹堑城的闽籍人士赚取大量资金，更无意来到山区定居；粤籍客家人士则获得土地种稻植茶，更踊跃来此居住，安身立命。纵使金广福虽建立最初为闽粤合资之垦号，但随着时间的推移，分工的影响更加明显，最终让北埔成为一个粤籍人士为主的客家社会。面对开垦事业的艰辛，精英人士除了提供资金，采取军事体制垦殖土地，积极参与地方公共事务和兴盛文教这些手段外，随着开垦渐渐稳定，精英和民众已能将更多精力投入到民间信仰宗教上去，借助宗教力量协助垦殖，最终形成信仰与地方社会之间的互动。

---

① 吴学明：《金广福垦隘研究》（上），新竹：新竹县文化局出版，2000年版，第233页。
② 北埔公学校编：《北埔乡土志》，新竹：新竹县文化局，2006年版，第187页。
③ 北埔公学校编：《北埔乡土志》，新竹：新竹县文化局，2006年版，第188页。
④ （清）林百川：《树杞林志》，台南：台湾历史博物馆，1984年版，第127页。

四、慈天宫信仰的兴起

有清一代，来自福建与广东的汉人移民渡海来台时，大多迎请海神或故乡的地方神祇，比如妈祖或者三山祖师等，予以分灵建庙供奉，原乡信仰逐渐成为汉人社会生活中重要的部分。这即是大多数台湾民间信仰的起源和发展过程。

北埔的民间信仰则有一些特别之处，其当地供奉信仰的诸多神祇中，具有最高神格的并不是来自客家原乡的三山国王或者三官大帝，而是慈天宫主神观音，原乡信仰成为慈天宫的配祀，这与北埔的垦荒背景有着密切的联系。

前文提到，与台湾其他沿海平原聚落自然演化的社会形态有所不同，北埔地区由于少数民族肆虐，危险异常，使私人垦殖难以进行，必须由官谕设立金广福武装集团，透过精英人士的领导与合作方能进行开垦，而为求团结保命，当地民众大多具有强烈向心力与共识，积极听从地方精英指挥领导，[①] 因此北埔地方社会的开发就是精英领导金广福的结果。在军事垦殖推进的过程中，垦号亦时不时遇到风险，导致众人裹足不前，垦民唯有借助宗教信仰的力量，以安抚惶恐无助的心灵。因此总垦户首姜秀銮为祈求开垦顺利，番害早平，护佑性命，决定将姜氏家族信奉的家神，一尊从大陆带来的二尺观音像予以奉祀。道光十五年（1835）十月，姜秀銮继举行祭山仪式后，将家传观音神像请入北埔奉祀，找来名师，勘定庙地，建小茅屋崇拜，以求神明保佑乡亲，也为垦民隘丁祈求拓垦顺利之用。观音神像被奉祀后，灵验异常，后续开垦活动非常顺利，因此众人更加崇拜，纷纷要求建立正式庙宇供奉。道光二十六年（1846），金广福将茅草屋迁址更新，采用了北埔山林所产的木材建造木造庙宇，两年后竣工并举行诸神镇座仪式，[②] 同时将妈祖加入主祀位，由此主祀观音与妈祖、配祀其他神明的慈天宫正式诞生，香火并日渐旺盛，越来越多的民众将慈天宫视为一个信仰整体并虔心投入其中。可见在这一过程中，当地民间信仰起到了配合精英人士，在极其艰困与危险的环境里为当地民众提供精神支撑的重要作用。

同治十年（1871），木造的慈天宫因经年累月的风吹雨打而出现险象。于是接任垦户首的姜荣华代表姜氏家族向北埔社会倡议，对慈天宫进行大规模重修，并采用牢固的砖石木建筑方案。重建工程于 1871 年 1 月开工，整个工期耗时三

---

① 梁宇元：《清末北埔客家聚落之构成》，新竹：新竹县立文化中心，2000 年版，第 93 页。

② 北埔公学校编：《北埔乡土志》，新竹：新竹县文化局，2006 年版，第 50 页。

年完成，①在完成砖石改造的同时，也增设了前殿和左右两廊。同治十三年，慈天宫重修工程竣工，并在宫内留下落成碑文：

> 同治拾叁年甲戌岁正月吉日立

> 盖闻一腋无望以裘成，寸胶难澄呼河浊，是知鼎新革故之事，必协众力以持之，斯易易耳。于南兴庄重修慈天宫，尔时庙貌辉煌，极一时之壮丽，非诸人之共襄厥事，屋能有此巨观哉？故斯庙之历久而常新，而同人之姓名亦与之并传不朽云。②

除姜氏家族捐资外，因慈天宫保佑垦殖顺利，故香火鼎盛，信徒众多，此时其信奉范围已广及大隘地区数个村庄，成为金广福垦区影响力最大的庙宇。③于是从北埔、埔尾、南埔、水磜、大林等北埔当地的村庄，再到峨眉与宝山境内的村庄，都有善男信女捐助款项以供庙宇修缮。

当时捐提缘金的精英、商号和部分善男信女芳名简要开列于下：

> 总经理姜荣华捐银贰仟肆百元。

> 总垦户金广福捐银伍佰大元……彭承寅捐银陆拾伍元，庄凤生捐银陆拾伍元，黄珍祥捐银陆拾大元，曾云麒捐银陆拾大元，……彭捷相捐银肆拾伍元，金广茂捐银肆拾大……范春水捐银参拾玖元，福德祀捐银贰拾四元……④

这些地方精英和民众在慈天宫的重建过程中投入了相当多的金钱与物力，这些用心与维护慈天宫正统核心庙宇地位有关，也与当时开垦活动下一步走向不无关系。在咸丰年间金广福转向深山地区开垦，番害尚没有完全平息之时，大规模重建民众的信仰庙宇，透过信仰来稳定与凝聚社会，确实是民间信仰在社会发展过程中的积极作用。

重建后慈天宫里祭祀的神明，主祀是观音与妈祖，因主导大隘垦荒的惠州姜家之缘故，且观音是神格极其高贵的神祇，灵验异常，在金广福垦殖的过程中保佑隘丁和垦民与家眷远离番害危险，于是观音就成为民众的共同归属神祇。而妈祖则属于闽粤人士都接受的神明，且曾保佑移民渡海之安全，因此也被请入慈天宫与观音进行合祀。

---

① 北埔公学校编：《北埔乡土志》，新竹：新竹县文化局，2006 年版，第 189 页。
② 北埔公学校编：《北埔乡土志》，新竹：新竹县文化局，2006 年版，第 50 页。
③ 吴学明：《金广福垦隘与新竹东南山区的开发》，台北：台湾师范大学历史研究所，1986 年，第 274 页。
④ 吴学明：《金广福垦隘研究》（上），新竹：新竹县文化局，2000 年版，第 227 页。

《树杞林志》对慈天宫妈祖信仰曾记载：

> 大隘天后官：一在鹿藔坑口、一在北埔慈天宫合龛。①

> 三月二十三日为天后诞，各家鸠资捐需费，多有到北港进香者。未至家，时必先陈金鼓旗帜，迎接圣驾，演剧。有贮积公款，每年放利而为妈祖会；设值年头家、炉主轮流掌管。②

在慈天宫内，神像的祭祀也对应了当地的粤籍客家社群。根据统计，与全台闽籍占优的情况不同，日本据台后进行的调查显示，包括北埔在内的大隘地区的粤籍占总人口的97.3%，闽籍值占2.7%。在粤籍中，以姜家为代表的惠州府出身的人数最多，占61.5%，嘉应州占比21.4%，潮州府占比14.3%。③

观音菩萨和妈祖合龛位居庙宇正中，代表北埔地域内惠州客家社群，因观音神像为惠州姜家带来，且有大量惠州籍人士随姜家定居北埔；副祀的三官大帝奉于左侧神龛，代表嘉应州客家社群；三山国王则副祀于右侧神龛，代表潮州客家社群。④同时，民众感念淡水同知李嗣邺、姜秀銮和姜荣华的贡献，也将他们的长生禄位置于庙中进行奉祀与纪念。金广福垦号最初的诞生与淡水同知李嗣邺有关，且当时官府赞助初期经费，对垦务极为支持，所以其常生禄位被请进庙内。姜秀銮则作为粤籍垦户首领导了金广福垦荒，为北埔的开发做出了极大的贡献；姜秀銮之孙姜荣华则倡议慈天宫大修，并捐资行事，两人禄位被置于李同知禄位左右两侧。此三人禄位被供，可见慈天宫内部的奉祀也与北埔社会的开发历史密切相关。需要特别注意的是，北埔民众将慈天宫的庙址选定在北埔街市中央位置，庙前修筑广场，四周环绕民宅，使之成为北埔聚落的核心空间。其在北埔聚落内所扮演的角色，就如同一般民居宅院中的"祖堂"，既位于中轴线上，又是最高大、最堂皇的殿宇。⑤每逢庆典或会议，民众可迅速聚集到广场前，慈天宫充分发挥了北埔核心公共场所的功能。至此，从道光十五年的建立到同治十三年的大修竣工，经过地方精英与民众的持续性投入，慈天宫历经三十九年最终成为区域民间信仰的中心。

① （清）林百川：《树杞林志》，台南：台湾历史博物馆，1984年版，第70页。
② （清）林百川：《树杞林志》，台南：台湾历史博物馆，1984年版，第71页。
③ 吴学明：《金广福垦隘研究》（上），新竹：新竹县文化局，2000年，第203页。
④ 梁宇元：《清末北埔客家聚落之构成》，新竹：新竹县立文化中心，2000年，第116页。
⑤ 梁宇元：《清末北埔客家聚落之构成》，新竹：新竹县立文化中心，2000年，第153页。

五、慈天宫与地方社会的互动

慈天宫作为北埔区域信仰中心，与北埔地方社会产生了密切的互动。这种关系即体现在前文地方精英和民众对该庙建设投入的心血，也体现在慈天宫作为区域民间信仰中心所举行的公共崇祀活动。就慈天宫而言，其庆赞中元普度庆典和妈祖祭祀活动堪称是两场北埔全民参与的大规模宗教仪式，充分体现其与地方社会的联结，以及为维持地方秩序所做出的贡献。

（一）庆赞中元普度庆典

由于当初北埔开垦过程艰辛危险，死于台湾少数民族杀伐和疾病的垦民众多，民众多感念其开山辟土的功劳与恩德，亦怜悯其遭遇，故想借慈天宫之保佑，超脱祭祀无主鬼魂。同治三年（1864）的七月，总垦户首姜殿邦之子、金广福垦户首之一的姜荣华接受民众提议，向金广福倡议设立大隘南兴庄五村（即五角头北埔、南埔、草山、月眉、富兴）每年轮流在慈天宫庆赞中元，祭祀垦殖过程中死去的垦民。这一倡议得到金广福的赞同，于是由此形成了以北埔慈天宫为中心的大隘中元普度祭祀圈，其范围即包括北埔、南埔、草山、峨眉、富兴等，此举彰显慈天宫信仰地域性祭典组织的特点。

所谓庆赞中元，即是农历七月十二至十四日，以慈天宫为中心，举办公共祭祀仪式：

> 七月十四日，北埔慈天宫庆赞中元，各庄轮流四调以及散调，惟先一夜燃放水灯，各结小灯，编定为队，弦歌喧阗，烛光如画，陈设相耀，演剧，殆无虚夕。各庄陈设猪、羊牲醴、果品、粄饭，例集一所，积如山陵，名曰普度。[①]

五村的庄头分别担任炉主，轮值主持六年的中元普度庆典，其具体顺序为：前两年由北埔的姜氏家族担任炉主主祭，第三年由宝山何合昌公号（何乾荣家族）担任炉主，第四年由埔尾彭捷和公号（彭三贵家族）或南埔庄荣基公号（庄凤生家族）主办祭典（十二年一轮），第五年由峨眉的黄义和公号（黄焕智家族）主持，第六年由峨眉十二寮的黄荣和公号（黄德福家族）或富兴的曾协春公号（曾云麒家族）主办（十二年一轮），也就是由大隘地区的七大家族轮流

---

① （清）林百川：《树杞林志》，台南：台湾历史博物馆，1984年版，第101页。

来主祭。① 而中元普度庆典的总炉主，历来由姜家姜义丰公尝担任，祭典经费由姜义丰公号每年拨谷两千台斤支付，不足之数则由各轮值炉主家族支付。

正式的仪式自七月十二日晚十一时起，唢呐响起，由五位道士带领值年炉主和其他精英人士在庙内向诸神祭拜，随后至庙口祭坛祭拜天公，谓之奏表，并昭告死去的垦民之魂前来共享盛宴，并祈地方平安顺遂。奏表完毕，清晨即在庙前广场"竖灯篙"，所谓灯篙基本上是指挂有旗幡或灯帜的高竿，选时以事先备好的连头带尾的三根数丈长青竹，树立于慈天宫前，竹材所以要连头带尾，以象征求好尾的吉利目的，树立以后因为在远处即可看到，可招引本地内一切无主无祀男女孤魂滞魄等，齐赴慈天宫享用并闻经受度。

十三日午后庙前广场的戏台开始演戏，以娱乐民众也娱乐无主无祀之魂，晚上会在溪边放水灯，召请水中孤魂来享受普度。十四日是中元普度庆典的重头戏，当天早上由道士主持的祭典开始进行，慈天宫庙门前摆放大士爷、伯公及山神，民众四方担着牲醴而来，在广场上摆设各种祭品祭拜。

《树杞林志》记载曰：

> 厉祭之设，以祀无主孤魂也……历年皆以七月十三日，先放水灯；十四日，举行祭事，名曰'盂兰会'。牲醴粿品之盛、刚鬣柔毛之设，甲于他处。管内则陆续举祭，各有定期。总之，治幽理冥，鬼不为厉；仍其旧而祭之，则亦从俗可也之意云。②

整个普度仪式至晚上十一时以后，送走大士爷在邦正园焚烧，仪式结束。信众开始"收孤"，即将牲醴祭品收起，有奉献神猪者，将猪首切下。猪羊架上的猪身，亦切割成好几大片，方便带回家。自此一年一度的庆赞中元普度庆典就正式结束，其集齐各庄精英和民众参与，盛况堪称新竹东部地区首屈一指。③

（二）妈祖祭祀仪式

除庆赞中元庆典之外，北埔妈祖祭祀仪式也同样能展现出慈天宫地域性祭典组织的地位。北埔妈祖祭祀仪式分为每年都会举办的恭请妈祖回北埔活动和十年才会举办一次的妈祖绕境巡行北埔仪式。通过这些仪式的举办，慈天宫完全凝聚了当地民众的信仰共识。

---

① 北埔乡公所:《北埔乡志》（下），新竹：北埔乡公所，2005 年版，第 913 页。
② （清）林百川:《树杞林志》，台南：台湾历史博物馆，1984 年版，第 61 页。
③ 北埔乡公所:《北埔乡志》（下），新竹：北埔乡公所，2005 年版，第 911 页。

按照祭祀流程，每年正月初四之时北埔信众会派遣使者前去彰化南瑶宫、新港奉天宫、六兴宫、鹿港天后宫、斗南顺安宫、北港朝天宫迎请妈祖，当地人称"妈祖婆"，并暂驻北埔庄外民宅；[1] 初五则请锣鼓队伍敲打贺喜，锣鼓喧天前往庄外迎接妈祖神，并绕行北埔的街道供男女信众参拜，待到良辰吉时，则抬请妈祖通过三进三退的仪式后进驻慈天宫，与原本宫内的妈祖汇合。

诸位妈祖神像在慈天宫停留一周后，等到正月十二，则由值年炉主主持，恭祝天上圣母千秋，演妈祖戏两台，祈求风调雨顺，国泰民安。约一个月后，至农历二月初六，诸位妈祖神像则要回銮各地宫庙，回銮队伍仍会沿着当初迎妈祖的路线行进，以供北埔民众热情送别。但相比于这每年一度的恭请妈祖回北埔的仪式，十年才举办一次的妈祖绕境巡行仪式，才堪称北埔公共崇祀中最盛大空前的活动。妈祖神像绕境全乡时，北埔下属的各村落都会全部动员起来，以村落为单位，迎接妈祖圣驾。"队伍所到之处，民众热情地设香案膜拜，鞭炮、锣鼓声更是震天价响，一片欢腾。"[2] 而"妈祖出巡的地方，居民往往不约而同担来食物迎接并犒赏鼓队，当地人称之为打中午。"[3] 这项全区域男女老幼全部参加迎请妈祖的盛大绕境仪式，第一天先到北埔西南区域，第二天则到北埔的东北区域。第三天则是在慈天宫附近巡回。

绕境路线如下：

第一日：慈天宫→上街→下街→城门街→北埔桥→小分林→大林桥→大分林→九份子→外大坪→南坑口→大南坑→千段崎→四十二份→煉寮坪（打中午）→深圳桥→内大坪→南昌桥→南坑口→外大坪→九份子→大分林→大林桥→小分林→北埔桥→城门街→慈天宫。

第二日：慈天宫→埔尾→水礁村→斩龙（分水龙）→大湖→上大湖→下大湖→北埔庄→慈天宫。

第三日：慈天宫→雍伯桥→南埔（折返）→埔尾→慈天宫。[4]

慈天宫所举办的庆赞中元普度和妈祖祭祀仪式，稳固了其在北埔民间信仰中的地位，更加强了周围聚落的凝聚力，它为地方社会的进一步整合提供了条件。慈天宫借由如此完整的公共仪式与北埔地方社会产生了有效互动。

---

① 北埔乡公所：《北埔乡志》（下），新竹：北埔乡公所，2005 年版，第 907 页。

② 金广福文教基金会：《北埔光景》，台北：允晨文化公司，1998 年版，第 90 页。

③ 金广福文教基金会：《北埔光景》，台北：允晨文化公司，1998 年版，第 96 页。

④ 未著撰人：《大隘区慈天宫管理委员会暨慈天宫简介》，新竹：慈天宫，1993 年版，第 15 页。

六、结论

通过对北埔社会的开发、慈天宫的兴起以及慈天宫作为地域性祭典组织与社会进行互动的研究观察，我们可以对清代客家汉人如何在北埔地域上维持一个有秩序的社会做出如下解释。在北埔社会特殊历史因素下，慈天宫的发展可说是民间信仰发展的特殊案例之一，与一般渡海来台的汉人携家乡神明定居进行崇拜不同，受到少数民族因素、武装军事垦殖以及时间较晚等缘故的影响，其发展带有明显的地方精英推动、继而配合地方社会建构的目的性特征，并且透过仪式和地域性祭典组织的身份维系整合社会秩序。慈天宫初期以临时性的茅草屋搭建，后因灵验异常得以修筑木造庙宇，同治年间获得大规模的重建，因有地方精英及村落民众的积极参与，逐步成为区域信仰中心。后作为地方公庙形成了举办庆赞中元普度和妈祖祭祀仪式的惯例，透过这些当地参与规模最大、等级最高的信仰仪式，与地方社会发生良性互动，有效维系了地方秩序的建构和整合。

北埔最初环境辛苦艰难，促使地方精英在参与地方社会发展的过程中，除了强调一般的地缘和血缘，必须要结合民间信仰的力量，取得民众的认同和共识。透过以上研究，我们可以清楚地看到精英主导下的地方社会与民间信仰之间密切结合的关系。也由此可以回答：慈天宫作为民间信仰核心与地域性祭典组织，在北埔地方社会发展的历史进程中，通过自身的建造、兴起和公共祭祀仪式的举办，起到了稳定人心、创造共识的作用，在地方精英的推动与投入下，成为维持与整合北埔社会"秩序"的有效方式。

文学分论坛优秀论文

"空间"叙事中的身份认同转换与主体建构

——以林怀民《薪传》的历史想象为中心

祁　玥[*]

一、林怀民的"身体"

1973 年，台湾台北信义路四段三十巷一家面店楼上，刚从美国留学归来的少年林怀民租借了一家公寓作为排练场，[②]和几位舞界同仁一起开始实践他在美国时的坚定信念——建立一个"中国人作曲，中国人编舞，中国人跳给中国人看"的现代舞团。并从《吕氏春秋》"黄帝时，大容作云门……"的文字中选定了团体名称——"云门舞集"。[③]

因此，本文借以讨论的"身体"，就是以"云门舞集"作品为代表的[④]，在两个层面流动、并进行着叙事实践的身体——不仅意旨文本叙事中的人物个体，

---

[*]　作者简介：祁玥，北京大学中国语言文学系。

②　1947 年出生于台湾嘉义的林怀民，14 岁便开始发表小说，22 岁既以小说集《蝉》惊艳台湾文坛，并用文学奖的奖金报名修习了现代舞。就读于台湾政治大学新闻系期间，林怀民在中山堂观摩了台湾第一次现代舞蹈发表会，也由此受到了玛莎·葛莱姆现代舞理念的初启蒙。后赴美国密苏里大学新闻系深造，随着兴趣一路牵引，正式进入玛莎·葛兰姆及摩斯·康宁汉舞蹈学校研习。1972 年，从爱荷华大学英文系小说创作班毕业的林怀民，做出了一个令身边人颇感意外的决定——不仅要回到台湾，还要创办台湾第一个现代舞团。

③　林怀民亲撰的三本关于自身经历与云门舞集的专著，分别是：《云门舞集与我》，由上海文汇出版社 2002 年 11 月出版；《跟着云门去流浪》，由北京文化艺术出版社 2010 年 5 月出版；《高处眼亮——林怀民舞蹈岁月告白》，由广西师范大学出版社 2011 年 4 月出版。

④　云门舞集主要作品：《寒食》(1974)、《白蛇传》(1975)、《薪传》(1978)、《红楼梦》(1983)、《梦土》(1985)、《春之祭礼·台北一九八四》(1984)、《我的乡愁，我的歌》(1991)、《九歌》(1993)、《流浪者之歌》(1994)、《家族合唱》(1997) 以及 21 世纪以来的《美丽岛＜风。影＞》(与蔡国强合作)(2006)，直至 2011 版的《流浪者之歌》(2011)。

更包含物理空间内实际存在、运动着的"身体"。这种物理层面的身体实践与文字书写的展现有着显著差别：相较于后者建立在线性叙事上的单一性，前者立足于空间化的艺术方式，得以呈现"瞬间同时"的效果，观众"瞬间摄入未加中介的全部光线和空气中的震颤"，①伯格森称之为"纯粹感知"。爱德华·W. 苏贾也曾强调了"空间阐释学"这一论题的意义，"以序列方式展开的叙事……易使读者以历史的方式思维…若要将文本看作……通过空间逻辑而不是时间逻辑扭结在一起的具有诸种同存性（simultaneity）关系和同存性意义的地理……将历史叙事空间化…试图解构和重构刻板的历史叙事……摆脱……历史决定论的羁绊……以便对诸种同时发生的时间和侧面图绘作偶然性的描述……建立更具批判性说明问题的方式，观察时间和空间、历史与地理、时段与区域、序列与同存性等的结合体。"②在这样的对比中我们可以一窥身体叙事的特殊性与可能性，即在空间内部释放被单一时间叙事压抑、实际却"同时存在"的不同侧面、矛盾、偶然与复杂性。对于林怀民个人来说，文学与舞蹈两种方式他都曾涉及，但"少写的一个理由是，我排斥文字。写小说，学新闻，我从文字出身，早期作品《白蛇传》《薪传》《红楼梦》都有叙事的色彩，文字伤舞。"③"讲求文字可以界定的表现往往限制了肢体的丰富性：白蛇再怎么泼辣，也不能像青蛇那样蛇蛇蝎蝎、满地打滚吧。舞近于诗。舞蹈的特长是以舞者的'生理发作'激发观众的生理反应，是能量的交换。"④由此，在"身体"的叙事中，"舞蹈"概念的特殊性在此也就愈加重要——作为一种在某固定物理空间内（相比于跑步行走的空间流动）思想性的（有预设的思想介乎无思想与边走边想之间）身体律动。

因而，探究林怀民的"空间叙事"，也就自然要从"文本中的空间"与"空间中的文本"两个向度进行分析，不仅从文学角度解析叙事逻辑，更要从艺术形式的特殊性出发，将身体的实践性展演纳入考量。而选择文本《薪传》（1978）作为考察对象，一方面由于其位于林怀民作品脉络中创作意识最为鲜明的早期

①　陈永国主编：《视觉文化研究读本》，北京：北京大学出版社，2009年1月第1版，第3页。

②　［美］爱德华·W. 苏贾（Edward W. Soja）著：《后现代地理学 重申批判社会理论中的空间》，王文斌译，北京：商务印书馆，2004年版，第1—2页。

③　林怀民：《高处眼亮——林怀民舞蹈岁月告白》，桂林：广西师范大学出版社，2011年4月版，第11页。

④　林怀民：《高处眼亮——林怀民舞蹈岁月告白》，桂林：广西师范大学出版社，2011年4月版，第23页。

阶段,也是同类题材中最具代表性的作品;另一方面,《薪传》是在 1978 年这个对于台湾十分特殊的历史时间节点亮相的,并且一经推出,就在台湾岛内引起了轰动——适逢"中华民国"与美国"断交"之夜,加之 20 世纪 70 年代以来,钓鱼岛归给日本,第一次唤醒激起了无数年轻人的民族意识,保钓运动成为很多人政治觉醒的"成年礼";台湾当局代表退出联合国,紧接着美国宣布与"中华民国"断交,一系列的社会政治事件使得原来被激发的朦胧民族意识迅速聚焦成为非常具体的,对台湾当下和前途的强烈关注,激起了全岛范围内对于民族命运共同体的呼号。因而,在林怀民看来,"个人也许可以慢下脚步,时代却在无情地加速。七八年编作《薪传》时心里涨满无名的焦虑。时代是一片压肩的乌云,固体的。《薪传》中的动作正是对那片漆黑的反弹。"[①] "创建云门舞集,最初是基于这种改善社会的愿望。"[②] "只是这样,再加一点保钓运动的悲愤,和那无处发泄的热力。'中国人作曲,中国人编舞,中国人跳给中国人看',也许只是换了场地的保钓运动的另外一个口号吧。"[③] 因此,林怀民以《薪传》将当时积聚在台湾社会中的焦虑、压抑、茫然转化为命运共同体的追溯,进而爆发出对自身主体"讲述的欲望",将曾经被压抑的历史苦难、国际舞台上的失语、消弭在现代消费主义中的民族文化危机感、代与代之间文化传承与断裂的无力感等集中发声,"二十多年来,把自己置身事外的叹气只能引发更多的叹气,并没有改变任何事物,不如面对问题,提出建议,大家合力把缺点改过来。关心,参与,付出汗水,才有进步。努力,进步,我们就有自信,乐观的权利!不要叹气,不要!"[④] 因而用空间叙事重新建构共同体的精神领地,在身份认同转换与主体建构中对于当下重新进行思考的《薪传》,意义重大。

二、三层次的空间叙事

(一)文本内部叙事空间

文本叙事层面的最大特点,当属其主要由"音乐"引导:首先一反传统,以身体"控制"音乐;进而由音乐的叙事结构引领主体建构的不同历史阶段。

---

① 林怀民:《云门舞集与我》,上海:文汇出版社,2002 年 11 月第 1 版,第 48 页

② 林怀民访谈:《艺术影响一个国家的气质和走向》,《南风窗》,2011 年 6 月第 14 期文化版,93 页。

③ 林怀民:《云门舞集与我》,上海:文汇出版社,2002 年 11 月第 1 版,第 45 页。

④ 林怀民:《云门舞集与我》,上海:文汇出版社,2002 年 11 月第 1 版,第 43 页。

1. 对传统的突破：以身体"控制"音乐

传统的古典剧目一般以一套从头至尾覆盖全剧的套曲为本，固定的旋律，起承转合的段落，精准的节拍与时间点，控制了全部的叙事进程。反观《薪传》，①除去第一节用笙箫管弦渲染古典韵味，最后一节用混杂声乐渲染盛大氛围，全作大部分由纯人声和鼓点组成。一般舞作中，舞蹈和音乐是配合关系，所谓"踩点"追求的是身体"服从"声音亦步亦趋。而《薪传》突破性地利用了舞者自身的主体声音——一边展开肢体动作，一边发出吟诵、呐喊，过程中别无其他作为伴奏。《薪传》序幕一开始，即是没有唱词的人声低诵"啊——"；当正式进入第一节"唐山"时，背景变成了没有节奏，时隐时现的不规则鼓点，有时甚至干脆一片空白，剧场空间内唯一能听到的便是舞者主体根据动作轻重缓急带出的喘息声与呐喊。吟诵、呼吸、呐喊、鼓点构成了并不连续且没有旋律的背景"音乐"，整个《薪传》中的大量舞段——"序幕""唐山""渡海"以及后三节的部分——都是如此。

不是音乐覆盖统摄动作、消弭主体个性，而是将身体本身的运作与内心的情感外化、作为"音乐"——正是在这样的一反常态中，一种身体作为空间"主体"的能动性呼之欲出，观众全身心地聚焦在舞者主体的当下，目不转睛。林怀民在此以一种"颠倒"表达了他所理解的现代舞精神，也是他的作品得以完成历史叙事、并通达社会的基础：主体的能动思考。

2. 音乐结构引导主体历史建构

除去凸显主体性的人声，《薪传》的另一大特点是在每个舞段开头都会标志性地引入陈达弹唱的，在20世纪70年代台湾民谣运动中被惊喜发现的台南恒春半岛民谣《思想起》。但是对比陈达的原作，我们发现，每舞段的唱词都会根据各段内容进行改编。由此，每段的变化将"重复"变为了线性发展的"过程"，引导着主体的历史建构。

舞作——即先民来台的历史——被划分成几个阶段，除去序幕和尾声，中间分为"渡海""拓荒"与"耕种与丰收"三大节。每一节都由《思想起》召唤特定的历史阶段，每一历史阶段的意义与情感都由唱词内容与舞蹈动作共同指示。

与原词对比，可见改编后突出的是主体迁徙历史过程的"艰苦"，舞段内容

---

① 全作音乐由樊曼侬总设计。

也紧密贴合，表现先民选择渡海并与海浪斗争的这一段艰辛过程：身体叙事层面用以构建"海上"这一空间的，是一块几乎与舞台同长宽的"白色巨布"——整个舞段围绕这一"巨浪"展开。舞者与白布的"关系"构成了故事的情节发展：白布为背景，指明渡海前；覆盖全体，人在其下挣扎，指明渡海时船只被海浪吞噬；人在白布之上翻滚，指明人的挣扎；白布逐渐停止猛烈抖动、平稳，指明风浪渐小；最后重新变为静止的背景，指明大海已然在身后，渡海完成，到达彼岸。全程都只有急促的鼓点和人的惨叫呐喊，别无其他背景音乐。最后，人们在与风浪搏斗后看到了插满香烛的香炉，明白渡海已经成功，齐齐跪地感恩庇佑。在象征到达彼岸的同时，香火袅袅不绝同时也暗指"族群的香火"得到传承，台湾"三百年后人人知"的后续历史。由此，唱词指示了时段意义，引领了空间的建构。

第二段"拓荒"，其意义同样由《思想起》指明——"天生要来"是前因，"度子度孙"是后果，由此"开垦拓荒"的意义也得到了明确地建构。内在逻辑暗示此后子孙的生命来源与大陆的密切联系已然切断，生命的源头是这些具有开创意义的渡海祖先。地理空间上的跨越，连缀了从旧主体位移与新主体生成的质的变化，而拓荒开垦，也意味着开创另一个全新的生存空间。一个"新空间"正在建构，一个"新主体"也正在生成。

第二舞段的音乐风格也从序幕祭仪中的传统中国古典元素，变成了稍具台湾少数民族特色的打击乐与铃声——新特色暗示新空间。而更加富有意味的是，定居开垦之后，紧接着出现了"死亡与新生"的强力能指——一对新人夫妇满怀期待开始新生活，丈夫却意外死去，与此同时，怀孕的妇人诞下婴儿——"父亲"的死亡与"孩子"的新生，不仅暗示着族群生命的新旧交替，更指向着来自旧有文化母体的权威消逝，而原生于本土新的文化空间内部的自主逻辑正在野蛮生长。通过"死亡"，"黑水"就此彻底将新的当下合法性与旧的历史权威隔绝开来。

第三舞段名为"耕种与丰收"：

第三段依旧紧贴唱词，一方面讲述对"新空间"的经营收获；一方面展现对"新主体"的饲育涵养。通过"经营"（即耕种），使新空间进一步成熟；耕种与收获的完整循环，暗示空间内部的运作开始步入正轨，"时间开始了"；甚至结出了与过去全然无关的，"本土原生"的全新果实，"新主体"据此得以确立与成长。

至此，由三段《思想起》召唤、并由音乐和舞蹈共同进行空间构筑的三个历史阶段叙述完成，"新的空间"与"新的主体"在尾声得到了总的确认与巩固。

（二）在反抗中建构：剧场空间内的身体叙事

1. 对剧场传统审美规则与压抑空间的反抗

在观念层面上，林怀民有意识地一反中国传统剧场空间的"潜规则"。观众的习惯、品位与爱好很大程度上是被剧场空间限定和培养的。大部分中国观众被培养起来的剧场空间审美，迥异于西方所谓的"严肃剧场"，而是戏院式的，更追求"精彩"与"热闹"，需要表演主体不断"抖包袱"，层出不穷地制造"爆点"，唱一段戏一定要武生连翻几个跟头才能博得观众"拍手叫好""满堂喝彩"。舞蹈同理，一定要加些常人无法做到的技巧动作或未尝见过的神奇风格才算"有料"。是以较为直接的方式"取悦"观众。

《薪传》却是一个不疾不徐，缓缓道来的故事。不仅如前所述在背景上很不"音乐"，甚至常常出现长时间的静默——所有观众屏住呼吸看着台上的舞者将一步分为一个八拍来缓缓移动，静到观众仿佛能感受到他的每一节呼吸——好像从来不怕观众会不耐烦。《薪传》为代表的现代舞作品，有时动作急转直下，有时却又慢到极致，变化从手、脚甚至是面部表情、呼吸等细微之处开始，一点一滴，不疾不徐，于无声处听惊雷，仿佛可以感受到中国人生命里最初、最深、最悠长的呼吸。静默、沉稳的慢给观众在目不暇接的动作中一段"空白"，给予观众"介入"作品思考与回味的时间，此时，剧场的物理空间和作品的艺术空间，才真正沟通了观众的心理空间。

从观念上的反抗，进一步地，就是具体到身体实践与所处空间的拮抗。"基于对芭蕾、对圣·丹尼斯一代柔顺风格的反动，葛兰姆的舞者，勾脚赤足，动作干脆，线条强硬。芭蕾的跳跃轻盈如翔，葛兰姆的跳跃则是笨重的，明显地表示对地心引力的抗拒，地板动作倒有一大堆。企图表达内心的撞击，舞者以脚击地。"[①]中国传统古典舞强调动作的套路、典雅、端正，仅仅手指尖就能在翻腕、搭腕、一捻、一抹、一点、一提等等动作中展现委婉曲致的小心思。而这一切符号化的程式在此都被颠覆——《薪传》中不论男女，有时张牙舞爪地

---

① 林怀民：《云门舞集与我》，上海：文汇出版社，2002年11月第1版，第160页。

匍匐于地面，手脚并用地前进并剧烈地"啪啪"拍击地板，有时又会猛然跃起，大力地跺脚，近乎疯狂的抽动——"一方面以沉稳的重心贴近土地，另一方面又以最大的延伸征服空间"。

源自玛莎·葛莱姆体系的动作，"导致无数仆倒与起立的动作：人受地心的引力而溃落，挣扎着又站了起来。伸缩之间肢体产生的紧张现象，以及仆落与起立的强烈对比，造成扣人心弦的戏剧效果"。

都不同于以往剧场空间内规范、乖顺的表演，仿佛在用自己的身体去撞击和敲打剧场空间的四壁限制，"葛莱姆技巧以身体部位收缩、舒张间所禅僧的肌肉骨骼张力，来呈现角色内心的情感冲突与心理面貌"。

"卸下了水袖、云手及理想中的中国传统人物形象，云门舞者们透过在新店溪畔搬运石块，匍匐爬行，乃至在河床的石砾上行走奔跑等身体训练，企图贴近先民们根植大地劳动的身体形象。"

2. "中国古典舞"与"西方现代舞"的融汇

在身体面向空间挣扎破壁的同时，这种反抗姿态与生存欲望也成了新生命运共同体凝聚的核心要素。因此，林怀民的"反抗"从不是"离开"，反而是力图扎根，更加野蛮地生长。而用以表现主体特性的资源，仍然是传统的古典中国。

例如，在《薪传》第二段的领舞中，常常能看到瞬间的定点，即"亮相"，观众立刻会被这种符号般的动作带回到熟悉的中国传统戏曲韵味中，随着打击乐的一顿、一击，人物的身体和头部随之一沉、一亮，使人为之一震。

再如，《薪传》中虎口张开的手势与跳、转、翻接"风火轮""顺风旗"等开合旋转，更令人倍感中国传统武术的精神韵味。事实上，林怀民有意识地将平剧、京剧等戏曲身段与武术、太极等多样的"中国身体元素"加入其中，山膀、云手、飞脚等肢体符号，使表达情感的方式多了一重戏剧化。"在西方观众第一眼看来，云门的舞蹈是如此饶富中国风味，就如同一盅茉莉香片、明代瓷器，甚或宝塔建筑。然而，仔细观看，三十年来林怀民的创作，均表现了云门的本质：几乎从一开始，不仅没有放弃中国风格，更是借由传承亚洲其他社会以及西方世界文化的元素，使其中国风格显得更精致，而臻升华。"[①]

---

① [德]约翰·史密特，德国资深舞评家：《七重天上的舞蹈艺术——中国风格之升华》，林琦珊译。龙应台等：《野马 耕牛 春蚕 云门三十》评论文集，台北：财团法人云门舞集文教基金会出版，第14页。

因而正如舞评家所述，《薪传》"以恢宏的方式表达出中国的、甚或台湾的生命感受，运用一种在这个区域之前的舞蹈所无法支配的媒介，融成一绝对独特的美学新风格，诚如台北这座城市本身一般——融合传统与现代、东方与西方、城市与乡村。"①

（三）文化空间

以上分析了《薪传》在作品内部叙事空间与剧场物理空间内，通过身体叙事完成的认同转换以及主体建构的过程，而如果把视野继续扩大，将其放置在时代、社会的大背景中，作为典型的文化产品来看待，将对其空间叙事及建构功能有更加深入的理解。

1. 承当"仪式媒介"

舞作通过回溯过去历史来召唤——事实上是建构——一个"族群命运共同体"，因此在这个意义上，作品整体可以看作一个"仪式媒介"——"在那舞蹈语汇尚待建构的年代，原为小说家的林怀民，巧妙地将象征、隐喻、意象营造等文学技法应用在编舞上。"② 这种具有象征意义的群体性起舞仿佛又回到了人类族群的最初状态——巫师、神话与祭祀仪式在族群精神生活中扮演着共同体凝聚与维护作用的时代。由此"以'历史'的面貌现身，记录'现实'或纪年时间的'真相'；它汇入所谓'群体心灵'（group mind）、'集体记忆''历史记忆'，或涂尔干的'集体表征'（collective representation），或荣格的'种族潜意识'与'原型'（archetype），并遍及每一个层面……从先人那边，集体经验与个人的历史和起源紧密结合，这种把过去与未来串联起来的'时间'定位，满足了个人某些最深沉、最迫切的需要"。③

2. 三重意涵

因而，作为仪式的身体叙事，就溢出作品内部、剧场空间，获得了更大的意涵：

其一，正如前文分析所指明的，通过空间与身体的叙事，建构主体——在

---

① ［德］约翰·史密特，德国资深舞评家：《七重天上的舞蹈艺术——中国风格之升华》，林琦珊译。龙应台等：《野马 耕牛 春蚕 云门三十》评论文集，台北：财团法人云门舞集文教基金会出版。第14页。

② 陈雅萍：《云门三十年》，《艺术评论》，2004年第8期，第51—55页。

③ ［美］哈罗德·伊罗生（Harold R. Isaacs）：《群氓之族：群体认同与政治变迁》，桂林：广西师范大学出版社，2015年1月第2版，第202—203页。

此进一步具体到台湾——生成的历史发展脉络。《薪传》首演的节目单上写着，"谨以此舞献给我们的祖先，以及为台湾的进步而团结奋发的中国人"。在云门舞集三十周年暨《薪传》第159场公演的影像资料中，弹唱开始前出现了以下文字——

《柴船渡乌水，唐山到台湾》

渡大海，入荒陬
以拓殖斯土
为子孙万年之业
连横《台湾通史》

　　身份认同的焦虑使当代的台湾人迫切地需要厘清自己的历史发展脉络，而一条从大陆度过黑水来台，从苦难到新生的路径则很容易得到普遍的共鸣，并经由死亡与新生的转换，在追溯历史的同时不忘本土的原生性，在追溯共同祖先的民族情感同时，也确立新环境下自我的主体性，不得不说是策略非常完满的历史叙事。

　　其二，正如仪式本身的作用，凝聚当下台湾族群命运共同体的社群意识。"在修订《薪传》的时候，我渴望表达出他们精神的万分之一。《薪传》里的人物不是希腊罗马英雄，不是'五月花号'的英雄，而是植根台湾大地，为更好的明天打拼的凡人。"[1] 林怀民不仅希望激发有识之士为民族社会奋起，更希望脚踏台湾实地与最广大的平民有精神的沟通，通过先民奋斗的故事，激起他们对于生活最朴素的努力与希望。《薪传》所强调的，"是我们祖先手拉着手、团结、奋发的精神。他们不管面临什么危难，总是把命运捏在自己的手里，把信心建立在自己的血汗上。我急于把这个作品编出来，希望让云门的舞者、观众和整个社会得到一种力量；透过我们祖先的历程，来肯定我们自己的力量。""云门不只是一个舞团，它代表一股精神，一股力量。在万般艰难的情形下，文化仍有可为。"[2] 这个包含最广大平民的"集体"，则通过全作舞者的"群舞"来完成，"这些舞者不投射强烈的自我，也不强调自我的自觉；相反的，他们众人一心，有如一个完整的个体，集体处理，创造了舞作的'生命力'，这种集体性格

---

　　① 林怀民：《云门舞集与我》，上海：文汇出版社，2002年11月第1版，第34页。
　　② 汉宝德，文化评论家：《壮哉云门》，龙应台等：《野马 耕牛 春蚕 云门三十》评论文集，台北：财团法人云门舞集文教基金会出版，第94页。

也是中国的特质。"① 对于台湾和林怀民来说，这种社群意识不光要强调集体性格，还要强调集体性格的"本土性"与"在地性"——"台湾人试图从自己的土地上寻找力量"，② "断交挫折与《薪传》涛里求生、土里生根的坚强意识扣合，《薪传》成了台湾飘零孤岛血脉喷张的精神象征。"③

其三，在更大的视域中，台湾先民所经历的生存磨难也是全人类在过去、现在和未来面临的根本性问题，整个舞作力图呈现的，其实也是整个人类的生命状态。"个人何以适达人类？最直截的路途有两条，一条是宗教之路，一条是舞蹈之路。"④ "云门所表现出来的，是一种在古代话题下的生命释放，一种把祖先和我们混为一体的舞台力度……一种有台湾而通达一切中国人，又由一切中国人而通达人本内核的恢宏气象。"⑤ 在明确目标与意义的尽头，云门"剥除了一切故事、语词、主题、意图，甚至也剥除了年代、地域、身阶、装饰，剩下的只是筋肉矫健的人类。"⑥

总之，《薪传》通过"仪式"的召唤，试图建构族群命运共同体以凝聚精神力量；通过历史叙事确立"台湾"的主体性；最后由艺术的特质试图通达全人类的生命状态。总的来说，就是在"古老"的"集体"中寻找"个人"在"现代"社会生存的力量。

三、叙事的裂隙——"中国"何以"台湾"

（一）身份转换的策略

答案仍然是"空间"。从作品成果上来看，我们所讨论的主体意识并不是在林怀民的所有作品中都"声音响亮"。早期的《薪传》《家族合唱》《我的乡愁我

---

① 乔瑟夫·豪西尔：《一千五百万分钟的名声》，陈重亨译。龙应台等：《野马 耕牛 春蚕 云门三十》评论文集，台北："财团法人云门舞集文教基金会"出版，第74页。

② 龙应台：《龙应台专栏：是野马，是耕牛，是春蚕？——为云门三十年而作》，《天下杂志》，2003年第280期，第90—93页。

③ 纪慧玲：《向泥土扎根的云》。龙应台等：《野马 耕牛 春蚕 云门三十》评论文集，台北："财团法人云门舞集文教基金会"出版，第124页。

④ 余秋雨：《人类之美的东方版本——写于云门三十年》。龙应台等：《野马 耕牛 春蚕 云门三十》评论文集，台北："财团法人云门舞集文教基金会"出版，第92页。

⑤ 林怀民：《云门舞集与我》，上海：文汇出版社，2002年11月第1版，第248页。

⑥ 余秋雨：《人类之美的东方版本——写于云门三十年》。龙应台等：《野马 耕牛 春蚕 云门三十》评论文集，台北："财团法人云门舞集文教基金会"出版，第92页。

的歌》都有着明确的主体意识,而逐渐到后期《水月》《流浪者之歌》《行草》《竹梦》等以中国意境、古典韵味为主的作品中,"台湾"的声音就杳无踪迹,淹没在了身体韵味与精神意境所指向的"中华文化"和"古典中国"的大背景之中。从这一角度来对比观照其作品,就可以清晰地看出林怀民的叙事策略,即"空间"的历史化、具体化。以《薪传》为例:抽象的舞蹈通过一个有具体时间、地点的历史事件(非抽象的中国意境,因为在这个层面上"台湾"无法从"中国"中独立获得区分),用"黑水"的横绝阻断意象在内容、意义上与旧有主体割离,通过"渡海"这一身体位移与跨越性动作完成意义的"脱离",将自我与旧的主体隔绝,从而圈定新区域中的新主体。

正因为有着共同的古典中国与中华文化作为源泉与背景,从本质上无法区分,构建主体才需要"具体事件"(如"渡海""二二八"),并通过"叙述"将它转化为证明"自我"历史的素材,否则一旦失去具体事件支撑的特定空间,剥离了具体条件,"台湾"的自主特性将无法自立,被大的"中国"淹没。

由此我们再来反观林怀民作品思想的发展脉络,评论家称其视野不断扩大,从"台湾"扩展到"中华民族"再到整个"东方",但也许这条看似自主思考选择的路径可以有另外一种看待视角——就是一旦脱离了台湾本地发生的具体历史事件,试图表现其自身本质,就必然是回到"中华的"大范围中,因为去除了人为的切割,本质上是相通的。因此这种看似视野扩展的路径也可以理解为不自觉地剥离了具象,暴露本质的路径。

(二)主体建构中的矛盾

林怀民创团的初衷自称是从"中国"出发——"中国人作曲,中国人编舞,中国人跳给中国人看";但在具体的作品中,如《薪传》《家族合唱》,又意图鲜明地在建构名曰"台湾"的主体历史与意识,因此可以看出其中存在着概念上的模糊与转换,由"中国的"到"台湾的"实则在接续跨越中存在着矛盾。

一方面,他在早期作品中坚持在地性,联结台湾的历史、社会,一手塑造"台湾的"精神主体,"还没有人高喊'台湾意识'的时代里,林怀民已经在执行'台湾意识'的落实了。"[①]但另一方面,林怀民几乎所有作品都以"古典中国"为背景及文化资源。"中国的"与"台湾的"不动声色地发生了混淆

---

① 龙应台:《龙应台专栏:是野马,是耕牛,是春蚕?——为云门三十年而作》,《天下杂志》,2003年,第280期,第90—93页。

与置换，因而在身体叙事中呈现出了文化资源的纠结、模糊与混杂，但却仍然无法摆脱对"中国"意象本质的依赖。而如前所述，正是"空间"的同存性（simultaneity）使得这些裂隙与叙事得以同时呈现。

仍以《薪传》为例，其力图通过"渡海"到达"新空间"生成"新主体"的转化逻辑中，存在着含混与矛盾。首先，最后一节"节庆"是作为"仪式"，试图展现对"新空间"的巩固和对"新主体"生成的确认，具有"一锤定音"的意义，但究其形式会发现，皆为秧歌、缎带舞、狮子舞、大红色为主体、这些带有鲜明大陆北方地域特色的舞种与表演形式，是回到"旧"中去寻找秩序与肯定。"新的主体"一方面要通过"父亲"的死亡来"去势"，另一方面又面临着白手起家，文化资源无以立身的尴尬，上文所述的中国古典舞与西方现代舞的融汇作为策略，从另一个角度看，则是必须要通过旧的形式才能获得确认与巩固，这本身就是对旧有本质无法剥离的表现。除去来到了一个"新空间"这一点，"新主体"与"旧主体"何以区分？

另一形式上的矛盾之处在于"香火"这一舞台陈设。"香火"如前所述，被放置在舞台前侧方，全程焚烧贯穿始终——渡海前在大陆故土焚香祭拜，到达彼岸后的感恩跪匍，新生儿出生时又有了"族群香火得以延续"的象征意义——而问题也恰恰出在"香火"这一构思精巧的象征意义上。正如上所述，从一开始，对于它的跪拜就不是一种诀别和断裂，而是祈求与上天发生联系，延续族群的生命，而最后新生儿的降生更使这一"香火延续"的意义达到最强——"香火"的存在反而使新主体与旧主体的延续关系实体化了，悠悠的香烟暗示着永不止息的族群生命之魂，而这种延续感却和"与过去断裂建立一个新主体"的论述逻辑产生了矛盾。"香火"的本质代表延续，既不是"断裂"也不是"重生"，反而将"新主体"与"旧主体"的紧密联系更加清晰化、实体化了——被构想做当下力量源泉的，仍然是"原乡情感"（primordial affinities）带来的血脉依附与家族认同感。

（三）"乡愁"指向何处

王德威曾在阐释他的"三民主义"论（移民、夷民、遗民）时，谈到一种"遗民意识"，即是"暗示了时间本身的裂变，时过境迁之后的一种乡愁的政治身份。""但是'后遗民'把这样的遗民观念解构了（或不可思议的、招魂般的召唤回来了）……每一次的政治裂变，反而更延续并复杂化遗民的身份以及诠释方式。"[①]20 世纪 70 年代的《薪传》，正是处于身份政治十字路口的人们，发出的焦虑呐喊。以林怀民个人来说，不论是其自身留学海外的状态，站在美国回望故乡；还是钓鱼岛问题、与美国"断交"、退出联合国等台湾当局面临的困窘状态，都是在一种新的"国际"关系中来思考自身，面对的是异文化的他者；加之当时的中国大陆对于台湾来说因政治原因，在认知上属于相对"空白"状态，因而面对"非中华文化"的他者时，视点回到家乡台湾，对中华文化资源取用并借以阐释自身主体性，也就不失为一种策略，无可厚非。

随着时间的推进，《薪传》持续不断上演，围绕它的讨论直至当下，但在此期间，两岸的文化政治环境早已发生了天翻地覆的变化，并在持续的波动中前途未卜，因而对它的讨论以及"乡愁"的所指在远离 20 世纪 70 年代的当下，是否发生了偏移或置换，这又是另外一回事。

"如果遗民已经指向一种时空错置的征兆，'后'遗民是此一错置的解散，或甚至再错置。两者都成为对任何新兴的'想象的本邦'最激烈的嘲弄。由此产生的焦虑与欲望、发明和遗忘、妥协和抗争，成为当代台湾文学"国族"论述的焦点……宁愿更错置那已错置的时空，更追思那从来未必端正的正统。"[②]借助王德威教授的这一论点，或许可以对林怀民的策略于当下的文化意义进行较为有效的反思。对于"台湾"主体性和自有历史脉络的强调在当下，直接面对的不再是 20 世纪 70 年代的"国际他者"，而是或明或暗地指向"一体"/"统一"话语下的"想象的共同体"论述。所以在持续的展演中，《薪传》的中国意味以及唐山来台所带出"乡愁"指向何处，是否已然变了味道，被当下愈演愈烈的"新"二元关系占据了旧的所指意涵。加之在后学蔚然成风以及强调全球化与多元的当下，不仅是面对他者时政治力量在历史中流变，自身内部的政治分裂、身份以及历史意识的诠释方式也在不断迎合着政局走向、市场大众、审美品位等变换。由此再来看持续变动地对这一作品的当下认知与讨论，我们可以对其立场与意图表示理解，但讨论中产生的问题仍然需要指明，时空错置、错置的解散与再错置，正如林怀民利用身体的空间化叙事，进行身份转化、主体建构与历史叙述的再次涂抹，其意义与指向，早已不再遵循其诞生时的心意。

---

① ［美］王德威：《现当代文学新论·义理伦理地理》，北京：生活·读书·新知三联书店，2014 年版，第 155 页。

② ［美］王德威：《现当代文学新论·义理伦理地理》，北京：生活·读书·新知三联书店，2014 年版，第 155—156 页。

王德威进一步提出，"更激进的问题是……何以在离散或落地生根之后……明明知道'我们回不去了'，而仍然'无中生有'，塑造、拆卸、增益、变通、嘲讽他们对中国的想象和实践？"①在王德威看来，正是因为时代"过而不去"，"完而不了"，才不断地在讨论中进行时空错置、解散、再错置的生产，一方面不能抛弃母体，另一方面又不断地对过去进行"乡愁"式的涂抹和演绎，那这奉着"中国"之名的乡愁究竟落脚何处？而这其实也是所有历史指向性问题面临的共同隐患，对于当下来说，究竟是除魅还是招魂？招来的究竟是什么？甚至中国意识与台湾意识、民族意识与社会意识，在纷繁驳杂的地缘文化政治现实以及导向性情感的召唤下，是否已然在与当下的衔接中被悄然置换？

而不论如何"乡愁"，终归要面对未来，因而不论是作品还是人们都要面临更大的分裂状态：回溯过去取源共同历史，意在抹平内部细分矛盾与焦虑；而积极面向未来的姿态又因着政治焦虑的"目标"催生着理想的、"净化的"族群身份。②在这样的现实情景下，身体叙事勾勒出的"薪火相传"究竟是谁的精魂。过去的乡愁究竟指向未来的何处，是否能够如愿抵达？

这些问题也值得我们继续深入思考。

---

① ［美］王德威：《现当代文学新论·义理伦理地理》，北京：生活·读书·新知三联书店，2014年。第156页。

② 石之瑜：《两种时间意识》，［美］哈罗德·伊罗生（Harold R. Isaacs）：《群氓之族：群体认同与政治变迁》，桂林：广西师范大学出版社，2015年1月第2版。第361页。

吐其灵异发光华：清初士大夫台湾游记中的奇异动植物意象

姚雪琳 *

一、绪论

有唐及以前，在中国古代传统文人笔下，关于南方地区物产的描写多带有"半异域色彩"，"也就是说，这些物产并不像日本、爪哇以及嘈矩咤国的动植物那样奇异可怕"，[①]但在某种程度上，南方地区长期被视作炎热、瘴疬的异域，在政治观念上又属于中央王朝。因此，当地物产在文化上通常一开始被中土文人视作外来物，随着文化陌生感的消解和"王化"的传播，这些异域物产到一定时代逐渐也成为中华文化的组成部分。而相较于南方地区，有关台湾地区的历史文化等文字资料记载自宋元时代以来才开始具体化。[②]台湾纳入清朝版图后，除官方行政文字记载和部分独立诗文创作外，清代士大夫的台湾游记往往成为文人观察、感受和描绘台湾的重要中介。[③]近三十年来，随着文化地理学的发展和游记文学研究的日渐深入，清代台湾游记文学，作为中国古代游记文学和边疆民族志的重要组成部分开始进入研究者视野，其关注点从一开始的集中在艺术手法的运用和文本史料价值的体现，逐渐向创作者生平思想、文本的社会学意义、文本写作等多研究角度转变。和早期研究者相比，当代学者对清代士大夫台湾游记中展现的台湾地景书写和风物呈现进行了进一步拓展研究，从

* 作者简介：姚雪琳，厦门大学台湾研究院硕士研究生。

① 薛爱华：《撒马尔罕的金桃：唐代舶来品研究》，北京：社会科学文献出版社，2016年版，第11页。

② 陈孔立：《清代移民社会研究》，厦门：厦门大学出版社，1990年版，第3页。

③ 朱双一：《台湾文学创作思潮简史》，北京：九州出版社，2010年版，第5页。

地理、气候物产、移民社会、台湾少数民族风俗等方面具体分析，同时注意到了宦台者"好奇述异"的个人心理、移民社会中汉人及生番熟番之间的关系等现象。

目前，学界已有部分学者关注到了清代台湾游记中的物产书写，包括通过一些具体清代台湾诗文对台地物产进行研究分析。而对于台地居民而言，物产不仅是日常生活上的重要物质，亦能成为影响台湾历史命运的重要因素之一。[①]清初台地动植物，作为台地物产的一大组成部分，其异于中土的生存状态和实际用途，既说明了台地自然环境的特殊性，又再现了清初台湾人文风俗景观。但具体来说，清代士大夫对台地动植物意象有怎样的描述和感受，带有怎样的文化眼光？这些奇异动植物意象引起他们记录愿望的特质主要有哪些，体现了怎样的文化传统？与此同时，拥有不同经历的士大夫笔下，展现的风物是否有所不同？而对于后世台湾文学创作者来说，清代士大夫台湾游记中的奇异动植物意象是否能作为区域特色符号进行书写呢？在已有的研究文献中，这些问题的答案都有待进一步系统探索与思考。同时，将游记等通俗文学和区域性书写、民族文化眼光进行相互印证与连结，是较有价值且尚未有太多学者涉猎的领域。结合学界对古代士大夫关于传统中国边疆地区的认识研究，如唐代南方意象"半异域色彩"的研究、亚洲内陆边疆社会分析以及明人的台湾认识等，可以发现，清初士大夫在游记中对台湾奇异动植物意象的刻画，既延续了传统文人以主流文化姿态，对半异域的"贬谪"、述异、"王化"等系列心理状态，又结合了台湾社会的发展状态和个人生活经验，一定程度上展现了清初文人对台地文化陌生感的消解过程。

二、新奇空间的动物意象

"台地四面皆海，可以四达。东南至吕宋，海道七十更；东北至日本，海道七十二更。"[②]四面临海的特殊性使得来台士大夫对台湾的第一印象基本离不开海洋特性。与海洋的亲密接触，使遍游大陆名山大川的朱仕玠不禁发出了"彼

---

① 陈伯祯：《中国早期盐的使用及其社会意义的转变》，《新史学》，2006 年版 12 期（第 17 卷 4 期），第 15—71 页。

② 朱仕玠：《小琉球漫志》（台湾文献丛刊第三种），台北：台湾银行经济研究室，1957 年版，第 55 页。

苍怜踟溪航小，放眼沧溟十丈船"的感叹，[①] 其在《小琉球漫志》中描写的台地奇异动物意象也大多生活在一望无际的海洋里；而抵台之后，"遥望台湾，不见民居，一带青碧，无城郭……翁郁萧森，恍若入深谷矣"，[②] 台地的山林深谷为台湾动植物提供了天然的神秘生长空间，同时为来台士大夫的游记中的台地奇异动物意象写作提供了宝贵素材。

（一）生存于海洋空间的动物

清代士大夫笔下的奇异动物意象，多生存在温暖的海洋中。在《瀛涯渔唱》中，麻虱目、飞藉鱼、鹦哥鱼、新妇啼、海翁鱼、蝤蛑等海洋类动物，对于多数长期远离亚热带海洋地区的士大夫来说，尤显新奇。台地人在生活中喜爱食用麻虱目、新妇啼等鱼类，也得到了士大夫们品尝后极高的评价认同，但一些腥味浓重的海洋贝类，如状如豆芽的海豆芽，则对士大夫的味蕾造成了巨大冲击。台地人对于海洋内鱼类的捕食不仅限于小型鱼类，还包括大型哺乳动物。《裨海纪游》云："鲨鱼胎生。市得一鱼，可四、五斤，用佐午炊；庖人剖腹，一小鱼从中跃出，更得五、六头，投水中皆游去。"[③]

"尽管这些动物形似鲸鱼、蛇和鳄鱼，却都一概被称为龙"，[④] 王逸在《楚辞章句》注中也指出"龙无角曰蛟"。相比于以往笼统地将水中的怪兽称为"蛟"或"龙"，清初士大夫笔下的海中鲨鱼有了明显的分类，例如《赤嵌笔谈》云："鲨鱼类不一，龙文鲨、双髻鲨，志言之矣。外此有乌翅鲨，身圆，翅尾黑色；锯仔鲨，齿长似锯；乌鲨，口阔，大者数百斤，能食人；虎鲨，头斑如虎，齿迅利，噬人手足并断；圆头鲨，亦食人；鼠唔鲨，皮白，齿如梳；蛤婆鲨，口阔，尾尖；油鲨，身圆而长，尾似虾尾……乞食鲨，皮可饰刀鞘；狗缠鲨，身长尾尖；狗鲨，头大，上有乌赤点，离水终日不死"。他们从前人方志中寻找有关记载，仔细观察，并以好奇述异的心态和当地居民交谈，以获得相对详尽的资料。除海洋中的鱼类外，其他具有奇异外形的动物也获得了士大夫的关注，

---

① 朱仕玠:《小琉球漫志》（台湾文献丛刊第三种），台北：台湾银行经济研究室，1957 年版，第 36 页。

② 朱仕玠:《小琉球漫志（台湾文献丛刊第三种）》台北：台湾银行经济研究室，1957 年版，第 17 页。

③ 郁永河:《裨海纪游》（台湾文献丛刊第四十四种），台北：台湾银行经济研究室，1957 年版。

④ 【德】艾伯华:《古代中国的地域文化》（华裔学志第三册），北京：国家图书馆出版社，2011 年版，第 422 页。

在《赤嵌集》中，"产澎湖澳，首尾似龙无牙爪"的海龙，受到当地渔人的青睐，往往以之入药，功倍神奇，有同样功效的还有形状似马的四翅海马，纯观赏性的海洋哺乳动物，如头似狗的四翅尖尾海狗等也成了海洋里一道独特风景。

（二）和"番人"密切相关的山林动物

"一岛三千麋鹿场，牲牲出谷如牛羊。台山不生白额虎，族类无忧牙爪伤。野有修蛇大于斗，飕飕草木腥风走。气腾火焰喷黄云，八尺斑龙入巨口。九岐璚角横其喉，昂霄下咽膏涎流。狞蕃骇兽不相贼，奔窜林莽争逃钩。我闻巴蛇吞象不烦咬，三岁化骨何阴狡。尔鹿尔鹿甚微细，此蛇得之应未饱。"①孙元衡在《赤嵌集》中描写的"巨蛇吞鹿事件"在台地流传已久，基本与"黑水沟"一同成为清代游台士大夫来台前的两大恐惧传说。这首《巨蛇吞鹿歌》也集中体现了台湾当时盛产麋鹿等野生动物原始自然的生态环境。"昔年近山皆为土番鹿场；今则汉人垦种，极目良田，遂多于内山捕猎。"②对于番民而言，鹿是他们赖以生存的重要动物，随着台地自然环境的开发和汉人移民的增多，番民捕捉到的鹿不仅可供己所需，还有了一定的市场价值，鹿的胎皮、鹿肉、鹿角都被台人视为珍宝。

同时，这些游台士大夫对于台地番民所处的较为原始、尚未开发空间中的其他山林动物也尤为关注。朱仕玠在《小琉球漫志》中就刻画了与番民生产生活密切相关的几种动物意象，重点提及其神奇之处。"琅娇山，生番所居，产猫。形与常猫无异，惟尾差短，自尻至末，大小如一，咬鼠如神，名琅娇猫，又名番猫，颇难得。"番猫尚且如此，而协助番民捕猎的番犬同样具备了奇特之处——"番犬大如黄犊，吠声殊异。剪其双耳，以草木蒙密，且多钩刺，欲其驰骤无挂碍也。"此外，台地甘蔗根部易生的一种昆虫，也成为番人日常所食之物，其"形类鼠妇，加以油炙，名曰蔗姑。"③

热带的昆虫要想引人注目，就必须让中国人懂得它的价值所在。④在清代士大夫台湾游记中，关于昆虫的记载也多与其实用性或危害性有关，如南方游记

---

① 孙元衡：《赤嵌集》（台湾文献丛刊第十种），台北：台湾银行经济研究室，1957年版，第78页。

② 黄叔璥：《台海使槎录》（台湾文献丛刊第四种），台北：台湾银行经济研究室，1957年版。

③ 朱仕玠：《小琉球漫志》（台湾文献丛刊第三种），台北：台湾银行经济研究室，1957年版，第42、80、88页。

④ 薛爱华：《朱雀：唐代的南方意象》，北京：三联书店，2014年版，第424页。

中常见的蜈蚣、蚊、蛾等。台地鸟类种类繁多，但也许如同汉唐文人一般，清代宦台士大夫"尚未做好准备，来命名这些奇特而鲜艳的鸟类"，[①] 大多士大夫游记中提及的台地奇异鸟类只有三两种，如《小琉球漫志》中的五鸣鸡、四眉鸟等。大体而言，清代士大夫在书写台湾动物时，更多地将目光投向了海洋空间和番民所处的山林空间，试图通过寻找异于中土的神秘动物，发现台湾的独特风景。

三、异于中土的植物意象

"凡山川风土、昆虫草木与内地殊异者，无不手录之。"[②] 在清盛世时期士大夫朱仕玠的《小琉球漫志》中，对于台地奇异动植物的描写颇为详尽。游记中所提及的台地植物意象，种类繁多，来源广泛，有的确实是记游者来台前少见或未曾见过的奇珍；有的植物被记载的原因则是受台地气候影响，表现出异于中土的生长状态；抑或是因为在台地人生产生活中扮演了特殊角色，且具备实用价值，大体上可分为具有奇异气味、绚丽色彩和神奇功效三类。从孙元衡《赤嵌集》到黄叔璥《台海使槎录》，从郁永河《裨海纪游》到朱仕玠《小琉球漫志》……清代士大夫在台湾游记中往往不约而同地记录下了这些在他们看来异于中土、与台地居民生产生活相连的奇特植物，以传世人。

（一）以味引人的可食用植物

"热带居民基本以植物为生……这一点与北方草原大量饲养牲畜恰恰相反。"[③] 在清代士大夫台湾游记中，可食用的台地奇异植物被一一展现，最集中体现的是携有热带或亚热带浓烈气息的水果。在《小琉球漫志》中，"入市果怜梨仔茇，垂檐花薄贝多罗。世人臭味应难识，一种差池可奈何。"梨仔茇，即番石榴也，也是现今俗称的芭乐，气味浓烈，多数人初识时难以接受，"其气臭

---

　　① 薛爱华：《撒马尔罕的金桃：唐代舶来品研究》，北京：社会科学文献出版社，2016 年版，第 198 页。

　　② 朱仕玠：《小琉球漫志》（台湾文献丛刊第三种），台北：台湾银行经济研究室，1957 年版，第 4 页。

　　③ Marston Bates.Where Winter Never Comes:A Study of Man and Nature in the Tropics[M], Charles Scribner's Sons,New York,1952：58.

甚，不可近，土人以为珍果"，[①]在《澎湖厅志》中则记录下常人食用过后对其味道的印象——"涩味，过午则色味暂变，贱果也。澎产颇不恶，以盐腌之，能消积"。虽然梨仔茇在来台士大夫笔下评价不高，但当地居民开发出了它的多重功效，一可食用，二是用盐腌制后可消积，三可酿酒。关于梨仔茇可酿酒的记载在《台海使槎录》即有体现，"北路有用梨仔茇酿酒者，又在蔗浆、荔子之下。"除梨仔茇、甘蔗外，台地番薯也成为当地居民酿酒的一类重要原料，"别有细抽番薯好，漫传嘉种自文来。"番薯并非台地独有，且台人以番薯酿酒做法大抵源自福建，"何乔远《闽书》云：皮紫味甘，可生熟食，亦可酿酒。"但番薯在台湾的大量种植和日常食用依旧引发了清代宦台士大夫的关注，因其"瘠土沙地皆可种"，故"澎人遍地皆种，获而切片，或炉成细丝晒干，谓之薯米"。[②]

在《小琉球漫志》瀛涯渔唱篇中，朱仕玠还记录下了台湾人民日常食用的瓜果蔬菜及当地吃法——用盐渍无香味的番木瓜以充蔬，以糖腌番蒜（又名檨）取名为蓬莱酱，将槟榔裹以蒌叶、石灰直接入口食用，将槟榔枣夹浮留藤及灰食之，柑子蜜和糖以充茶品，桄榔树皮如面可煮食，源自荷兰味道辛辣的番姜酱，波罗蜜子煨肉，黄梨煮肺……这些当地风行的食用植物吃法在大陆少见且奇特。台地人常年食用这些植物，多生食少烹煮，不加过多香料调味，口味甚佳。同时，清代台湾的许多食物在甚少接触亚热带果蔬的士人眼中，具有别样的吸引力，有些虽特别但一时难以接受，例如从印度传入的波萝蜜、采之即食则味甘、煮熟食之则味如百合、一年四季皆有的台地竹笋，确是"味苦不可食"；有些独特且滋味诱人，例如穗似鸭蹄酿酒甚美的鸭蹄黍、圆如蚌珠味极甘美的沱连、六月时有的辣芥菜……这些植物或为台地特有，或为外方传入，但大都在台地寻找到良好的生长环境。通过记录台地可食用植物的气味和味道，清代士大夫在游记中给未至台湾者留下了台地特殊气候下食物种类繁多且奇异的印象，同时也侧面映射出了台地居民自然独特的饮食风俗习惯。

（二）以色引人的观赏性植物和以效引人的药用性植物

除可食用植物外，观赏性植物和药用性植物同样进入了记游者的视野，绚丽的色彩和神奇的功效成为其主要的关注点。"在南越以颜色著称的植物中，红

---

① 朱仕玠：《小琉球漫志》（台湾文献丛刊第三种），台北：台湾银行经济研究室，1957年版，第42页。

② 黄叔璥：《台海使槎录》（台湾文献丛刊第四种），台北：台湾银行经济研究室，1957年版。

色植物最为最尊贵，这一点不足为奇。"① 和南越地区不同，台湾地区的奇异植物色彩缤纷，融合了荷兰、暹罗、贝多罗等多地特色，有二月即开的深红色刺桐花、花红胜火的龙船花、"初开时青色无香后转黄色"的鹰爪花、内红外黄的"栩栩风摇番蝴蝶"、花色洁白如雪的素馨花、香气清淡的指甲花、淡紫色的金瓜、源自暹罗的淡黄色米兰花、"外微紫，内白色，近心渐黄，香似栀子"的贝多罗花……清代士大夫在台湾时，这些香气各异、在内地尤其是北方地区并不常见的观赏性植物为他们的宦游之旅增添了些许趣味。而在台地居民的日常生活中，一些台地常见的观赏性植物同时具备了保家卫城和装饰赏玩的双重功能。"疑移海底润犹濡，接干交柯色自殊"，台地居民多种绿珊瑚，其叶高丈余且"毒汁沾人可烂肤"，深碧色形似珊瑚，既有绕篱之用，又具有装饰美感。与之一同栽种的还有刺竹，《海东胜语》中记载其"状类内地大竹，累生倒刺，大小不一，不走鞭，就根四围迸笋，攒簇而生，几不容罅；每生层累益上，巨根周围蟠结，可以高至寻丈。台地用以代城。""凌晨香气沁重衾，远梦难成思不禁。欲向花前问消息，家山西望海云深。"清代台湾移民多来自闽粤地区，当地汉人居民篱落多植的刺球花，"冬月盛开，每露气晨流，芬香袭人"。除陆地植物外，台地渔民家庭就地取材，将海洋内的美丽植物带回家中，以供赏玩，这在士大夫眼中可谓一奇。闽地士大夫朱仕玠在凤山教喻时就见之并欣然记载道"珊瑚草生海底，状类珊瑚，枝干极纤小，色赤黑……渔人网鱼常得之，栽小盆内，亦可供玩……土人呼为珊瑚草，又呼为珊瑚树。"②

　　"番疆物类信难齐，炎帝图经失考稽。"③ 在中华始祖传说中，炎帝神农氏一直被视作中医药和农业之始祖，而随着朝代的更迭，部分药用性植物已经难以寻找和识别。对于初次赴台的士大夫而言，发现这些中土并不常见的药用植物令他们感到十分惊异。台地相较于内地炎热的气候以及素有"矧兹饶瘴疠"之名的生存环境，使得台地居民家中常有清热消暑类的植物，如被朱仕玠认为"颇怪草名"的三脚鳖、"能疗赤白痢如神"的水沙连茶；亦有驱除瘴气类的植物，如能够驱虫避瘴、被居民种植于家门边的"无那撩人七里香"、传闻可聊百病的"冈山三宝姜"……在朱仕玠的《小琉球漫志》瀛涯渔唱篇和黄叔璥的

① 薛爱华：《朱雀：唐代的南方意象》，北京：三联书店，2014年版，第402页。
② 朱仕玠：《小琉球漫志》（台湾文献丛刊第三种），台北：台湾银行经济研究室，1957年版，第67页。
③ 朱仕玠：《小琉球漫志》（台湾文献丛刊第三种），台北：台湾银行经济研究室，1957年版，第47页。

《台海使槎录》赤嵌笔谈篇中都有详细药用植物和对应药效的记载。

四、同中有异：清代士大夫笔下的台地动植物意象

"实殊华夏何曾见，种别图经不解名"，[①] 正如朱仕玠在《小琉球漫志》中所言，对于初次游台的文人而言，大陆与台湾的实际地理距离使得台地动植物大多异于中土，超出了他们以往的生活经验，而对"半异域文化"的陌生感则增长了他们起初与台地动植物意象的心理距离。因此，在台地生长的动植物"与内地殊异者"，成了清初文人台湾游记中书写的奇异动植物意象。一方面，受诗歌采风传统影响，记游者以自身的日常经验目光观察清初台湾整体风貌，并以动植物意象为切入点之一，再现台地自然地理特征和居民生活状态；另一方面，除记游者好奇述异心态之外，游记中展现的对台地的奇异文化眼光，大多还与传统文人的"贬谪"心态与"王化"心理有关。清代文人在书写台湾风物时，往往抱有猎奇漫游的心态，将台湾这一新奇异域空间内动植物奇异的客观形象、个体对其的主观感受、被"贬谪"的失落、传播"王化"的愿望相融合，汇集成文，以传海内，遂游记中一些看似奇异的动植物实则是台地特殊气候环境和文人"有意"记录的产物。

同时，由于个体经验的不同和清廷对台教化管理的深入，清代不同时期的台湾游记中所描写的动植物也有所不同，主要体现在认知程度和主观体验上：1. 在继承前人记载基础上，对台地动植物物种认识更为丰富，大多亲身体验，对一些物种的印象逐渐改观，对"半异域"的文化陌生感降低；2. 在描述台地奇异动植物时侧重点有所不同，有些文人着重刻画对其的直观感受和普及客观知识，有些则将台地动植物与中土历史文化联系对比，主观思考颇多。

（一）采风传统与述异心态的结合

自《诗经》始，诗歌的"采风"传统得以广泛流传，在《汉书·艺文志》中记载有在位者派采诗官赴各地采诗，以助"观风俗，知得失，自考正也"的传统，司马迁在《史记·乐书》亦有"州异国殊，情习不同，故博采风俗，协比声律，以补短移化，助流政教"的记载。随着巴蜀地方民歌的流传，"竹枝

---

① 朱仕玠:《小琉球漫志》（台湾文献丛刊第三种），台北：台湾银行经济研究室，1957年版，第32页。

词"在唐宋时期作为文人风土杂咏诗歌盛行开来。文人竹枝词大多描写地方风物和社会文化，明清时期，竹枝词与地方志的合流使其一定程度上具备了民族志的功能。[①] 竹枝词，作为清初文人台湾游记中的重要组成部分，既是赴台文人受诗歌采风传统影响，对台地自然风景和社会民情的再现，也记录了好奇述异心态下文人群体对半异域文化既奇异又熟悉的矛盾心理。同时，受福建风土杂咏诗影响，赴台文人在游记中的诗歌书写中往往"加夹注释文字，对特有的民俗风物、历史掌故等加以说明"，[②] 一如朱仕玠在游记中作《澎湖诗》前对于澎湖地理环境和居民耕作方式的文字叙述，《鲲身渔火诗》前的台湾历史沧桑流转的记载，再如孙元衡在《赠海客》中对赴台时海上飓风与海潮的描写，《秋日杂诗二十首》中对清初台地番民生存环境和饮食风俗的再现……清初赴台文人以游记的形式，在世人原有的普遍台湾印象之上，博采台地人文地理风俗，结合个体生命体验和好奇述异心态，书写台湾风貌。

另一方面，清初文人台湾游记中体现的述异心态古而有之，中国古代民族志书写的述异传统早在先秦古籍《山海经》中就已显现。文中详尽展现华夏海内外的地域、山川、物产、文化生态等，内容"及四海之外，绝域之国，殊类之人"，[③] 初步划定了古代大中华文化圈的基本区域。其中描述异域风土的文字多充满对边疆地区的猜测和想象，一定程度上呈现出中国古代早期文化圈的中央中原心态的心灵镜像，代表了中原对边疆的无知与轻视。"因为那时的疆域日益扩大，人民的见闻日益丰富，便在他们的思想中激起了世界的观念，大家都高兴把宇宙猜上一猜。"[④] 随着中国古代大一统思想的建立，民族志书写传统逐渐形成，《山海经》中的异域书写也开启了中国古代民族志书写的述异传统——部分是以正史为代表的史书和政典类民族志书写，如司马迁《史记》中列匈奴、南越、东越、朝鲜、西南夷、大宛六传，魏晋隋唐时期如《隋书》《唐书》中开始以东夷、南蛮、西戎、北狄模式记载民族历史。除正史记载外，从汉代开始，受儒家博物思想和神仙方术思想影响，文人记录异域风土的专书开始大量涌现，如晋代张华《博物志》、东汉杨孚《异物志》等地理类博物志怪小说和民间奇异民族志书写等。随着人们行动范围的不断扩大，原先想象的异域变得真实可触。

① 孙杰：《竹枝词发展史》，上海：上海人民出版社，2014年版，第208页。
② 朱双一：《台湾文学创作思潮简史》，北京：九州出版社，2010年版，第6页。
③ 郭璞注，张耘点校：《山海经》，长沙：岳麓书社，2016年版，第189页。
④ 顾颉刚：《秦汉一统的由来和战国人对于世界的想象》（古史辩第二册），上海：上海古籍出版社，1982年版，第6页。

在传统文人眼中，政治意义上的王朝边疆也由异域转化成具有"半异域色彩"的边缘地带，但自《山海经》以来形成的文人述异心态和中央中原心态在民族志书写中依旧存在。时至清朝，中国历史上的疆域大朝之一，台湾地区与新疆地区作为官方新加入且具有"半异域色彩"的领土更引发了文人士大夫强烈的述异心理。

"台地由于特殊的气候环境，使得当地的物产殊异于中土；即使中国传统用以理解南方的图经，亦无法完全周全地提供参考的讯息。"① 清代台湾气候，复杂多变，节气时令和内地大部分地区都有所不同。时任凤山教喻的朱仕玠在《小琉球漫志》中记载道，"台地未入版图时，天气甚燠。康熙二十二年平定其地，是冬北路降大雪，寒甚；自后气亦渐寒"，"其气候冬至日长、夏至日短……无大寒暑，惟夏月稍热，冬月则暖"。② 这些都展现了台湾气候虽然较前朝更为寒冷，但总体上较内地更为炎热，具有春夏时令长，秋冬时令短的特性。得天独厚的气候条件，也给予了游台士大夫更大的创作空间。朱仕玠在海东月令篇中巧妙运用中土流传已久的节气时令说法，对比常见动植物在台地的行为表现和生长周期，指出其不同于大陆的奇特之处——有象征春耕开始的蚯蚓在台地正月而出："月令四月蚯蚓出，台地正月即鸣"、有二月开放的刺桐花："叶如梧桐……台地以二月开"、有提前数月而熟的龙眼："台地龙眼，六月初即熟，而内地荔支适至"、更有秋收之后活跃于田野的蟋蟀："蟋蟀至十月，犹在田野……过往者几忘为岁欲除也。"可以看出，漫游文人在观察台地动植物时，以猎奇述异的心态，十分细致地寻找其与中土日常动植物的不同之处，并以这些奇异动植物意象为重要视角，发现清初台湾与内地的文化陌生性和熟悉感，为世人再现清初台湾风貌。

（二）"贬谪"心态与"王化"心理的融入

"初到似通还似谪，即今疑幻却疑仙"，孙元衡在《留滞海外，倏踰三载，追维所历，不无嘅焉（其二）》中提到了其初次赴台的感受——似通似谪（通和谪，皆有逃亡、贬谪、流落之意。）中国古代贬谪文化传统，自尧舜始已滥觞，

---

① 施懿琳：《忧郁的南方——孙元衡〈赤嵌集〉的台湾物候书写及其内在情蕴》，《成大中文学报》，2006年第12期，第121页。

② 朱仕玠：《小琉球漫志》（台湾文献丛刊第三种），台北：台湾银行经济研究室，1957年版，第92—96页。

《尚书·虞书·舜典》就有"流共工于幽州，放驩兜于崇山，杀三苗于三危，殛鲧于羽山，四罪而天下咸服"的记载。贬谪地点往往选取在同时代的荒远穷僻之处——先秦至唐宋的南方瘴疠之地、元代的辽阳迤北之地、明清时期西北与东北的塞外边疆……"这些地域，无论是南是北，大都气候恶劣，条件艰苦，文化落后，路途遥远，被人视作畏途。"清初文人大多因朝廷委派而赴台为官，虽未因负罪而被上级贬谪，但对他们而言，台地"虽属内地，而巨洋隔之，学士足迹，无从而至"，[①]地震飓风频发、教育落后，民众受教程度低。因此，清初文人初至台湾时，往往带有"沉重的忧患和高层次的生命体验似的贬谪心态"，[②]以半异域的文化眼光观察台湾社会，同时又继承了屈原、柳宗元、刘禹锡、苏轼等贬谪文人的执着与超越意识，借物遣怀，通过记录游台见闻，获得超越现实困境的生命体验，发现清初台湾不同的自然风景与社会风貌。而台地奇异动植物意象，因其兼具展现台地自然地理环境和人文社会景观的特殊性，作为再现台湾风物的重要组成部分获得了记游者的关注。

与此同时，清初文人在书写这些动植物意象时，多带有"王化真无外"的传统儒家心理，以主流文化者的姿态接受这些物产，而"作为代价，中国人的教化无论怎样总会有一些因此而远播于荒服之外"。[③]记游者在书写台地动植物时，大多先从外貌、生存状态和应用状况等多个方面记录下与它们有关的物理性和实用性知识，如朱仕玠在《小琉球漫志》中对菻荼树的记载，称其"类凤梨，高至丈余，结实酒杯大，青色"，当地番民将其种植在屋外，筑成篱笆，阻挡牛羊入侵，而番妇将其视作簪花佩戴，认为其香气胜过内地都梁（中草药，又名佩兰）。随后往往将其与内地同类动植物进行比对，指出两者的差异，做出的论断大多是不及内地或颇怪异也，如黄叔璥在《台海使槎录》中提及台地木瓜，称"此地所产，与内地木瓜绝不类；岂可以称谓偶同，遂妄为引据乎"，郁永河在《裨海纪游》中书写的台地蕉，"蕉子冷沁心脾，腻齿不快，又产于冬月，尤见违时。"记游者们多以自己所熟悉的文化经验为评判标准，用以衡量台地动植物意象，由此产生的文化陌生感，一定程度下也使得他们迫切想将这些

---

① 朱仕玠：《小琉球漫志（台湾文献丛刊第三种）》，台北：台湾银行经济研究室，1957年版，第3页。

② 尚永亮：《贬谪文化与贬谪文学——以中唐元和五大诗人之贬及其创作为中心》，兰州：兰州大学出版社，2004年版，第21页。

③ 薛爱华：《撒马尔罕的金桃：唐代舶来品研究》，北京：社会科学文献出版社，2016年版，第521页。

信息传递给主流文化圈的文人，消解因陌生带来的恐惧，找回原有的主流文化心理优势。

此外，对于同时期的阅读者而言，清初文人台湾游记，一方面代表中土主流文化对远离政治中心地区文化的关切，另一方面也为日后官员治理台湾提供了风土民情参考。如鲁仕骥在《小琉球漫志》序中即表示，"此书之成，既足以见圣朝覆帱之仁，不遗荒徼；且使读是书者，洞悉其人情土俗，他日或仕其地，知所法戒，而因以施其抚治之方。"① 由此，记游者在了解两地差异后将观察到的"半异域"风景记录成文，以便未见台湾者发现和认识台湾，王朝统治稳固，王化教育得以更好地传播。

（三）"文化陌生感"消解：不同文人心态探析

据不完全统计，现今流传的清代文人台湾游记约三十余种，创作时间主要在康熙到光绪年间，这些文人大多来自江浙闽粤地区，部分来自北方地，赴台目的不尽相同，但这些文人往往"身受经典文化熏陶，身心老成，一旦遇接台湾荒莽的自然景物和粗犷的移民世界，惊动之余，形之诗文，往往塑造出另一种气格。"② 清领台湾以后，随着汉人移民进一步增多，朝廷风俗教化和对台地的开发进一步深入，不同时期士大夫台湾游记中展现的台湾整体风貌发生了阶段性改变，后来记游者在阅读前人游记及地方志记载的基础上，对于台湾这片"半异域"的文化陌生感有所降低。以游记中的台地奇异动植物为例，在郁永河《裨海纪游》中，番花"臃肿而脆"，番茉莉"香亦少逊"，槟榔"形似羊枣，力薄，殊逊滇粤"，番石榴"臭不可耐，而味又甚恶"，而在朱仕玠《小琉球漫志》中，在描写到台地植物时对其评价有所提升，"入市果怜梨仔茇，垂檐花薄贝多罗。世人臭味应难识，一种差池可奈何。"相较于番石榴的味臭，朱仕玠已经意识到其香气非常人难识，更多地关注这些物种在当地的流传，对其特殊性接受程度更高。同时，由于记游者身份和个人经验不同，后来的游记书写虽有对前人文献资料的吸收和引用，但大多形成了不同以往的游记风格，例如，相较于郁永河《裨海纪游》和黄叔璥《台海使槎录》中丰富的台地动植物知识性记录，孙元衡《赤崁集》和朱仕玠《小琉球漫志》中的台地奇异动植物描写具有更多

---

① 朱仕玠：《小琉球漫志》（台湾文献丛刊第三种），台北：台湾银行经济研究室，1957年版，第5页。

② 江宝钗：《嘉义地区古典文学发展史》，嘉义：嘉义市文化中心，1998年版，第112页

的文学主观性，以杂咏的形式对台地物产进行呈现，使得这些台地动植物与中土历史文化的联系和对比更为强烈。

"阅历岁时，目览耳闻，皆归篇什，使其山川、人物、饮食、方隅以及草木、禽鱼无不吐其灵异而发其光华。"① 清初文人在漫游台湾时，往往以主流文化者的姿态，以"半异域"的文化眼光发现台湾风物，游记中记载的台地奇异动植物意象，既是清初文人"贬谪"心态下的产物，又融入了传统异域民族志的述异心态和"普天之下莫非王土"的王化心态。随着清代台湾社会的治理与发展，记游者在阅读前人游记和方志记载基础上，走进传统民族志书写中的具有"半异域色彩"的边疆，通过切身感受逐渐消解对台地的文化陌生感。在游记中对台地动植物意象的奇异性书写也逐渐从陌生走向熟悉，描写这些奇异动植物意象时，将其与中土历史文化的联系和对比更加频繁。而清初文人对于台地奇异动植物意象的描写，一方面关注到了清代汉人移居台湾之后，充分利用当地物产，结合已有的生活经验，在异于中土的气候环境下形成的兼具大陆特色和海岛风貌的饮食风俗和社会文化；另一方面，通过书写"半异域空间"内的动植物种类和样态，再现当时内陆世人难以接触的海洋空间、番民所处的原始山林空间的独特风景，游记中的记载也继承了古代诗歌采风和明清福建风土杂咏的传统。而游记中的奇异动植物意象，不仅丰富了同时代文人及民众对于台地风景物产的认知，在后世台湾文学创作中，一定程度上也实现了清初文人的美好愿景，吐其灵异，发其光华，逐渐融入台湾社会文化，成了文人笔下重要的台湾特殊意象符号。

---

① 孙元衡：《赤崁集（台湾文献丛刊第十种）》，台北：台湾银行经济研究室，1957年版。

从"狂人"到"废人"

——论台湾乡土小说中乡贤形象的叙事演变

韦黄丹[*]

"乡贤"传统意义上是指"科举中取得功名而生活在乡村并有较高地位者。他们多半由退职返乡的文武官员,或有一定功名而未出仕的乡村贤达组成",[①]在文化方面尊崇孔孟之道,是维护宗法乡村秩序的领导权威。广义上不仅指传统的乡绅或士绅,还包括族长、教师、医生、退休的公职人员等在乡村具有声望并且才德兼备的贤达人士。显然,无论在大陆还是台湾的乡土小说中,乡贤形象及其文化都是重要的书写面向。在台湾,乡贤文化曾遭到三次重大的历史冲击,分别是日本殖民统治、国民党退台以及解严。与此相应地产生了以吴浊流、黄春明、童伟格为中心的三代乡贤叙事风格,乡贤形象遂从"狂人""土人"逐渐变为"废人"。由此可以呈现台湾乡土小说的历史演变轨迹,同时,也细诉出台湾人文精神递变的必然性和偶然性。

一、日据时期的"狂人"乡贤形象

大约在明朝末年,汉人开始移垦台湾,带去小农的生产方式与乡贤文化。在"皇权不下乡"的帝制时代,德高望重的"士绅"是乡村基层真正的民意领袖,在治安、税收、祭典活动、福利事业、文教等方面担任举足轻重的角色。然而,自甲午战败,台湾沦为日本殖民地后,传统的乡村秩序及乡贤文化遭到

* 作者简介:韦黄丹,南京大学中国新文学研究中心,2016级博士研究生。

① 钱念孙:《乡贤文化为什么与我们渐行渐远》,《学术界》,2016年第3期,第39页。

日本沙文主义的迅猛冲击。首先，日据时期实行"农业台湾，工业日本"的农业政策，① 田地成为殖民者榨取经济利益的工具，土地原有的"收族"能减弱，② 尤其当"祭田"被瓜分后，③ 乡绅阶层失去经济基础，其支配地位开始动摇。其次，在殖民者的暴力统治下，乡贤伦理陷入危机，"不孝子"频频挑战传统的道德底线。赖和笔下的"补大人"，倚仗官威打亲生母亲的嘴巴，真是"无天无地"！又如吴浊流小说中的"陈大人"，竟从背后踢舅舅的屁股，其所作所为与"畜生"何异？再者，日本推行沙文主义文化与"皇民化"运动，禁用汉语，不准私塾教授传统汉学，乡绅在思想文教上的重要职能也被剥夺了。最终，在殖民体制下，乡绅昔日的特权逐渐消解，基层权利转移到日本人或新扶植起来的"皇民警察"手中。

于是，在日据小说里，传统乡绅形象呈现出黄昏之态，有些甚至连生计都出现问题（杨逵《模范村》中的"陈文治"），他们或自暴自弃，吸食鸦片（吴浊流《亚细亚的孤儿》中的"彭秀才"），或隐居耕读，靠"怀旧"度日（朱点人《秋信》中的"陈斗文"），或自降身份，妥协低头（吴浊流《陈大人》中的"刘举人"）等等。然而，日据作家着墨刻画的并非是这些被时代抛弃的"旧绅"，而是受过新式教育的"狂人"乡贤。如今被视为时代经典的作品，诸如赖和的《惹事》《善讼的人的故事》，杨逵的《模范村》《送报夫》，吴浊流的《亚细亚的孤儿》等等，其主人公似乎无一不是"狂人"乡贤。所谓的"狂人"有两重意涵，一是指"疯狂"，类似鲁迅《狂人日记》中被残酷现实所伤而精神错乱的人；二是指"进取"，④ 具有抗争精神，敢于为民争取权利，是忧国忧民的英勇"战士"。

在吴浊流的《亚细亚的孤儿》中，主角"胡太明"是塑造得最成功的"疯乡贤"形象。与鲁迅将"发狂"作为叙事的起点不同，吴浊流要表现的则是胡太明如何被殖民统治逼疯的过程。他生于乡村望族，自小受到良好的汉学熏陶，后转入公学校，升学进入师范学校，毕业后当上公学校的教员，还赴日本学习

---

① 廖正宏等：《光复后台湾农业政策的演变：历史与社会的分析》，台北："中央研究院"民族学研究所，1986 年版，第 5 页。

② "收族"指将同宗族的人们凝聚在一起。

③ "祭田"是宗族的公共财产，用于祭祀，帮助族人解决困难问题，其管理权掌握在士绅／族长手中，是乡绅取得维持领导地位的经济基础。见［美］萧公权：《中国乡村：19 世纪的帝国控制》，张皓，张升译，北京：九州出版社，2017 年版，第 401—404 页。

④ 《论语》："狂者进取，狷者有所不为也。"见杨伯峻：《论语译注》，上海：古籍出版社，1958 年版，第 148 页。

物理知识，几乎每次返乡都受到乡民的鸣炮欢迎。胡太明曾怀有儒家"修身、齐家、治国、平天下"的理想抱负，他怀疑现存的殖民体系，尤其是教育制度，却因找不到改革方案而愁眉深锁。他自认为受过最高等的教育，但面临失业问题而遭人挪揄。他心地善良，有诗人般的气质，向日本女子表白爱意却遭拒绝，只因他是日本人眼中的"劣等国民"。无论在大陆还是台湾，胡太明总是受到歧视与排挤，得不到信任令他处于无根飘零的状态，自卑、厌恶、羞耻、屈辱感，让他不断反省个人与民族国家之间的关系。他曾一心钻研新知，同时也效仿祖父研习老庄，希望由此可以避免被卷入时代狂潮。直到中日战争爆发，胡太明才真正意识到，"在现代的总体战争体制下，个人的自由是等于零的。不论你高兴与不高兴，不论何人，都在国家至上的命令下，谁都有可能被驱入战场的命运。即使老庄及陶渊明再世，也无法逃避了。"①接着，胡太明被强征入伍，目睹日本人残杀中国抗日志士，良心受到谴责，身心遭到过度刺激而病倒了。当他眼睁睁地看到弟弟被日本人以"圣战"之名折磨惨死后，"肉体和精神都无法承受"，彻底崩溃了。在神志错乱中，胡太明的民族意识骤然觉醒，写下傲骨的"志为天下士"诗："志为天下士，/岂甘作贱民，/击暴锥何在，/英雄入梦频，/汉魂终不灭，/断然舍此身，/'狸啊狸啊'意如何，/奴隶生涯抱恨多，/横暴蛮威奈若何，/同心来复旧山河，/六百万民齐蹶起，/誓将热血为义死。"②单从此诗无法证明胡太明疯了，直到看到他把脸涂成关公的血红色，坐在自家大厅的神案上，大骂"头家"是"贱头"，痛斥"混账"殖民者及其帮凶是"白日土匪"，是"老虎""财狼""野兽"时，人们才确信他确实发疯发狂了。然而，胡言疯话说出了真理，这首"疯诗"写出殖民统治下台湾乡贤受到的身心折磨：原本立志当"为国为民"的贤德之士，不料竟遭到日本的"横暴"摧残，沦为"贱民"。凭什么要过着暗无天日的"奴隶生涯"？胡太明为了守护"汉魂"发狂，他高呼："六百万民齐蹶起，/誓将热血为义死！"在殖民时代，"觉悟"意味着"牺牲"。赖和在新诗《觉悟下的牺牲》中写道："觉悟下的牺牲，/觉悟地提供了牺牲，/唉，这是多么难能！"③他正是觉悟下的牺牲者，然而，他的发狂只换来众人的围观与短暂叹息，没过多久便被人们淡忘。这应该是"觉悟者"最大的悲哀吧？但翻开中西厚重的历史来看，这又是必然而无奈的结局！

---

① 吴浊流：《亚细亚的孤儿》，傅恩荣译，台北：南华出版社，1962年版，第207—208页。
② 吴浊流：《亚细亚的孤儿》，傅恩荣译，台北：南华出版社，1962年版，第294—295页。
③ 赖和著，林瑞明编：《赖和全集 新诗散文卷》，台北：前卫出版社，2000年版，第76页。

  另一类"狂人"乡贤具有反抗的斗争精神，他们虽然神志清晰，但在人人自危的殖民社会里，在一般平民的眼中，其言行与"狂人"无异。这些"斗士"在乡村的声望主要源自以下几个方面：第一，他们往往受过新式教育，对乡村存在的问题具有明晰的认识，而且有能力与方法加以解决。在杨逵的《模范村》里，阮新民是位留日的法学士，虽然是大地主的儿子，却能站在贫农的立场上痛斥父亲的封建剥削，发动农民参加抗日运动，赶走日本殖民者，掌握自己的命运。第二，具有同情心与社会责任感，不畏威权，勇于为民请命、伸张正义。赖和《善讼的人的故事》里的"林先生"，正是这样的觉悟者。他不忍见乡民"生人无路，死人无土，牧羊无埔，耕牛无草"，[①]于是他不惜失去工作，从村里一路状告到省城，历尽千辛万苦，终为乡民打赢官司，获得众人的敬重。第三，具有民族意识，敢于发动群众反抗殖民者的罪行。在赖和的另一篇小说《惹事》中，"我"是一位乡村知识青年，对日本大人冤枉寡妇一事异常愤怒，从而联合保正，游说乡民站起来一齐抵制大人的恶行，虽然以失败告终，但"我"的魄力与勇气确实值得敬佩。

  可见，在日据时代的乡土小说中，乡贤形象具有"狂人"的特征，他们往往不是为自己而狂，而是为乡民、乡村乃至民族、国家而狂。他们的觉悟、反抗与发狂，往往带有悲剧色彩，不仅反映整个时代的悲情，而且显示着传统乡贤精神在"狂人"血液中的脉动。吴浊流等人的"狂人"乡贤形象具有开创性，对战后乡贤叙事产生深远影响，如钟理和的《笠山农场》、陈映真的《乡村的教师》等小说都多多少少继承了"狂人"的叙事传统。

二、20世纪六七十年代的"土人"乡贤形象

  台湾光复后，国民党当局推行一系列"再中国化"的政策，传统的乡贤文化得以短暂复苏。然而，20世纪50年代初实行的三大"土地改革"，即"三七五减租""公地放领""耕者有其田"政策，颠覆了台湾旧有的租佃制度，地主或乡绅阶层的经济基础被连根刨起，农业用地成为投资工商业的资本。[②]"土改"

---

① 赖和著，林瑞明编：《赖和全集 小说卷》，台北：前卫出版社，2000年版，第227页。
② 廖正宏等：《光复后台湾农业政策的演变：历史与社会的分析》，台北："中央研究院"民族学研究所，1986年版，第6页。

使"地主们从台湾的土地上消失了"，① "以士绅、地主为首的社会声望，转变到大企业家头上去了"，② 这种变化在龙瑛宗的《妈祖宫的姑娘们》《红尘》，洪醒夫的《马家大宅》，宋泽莱的《变迁的牛眺湾》等小说中均有描述。到了20世纪六七十年代，台湾基本上实现由农业社会向工商业社会的转型，乡村文明受到城市现代文明的侵蚀，传统的乡贤文化、宗法伦理、风俗信仰等遭到前所未有的威胁。此外，台湾的"经济奇迹"在很大程度上依赖美国的援助，这种新殖民主义风潮使部分台湾知识分子包括新一代乡贤染上崇洋媚外的劣根性。

20世纪六七十年代的乡贤形象大多呈现浓厚的"土气"，他们的命运与乡土的变迁关系密切。与日据时代的"狂人"乡贤相似，这一时期的乡贤叙事同样具有社会意识与民族精神，而在人物的塑造上，"土人"形象普遍上更加立体和传神了。在城市化、商业化、西洋化的社会巨变下，有些乡贤誓死捍卫乡土的传统与完整性；有的向现实妥协，或德行堕落，或向洋奴化转变；还有的经历了"本土—洋化—本土"的蜕变。

其一，"守土"的乡贤形象。黄春明的小说《溺死一只老猫》写出传统乡贤誓死守护乡村土地不受资本主义侵占的时代悲歌。主人公"阿盛伯"生活的清泉村，民风如泉水般淳朴，那里远离城市，交通闭塞，而且保留着比较完整的宗法制度。阿盛伯是村中名副其实的乡贤，在村民的眼中，村长或村干部的影响力都远不及阿盛伯。最能体现这种权利关系的是在村民大会上：村长讲话结束后，"台下没有一个村民鼓掌"，而阿盛伯才要起身发言，"一阵热烈的鼓掌声跟着掀起"，在演说过程中，不时被"雷动的掌声"打断。③ 阿盛伯并非传统意义上的乡绅，因为他祖上为佃农，既不识字，又无财富，能赢得如此德高望重的地位，主要源自这三种资格：第一，年龄上，阿盛伯七十九岁，是村中长老之首。在宗法乡村，"老人"常因年高有德，负责"导民善，平乡里争讼"，④ 主持村民的祭祀活动，受人尊敬；第二，个人能力突出，具有极强的领导与组织能力，并能言善道，是天生的演说家；第三，尤为重要的是，阿盛伯具有"宗

---

① 陈万益主编：《龙瑛宗全集中文卷3》，陈千武等译，台南：台湾文学馆筹备处，2006年版，第96页。

② 文崇一：《台湾的工业化与社会变迁》，见中国论坛编辑委员会编：《台湾地区社会变迁与文化发展》，台北：中国论坛杂志，1989年版，第15—16页。

③ 黄春明：《小寡妇》，台北：远景出版社，1975年版，第30页。

④ ［美］萧公权：《中国乡村：19世纪的帝国控制》，张皓，张升译，北京：九州出版社，2017年版，第658—659页。

教型的人格",为了深爱的土地,可以无私地奉献自己的所有。村民因此都真诚地拥护他,时常"只听阿盛伯喝么一声,大家一窝蜂的就跟着涌上去"。①然而,这样的乡村领袖在抵抗清泉村修建游泳池的事件中渐渐失去民心而败下阵来,最终竟脱得精光,像一只老猫一样溺死在水池中。"守土性"成就了阿盛伯的乡贤地位,同时,也使他变得保守、落后、愚昧、缺乏变通,看不到台湾社会转型中农村面临解体的历史必然性。阿盛伯的悲剧,一方面在于批判都市文明对乡村土地的戕害,另一方面也在反省乡贤自身的迂腐性,对土地过分的爱有时非但无法拯救它,反而会带来自我的毁灭。他由盛至衰的际遇,绝非偶然。八十年代的两篇小说,黄春明的《现此时先生》与郑清文的《最后的绅士》,塑造了两位活在过去的乡贤,无法面对乡村的现代变迁,最终在怀旧中走上"自伤式"的救赎之路。

其二,"叛土"的乡贤形象。与阿盛伯运用个人意志阻止乡土消失的乡贤不同,陈映真的《故乡》与洪醒夫的《瑞新伯》则塑造了随乡村变化而逐渐堕落的乡贤形象,主要体现为对乡土道德伦理的背叛。陈映真在《故乡》的开篇便呈现乡村故土在工商业的侵蚀下已不再"美丽迷人":"那里有将近六十支陶瓷工厂的烟囱,和一家公营的焦炭炼制厂。这样,便把这小镇常年地罩在煤烟底下了。高一些的尤加里树和竹围的末梢,全都给烟熏得枯萎了,以至于幼小者们用弹弓打落的麻雀,也是一身烟灰。"②与之相应的,原本"俊美如太阳神"的哥哥,集知识理性、基督信仰、社会主义理想于一身的哥哥,在工商业带来的灾难(父亲生意破产,咯血而死,卖祖宅还债)面前变成"放纵邪淫的恶魔"。哥哥不再坚守乡贤伦理,不顾兄弟情,"竟左右开弓地把我掌掴在地上,并还像狂人一般践踏了我";③无视传统道德,开赌窟,娶娼妇,终日打牌作乐。洪醒夫的《瑞新伯》则刻画了游移在城乡之间人格分裂的"富绅"。在乡间,瑞新伯很受人尊敬,因为他识字,进过城,见识广,最主要的原因是他有钱。"我祖父便勉励我说:'你要好好念书,像瑞新伯那样,识字的人拿软的,像我们不识字的人就要吃硬饭的,你认真念书,将来也可以当经理,一个月赚很多钱!'"④求学目的越来越功利化,传统乡贤"为天地立心,为生民立命,为往圣继绝学,

① 黄春明:《小寡妇》,台北:远景出版社,1975年版,第33页。
② 陈映真:《陈映真作品集1》,台北:人间出版社,1988年版,第37页。
③ 陈映真:《陈映真作品集1》,台北:人间出版社,1988年版,第39页。
④ 洪醒夫著,黄武忠等编:《洪醒夫全集三》,彰化:彰县文化,2001年版,第187页。

为万世开太平"（张载语）的使命已被抛于脑后。在城市里的瑞新伯则是另外一副模样：早年开娼馆起家，晚年在城市的天桥上，衣衫脏破，拉胡琴卖唱，装作跛脚眼瞎向人求乞。回乡后，则用乞讨而来的钱装扮自己，购置昂贵的家具，谎称自己当上总经理。可见，在农业文明被现代工商业文明吞噬的时代，金钱利益可以捣毁乡村的生态环境，可以毁掉原本淳朴幸福的家庭，可以腐化乡贤的形体与灵魂，这些正是这20世纪六七十年代乡贤叙事所关切的问题。

其三，经历"乡土—洋化—乡土"蜕变的乡贤形象。这类"土人"乡贤形象的塑造与新殖民主义在台湾的兴盛有关。陈映真在1977年的"乡土文学论战"中批判道，台湾"文化上精神上对西方的附庸化，殖民地化——这就是我们三十年来精神生活突出的特点。"① 因而，黄春明、王祯和等通过"跨国公司"题材小说刻画了不少"洋化"的乡贤形象，其中以陈映真的《夜行货车》最具代表性。小说中的"林荣平"和"詹奕宏"都是乡村高学历的知识青年，离乡进城，在跨国公司任职。农村的毕业大学生本该是"准乡贤"，然而大量的"准乡贤"被城里的外资公司吸引，弃土离乡，造成乡贤的大量外流，这是彼时台湾十分突出的社会问题。而在城市打拼的乡下人中，能当上外企的总经理，则是光宗耀祖的事情。"林荣平"正是台湾马拉穆电子公司的财务经理，为了保住地位而沦为洋奴。他的情人被洋老板调戏，林荣平窝囊地不敢出面，为情人说些公道话；洋老板辱骂中国人，他也不敢吭声。"准乡贤"变成"西洋奴"，这些失去主体性的知识分子根本无心也无力继承传统民族文化，乡贤文化岌岌可危。在这样的文化困境下，陈映真笔下的"詹奕宏"则是一位能在绝望中带来希望的人物。他在痛苦中通过双重批判，完成了"乡土—洋化—乡土"的蜕变。首先，詹奕宏重新思考自己背井离乡为外国人打工是否出于自己的本意。他无奈地发现自己活成了父亲理想中的样子，盲目地屈从于父执辈脱贫致富、崇洋媚外心理。其次，詹奕宏敢于抵制洋奴化的思想，用台湾土语警告洋奴上司，不惜以辞职为代价怒斥洋老板的辱华言行。最终，他决定带爱人"回乡下去"，② 实现由"西化"到"本土"的回归。詹奕宏的"返乡"与瑞新伯"守乡"不同，因为唯有经过离乡受到西方的现代教育之后，重新省视乡贤文化时，才能更加理性地看到其封建落后的方面，如传统宗法中的父子关系、贞节观念存废等问题，从而才有可能找到有效应对乡村困境的方法。

---

① 尉天骢主编：《乡土文学讨论集》，台北：远景出版事业公司，1980年版，第61页。
② 陈映真：《夜行货车》，台北：远景出版事业公司，1984年版，第288页。

20 世纪六七十年代的乡贤形象与乡村土地的变迁有着共同的命运，在叙事方法上以批判现实主义为主，关注台湾农业社会向工商业社会转型的弊端。同时，兼有现代主义的表现手法，如象征主义，用"老猫"象征守土重迁的老绅，"夜行货车"象征回归乡土的迫切感等等；又如意识流手法，对乡贤人物内心与情感的刻画有了明显的突破。

三、解严后的"废人"乡贤形象

台湾解严后，社会逐渐向民主化、自由化转型，从制度上摧毁了乡村士绅的集权统治模式，传统乡绅失去地方意见领袖的地位，乡村治理权利转向新兴的乡贤手中。自 20 世纪 90 年代初，"本土化"与"全球化"双管齐下，行政当局一方面用"台湾意识"消解民众对中华传统文化的认同，另一方面，鼓励自由吸收西方现代文化，导致以儒家思想为核心的乡贤文化再度遭到抵制。此外，台湾乡村经过"第二阶段土地改革""农业综合调整方案""精致农业健康卓越方案"等现代化改造后，基本上实现机械化大规模生产，部分农业转向旅游服务业，似乎离"富丽农村"的目标更近了，[①] 但这又带来新的乡村社会问题，如人才外流、老龄化、失业问题、信仰迷失、道德危机等等。

按理而言，这一时期的乡土小说应该以现代乡村为背景来塑造"新乡贤"形象，然而在实际创作中，只有袁哲生、童伟格、甘耀明等少数作家关注"乡贤"题材，而且大多运用"反乡贤"的叙事方式来建构"废人"乡贤形象。以往的乡贤形象，无论是"狂人"还是"土人"，其品德或才能总是胜人一筹，而且在乡村事务上有发言权；而如今的乡土小说中，"乡贤"虽然仍保有知识分子的身份，但成了形体或精神上的"废人"，无伤无害地寄生在乡村的一隅，他们不再是乡村的英雄，反而成了乡村的负担。

首先是形体衰竭的乡贤，他们曾经才学渊博，受人尊敬，然而终究敌不过残酷的时间，患上阿尔茨海默病（老年痴呆），认不得亲友，只会沉浸在自己的世界中，无记忆、无意义地活着。在童伟格小说《王考》里，"祖父"曾经是一位传奇性乡绅，精通古书，会说四种语言，用他那"凤嘴银牙"为村子的利益

---

① "富丽农村"的目标主要体现在三个方面：一是农业生产企业化；二是农村生活现代化；三是加强农村生态环境的保育。于 1990 年 6 月由"行政院农委会"在《农业综合调整 6 年计划》中提出。见姜殿铭主编：《台湾 1993》，北京：中国友谊出版公司，1994 年版，第 108 页。

谈判，从午前说到暮日，听众"时而笑、时而哭、时而怒号、时而安静"。而"现在，祖父在我身旁，他已经不认得我了，他怀抱糖瓮，一心一意等着不可能会来的公车，丝毫不觉有说话的必要。"①祖父失忆了，终日在书斋里考据与现实不相干的事物，成为无用的"废人"。袁哲生的《遇见舒伯特》同样塑造了一位患痴呆的乡镇退休教师。单是外貌和体态上就变化很大，"原本短而密、泛着一圈青皮的头发，已经扎成了一束灰丝垂在颈后；厚重的黑框眼镜换成了圆形金丝边的，一身卡其色宽大的衬衫和长裤，身形精瘦，暗赭色的皮肤上皱纹密布，仿佛是在美国某个大城里遇到的印第安人。"②他把书全卖掉，呆坐在空空的书房里，活在幻想的音乐世界中，不与人交流，将自己遗忘在时间中。"荒村废乡"不断孕育着"废绅"，在这双重的没落中，无可奈何的悲凉之感愈加深沉。

其次是精神颓废的乡贤，他们大多是受过良好教育的返乡青年，本可以在建设乡村的事业中有所贡献，却莫名其妙地失业赋闲在家，像动物一样活着。童伟格《无伤时代》里的主人公"江"，大学毕业后回到滨海荒村，他空有一身学识却游手好闲，靠做女工的母亲养活自己。"江"失去上进心，守着猫的骨灰盒度日，凡事都漠不关心，包括自己的母亲。于是，"在母亲哀愁的晚年里，他以言语、以行动说服她，请她将他当成一个无伤的废人，如此，在光影散尽的时候，他可以轻轻屏上他的房门，坐在他的书桌前，找出他的废纸堆。……不必悲伤。无法悲伤。"③如此，心甘情愿当"废人"，才可以"不必悲伤"。童伟格另一篇小说《叫魂》里的"吴火炎"学成返乡，已收到公务员的录用书，令众人羡慕不已，却因没有时间观念而耽误了报到，自叹此生"完了"，从此便萎靡不振，整日酣睡于大榕树下，成为村里众多"废人"中的一员。如果说"老绅"的衰竭情有可原，那么象征乡村最后希望的知识青年由"贤"变"废"，则将乡土推向绝望的边缘。

最后还有形神怪诞的乡贤，以超现实的人物角色探索另类乡贤的现代命运。如袁哲生笔下的"秀才"（《秀才的手表》）与乞丐头子"空茂央仔"（《天顶的父》）是这类介于人、神、鬼之间的乡贤形象。"秀才"的一生是个谜，身为传统书生却戴着现代手表，不停地寄信，最后无缘无故地被火车撞死。乞丐头子"空茂央仔"在鬼宅里复制乡贤治乡的管理模式，建立起秩序井然的"丐帮社

---

① 童伟格：《王考》，新北：INK 印刻文学，2002 年版，第 20 页。
② 袁哲生：《遇见舒伯特》，《联合文学》，1998 年 12 月，第 67 页。
③ 童伟格：《无伤时代》，台北：INK 印刻出版有限公司，2005 年版，第 164 页。

会",无论是他的部下（小乞丐），还是普通平民，甚至派出所所长、镇长都要敬他三分。于是，在"我"小的时候，"我就偷偷地在心里盘算着，做乞丐自然好过做大官的，做乞丐头子就更好了。大官是啥么碗糕？烧水沟镇长遇上空茂央仔就像八爷遇上七爷，矮了可不止半截啊！"[①] 然而，乞丐头子终究被现代文明肃清了，被派出所所长抓走，从此下落不明。以"秀才"与"乞丐"来写乡贤，含有对传统乡贤文化的戏谑、怀恋、迷惑、嘲弄等复杂的感情。

由是观之，在解严后的乡贤叙事中，无论是身患痴呆的老绅，精神颓废的知识青年还是怪诞的乞丐头子，都具有"废人"的特质。一方面，他们对乡村的建设没有起到积极的作用；另一方面，相对于村中恶势力而言，"废乡贤"对乡村则似乎是无害的。在甘耀明的小说《伯公讨妾》中，酒店老板"刘乡代"属于新兴的"富绅"，倚仗金钱的力量在乡村中夺得了政治的实权。而后，为了发展乡村旅游业，不惜亵渎村民的宗教信仰，带酒店小姐参观伯公庙，致使乡村道德风气日益败坏。与"刘乡代"相比，"废乡贤"看似没有破坏，但他们"废"掉了对乡贤的认同与责任，这对乡土的伤害则是深入骨髓的。

四、"由狂到废"的乡贤形象辨析

台湾乡土小说中乡贤形象的塑造具有鲜明的时代印记。日据时代的乡贤为反抗殖民压迫而成为"狂人"；20世纪六七十年代的乡贤因对乡村土地有着深沉的感情而成为"土人"；"解严"后的乡贤随着传统宗法乡村的崩溃而成为"废人"。这三类乡贤形象既有联系又有区别，使乡贤叙事呈现出多样性与复杂性。

"狂乡贤"与"土乡贤"在捍卫乡村土地及乡贤文化不受外来力量侵扰的态度上，没有本质的不同，二者都具有强烈的社会责任感与民族精神，只是在抗争的具体对象上有区别。"狂乡贤"的主要批判对象是日本的侵略罪行与乡贤文化中封建迂腐的方面，如地主的剥削特权、传统婚姻观等。他们不仅批判社会的浊流，而且勇于自我批判，"胡太明"（吴浊流《亚细亚的孤儿》）正是在一次次的自我否定中发狂的。"土乡贤"则主要批判城乡差距或崇洋媚外。然而他们大多只是沉溺于"怀旧"的情绪中，自我反思的意识不强，感情用事而发狂者

---

① 袁哲生：《天顶的父》，《联合文学》，2000年4月。

亦不少见。"阿盛伯"（黄春明《溺死一只老猫》）的悲剧正是源于他一味迷恋故土，从不反躬自省，因而守土抗争不过是"堂吉诃德式的斗争"，[①] 只是无谓的牺牲罢了。

显然，"废乡贤"是对"狂人"与"土人"形象的背反。首先，"废人"乡贤并非严格意义上的"乡贤"，只是相对于失德者或普通农民而言，在学识或人格方面曾具有令人赞许的一面。其次，在面对传统乡村与乡贤文化的衰落问题上，"废人"没有明确的认识，既不了解乡贤文化的历史，也不在乎它的未来，只关注当下自我的生存状况，不悲伤，不抵抗，不承担乡贤应有的责任。最后，在叙事方法上，表现为继承中有所创新。"狂人"与"土人"形象的塑造主要以批判现实主义手法为主，更贴近社会与历史，揭露并抨击现实的黑暗。吴浊流希望透过"胡太明"发狂的人生遭遇，"把日本统治下的台湾地区，所有沉淀在清水下层的泥污渣滓，一一揭露出来"；[②] 陈映真也提倡"文学来自社会反映社会"。[③] 解严后的"废乡贤"形象一方面继承了写实主义的叙事传统，另一方面融入现代主义与后现代主义的技巧，增强了人物命运的荒诞感与神魔彩色。童伟格在刻画《王考》中的祖父形象时，既重细节的真实性，以至于把祖父谈判的"场景及其中任何一个动作都令人宛如亲临见证"，[④] 又用"四根舌头""考据癖"等特征渲染他一生的传奇性。

有学者说"废人"形象的叙事方式过于"轻质"，[⑤] 不如"狂人""土人"那般深刻厚重。然而，吊诡的是"废人"形象恰恰无情地道出"乡贤"在台湾乡村（后）现代化转型过程中无能为力的历史真相。无论日据时代的"胡太明"为"汉族魂"发疯发狂，还是战后"阿盛伯"为守护乡土献出生命，任凭他们如何反抗，都无法阻止台湾宗法乡村与乡贤文化走向崩溃的历史必然。从这个角度而言，"狂人""土人"其实不过是另一种形式的"废人"。

"解严"以来的乡贤题材小说从数量上比之前的两个时期减少，虽然开辟了"废人"乡贤形象的叙事新路，但也存在不少问题。首先，形式上的炫技有余，而思想情感的力度不足。其次，乡贤题材的来源过于局限在"过去"，因此，与"狂乡贤""土乡贤"比起来反而显得有些"陈旧"。"废人乡贤"的题材多源于

---

① 樊洛平：《黄春明乡土小说论》，《世界华文文学论坛》，1998年第4期，第23页。

② 吴浊流：《亚细亚的孤儿》，傅恩荣译，台北：南华出版社，1962年版，第303页。

③ 尉天骢主编：《乡土文学讨论集》，台北：远景出版事业公司，1980年版，第55—64页。

④ 廖炳惠：《建构神奇历史记忆》，《联合报·联合副刊》，2002年10月3日。

⑤ 范铭如：《轻·乡土小说蔚然成形》，《中国时报》，2004年5月10日。

"纸上的过去",包括地方志、乡野传奇、历史传记等。童伟格的《王考》本来就篇幅短小,还掺入大量的历史条目,导致祖父的形象被史料淹没,他的性格、心理、思想及其变化,还有他与乡民之间的关系,都没能充分地展开。乡贤题材还源自作家的童年记忆,祖辈、父辈的历史记忆。袁哲生的大多数乡贤题材小说如《秀才的手表》《天顶的父》皆是童年回忆。怀旧的叙事风格令"废人乡贤"无法及时与当下台湾的乡土变迁互动,对情与理的书写更显突兀。更重要的是,台湾新一代乡土作家对乡贤文化没有全面的认识,看不到它的双重性,对乡贤文化中封建落后的一面缺乏批判;对乡贤文化中能够给予乡村、乡民希望这方面的挖掘较表浅,这是当下台湾乡贤叙事存在的最主要的问题。

结论

在台湾的乡土小说中,乡贤形象往往是叙事的重点,而且具有鲜明的时代特征。日据时期,以赖和、吴浊流为核心的作家开启"狂人"乡贤叙事先河,他们或"疯狂"或"进取",具有忧患意识与抗争精神。20世纪六七十年代的乡贤形象具有"土人"性格,他们关切乡土的变迁,有的誓死守护乡土的完整性,有的彻底堕落了,还有的"西化"后又重回"乡土"。解严后的台湾社会向民主化、自由化转型,传统乡村与乡贤文化面临全面衰落,乡贤形象具有"废人"的倾向,以无伤无害的寄生方式,表达他们对乡土渐逝的困惑与无奈。

从"狂人""土人"到"废人"的叙事演变,既是作家对不同时代乡贤问题的回应,又是他们寻求创新的路径,三者之间既有区别又有联系。"土人"乡贤继承了日据时代"狂人"乡贤的社会意识与民族精神,在叙事技巧上多采用批判现实主义手法。解严后的"废人"乡贤看似背离了传统的乡贤形象,然而"废乡贤"与"狂人""土人"一样,都无法阻止台湾传统乡村(后)现代化转型的历史必然。同时,还应注意的是,这三者的演变并非以辩证的方式前进,即不是以"正—反—合"的逻辑进行,而是偶然以"正"("狂人")、"正"("土人")、"反"("废人")的模式演化。是以,台湾作家在乡贤叙事中如何从"废人"的"反"至"合",找到"合宜"的乡贤书写方式,沾溉台湾乡土小说中的乡贤人文精神,这是一个非常值得关注的重点。

无疑,如今的台湾社会已进入一个以物质利益衡量历史进步的时代,并将这一信念奉为不可置疑的普遍真理。后现代令人自大陶醉,无限制地挥霍历史精神与传统文化，乡贤连同传统乡贤文化被现代人视为某种反文明的虚构，或逆历史潮流的精神鸦片。于是，无论乡贤是"狂人""土人"还是"废人"，在城市化高速发展的当下自然显得落后、无聊、愚蠢，甚至"有伤"时代的进步。只有当现代发展的负面效应向人类敲起警钟时，当这些所谓的进步信念发生动摇后，人们才能从历史进步向度的误解中再度成长，台湾的乡贤叙事才有可能获得全新的理解和突破。

郁达夫访台前后的台湾书写与想象

陈　丛*

一、访台前《十三夜》的台湾想象及人物塑造

　　郁达夫的短篇小说《十三夜》完成于 1930 年，早在他抵台六年前。[①] 他在《十三夜》中塑造了一个独特的台湾人物形象，该短篇虽未涉及台湾问题的政治言论，但却是少数涉及台湾的短篇小说，体现了当时郁达夫对台湾的关注态度，其创作动机一方面来自他留日经历所带来的"涉日敏感"，对日本帝国主义威胁的一贯反抗态度，另一方面来自他对台湾的同情，以及他对台湾地区作为日本殖民地背景的认识和体悟。

　　《十三夜》描绘了作为小说家的"我"，因为要完成一部以西湖和杭州市民气质的小说，百般寻找写作的素材，只身独往杭州西湖，在来西湖的一百来天里，什么事情都没做成，却认识了以为奇特的画家，见证了一段"聊斋志异"般的灵异经历。船到了三潭印月的码头后，我发现众人正在围绕着一位丰姿潇洒的画家，他作的画令我沉迷无法自恃，但是二人并未直接认识，只是彼此在初逢中留有印象，于是我与他的第一次的见面，就这样的匆匆走散了，也马上就忘记了他。巧合的是在接下来的日子里，我因为偶然间在西泠印社遇见了一位留学时代的旧友，在旧友的介绍下意外的再次与这位画家重逢了，也从旧友

　　＊　作者简介：陈丛，台湾清华大学台文所博士研究生。

　　①　1895 年日本女作家樋口一叶就创作了同名小说《十三夜》，而夏目漱石于 1908 年创作了由十篇短篇小说组成的小说集《梦十夜》（ユメ十夜），针对梦的叙述部分郁达夫与其有相似之处。虽未见得直接的联系，但由于郁达夫的留日经历以及一直以来他所受到的日本现代作家创作风格的影响，可以初步猜测郁达夫的《十三夜》或许对日本作家的小说有所借鉴，但本文论述重点并不在此，故不详述。

口中得知，这位画家姓陈，并且是台湾籍贯。接下来小说朝向灵异故事转变，旧友转述了画家的奇异经历：七月十三的晚上，画家在西湖旁荒僻的葛岭山偶遇白衣女子，在月光下，他已经看到她影影绰绰的面貌、身材、衣着，并且一路尾随着她走下台阶，接着他突然同受了雷声似的昏厥了一下，就眼看着她从亭边走了下去，等他恢复了常态从石阶上跳着赶下来的时候，她的踪影却已经完全不见了，画家从此像害了心事的样子。旧友听后百般不信，认为尼姑庵出家的女子没有外逛的道理，这位奇装的女子是画家做梦的产物，而我却认为他确实经历过的艳遇，并不是一次空想。时间到了八月十三的晚上，画家再次遇见了白衣女子，他因为吃完晚饭就埋伏在那里等，于是就擒住了她的住处，一个尼庵的隐居所，门的上面，在粉白的墙上题着"云龛"两个大字，正在他犹豫不决之时，画家被突然一声悲切的长啸声吓退旅馆门前了。天气渐凉，我回到上海，接着便得知了画家的死讯，于是再次回到杭州和许多美术家们为他在西湖营葬。正直十月十三，将他的灵枢送到了附近的葬地之后，我便一个人辞别了大家，却意外地发现了一处到现在为止从没有注意到过的古墓。往里一走发现一块墓志，铭为"明杨女士云友墓志铭"，其上写着墓主人的生平经历，并有"覆亭其上，榜曰云龛"等文字。

该短篇小说最主要有三个人物，即"我"、台湾画家、白衣女子。我是观察者，以写小说寻找题材为由在杭州城游荡，是一位客居的他者，却意外的耳闻了整个故事，而台湾画家这个人物构成了故事的主线，他一直将自身不间断的放置于自主性的追逐之中，白衣女子存在于画家的眼睛里，而我一直前所未见白衣女子的踪影，她仅仅停留在我的想象中，直到最后画家逝世，我意外发现了隐藏的古墓，才在某种意义上与白衣女子的主体建立了联系，我写作小说的欲望也得以满足，看到墓志铭的碑文的时候，实际上一部以杭州为背景的短篇小说也完成了构思。郁达夫对台湾的想象书写，聚焦在两方面，一方面是通过"我"的观察来凝视台湾画家的绘画的特色以及其所呈现的性情及身份特征，另一方面是通过描摹台湾画家的亲身经历，与白衣女子的偶遇，以及他的离奇死亡，来展示出画家在思考白衣女子时思想状态和心理情况。

柄谷行人认为，风景是和孤独的内心状态紧密连接在一起的，在山水画中，画家观察的不是"事物"，而是某种先验的概念。他们并非单纯的描摹自然，而是将意识融于山水。①在"我"的凝视下，画家也成了风景的一部分，这个"在风景中作画的画家"又构成新的风景。郁达夫的人物选择和职业设置是具有目的性的，小说中最重要的人物职业是画家，更为重要的是这个画家具有台湾籍。画家望着前方的一截堤柳，和一枝大树，以及树后的半角楼房，可以看出淡淡的城市的微型，留出上面，兼顾水和人的领域，画家将他眼睛所凝视的景象全部呈现在画布上，如果说绘画是一件创造性的艺术的话，这位画家所做的更像是一件复制的工作，不是机械的复制，而是幽微的雕画，画家所热衷的不是浮夸的造型美，而是忠实的记录自然，尽可能地完全展现自然的淳朴之美、超然之美。而作为观察者的我静静地立着，守视了他一会，并已将画上的景色和实物的自然比较对看："他的笔触，虽则很柔婉，但是并不是纤弱无力的；调色也很明朗，不过并不是浅薄媚俗。我看我们同时代者的画，也着实看得不少了，可是能达到像他这样的调和谐整地截取自然的地步的，却也不多。"我看到了画家创作的独特性，画家正是在用笔勾勒了山河的轮廓，将自己所有想象的欲望都凝结在这支画笔上。

割台后的痛苦记忆，加之对这位画家的个人经历加以理解，可以看到画家作为个人，却代表了整个台湾所处的历史境遇，以及他所代表的阶层在日据之后的孤立无援的生活状态，殖民压迫下走投无路的个人处境。如小说中所写这位画家在学生时代，就已经是一位梦想家，因为梦想无法成真的性质，使得梦想一开始就成为一个幻影，画家的祖籍是福建，祖父迁居在台湾，拥有很好家境，但在日本帝国主义的统治下没有去海外留学的资格，学习和扩展视野的道路被迫舍弃。这位画家"虽有巨万的不动产，然而财政管理之权，是全在征服者的日本人的手里，纵使你家里每年有二三万的收入，可是你想拿出一二万块钱到日本国境以外的地方来使用是办不到的。"故而海外投资的商路和求学深造之路也被阻塞。作为日本帝国殖民地的"子民"，他不得不选择在内地进行发展，"他好容易到了东京，进了日本国立的美术学校，卒了业，在二科展览会里入了选，博得了日本社会一般美术爱好者的好评"。但是即使如此作为殖民地的子民，此等公民的社会地位，使得他依然行动的不自由，作为被征服的对象，处处还要受到内地人的压迫和歧视。于是乎他逃避到大陆来，长期以来的精神刺激使得他"梦影的习惯，竟成了他的第二个天性。"白衣女子就是画家的一个

---

① ［日］柄谷行人：《日本现代文学的起源》，赵京华译，北京：中央编译出版社，2013 年版。

梦影，是对自由向往的抒情寄托，郁达夫在这里通过对画家个人屈服命运的剖析，全面地展示了台湾作为殖民地的压抑现实，即个人无法避免要依附殖民剥削体系的台湾社会问题。

台湾画家的面部及性格特征是郁达夫作为作者重点着墨的对象，使得该人物成了台湾在日本殖民统治下的缩影。起初这位台湾画家的这给我的印象非常坏，身体极度瘦削，是面色却不甚好。侧面的表情是很忧郁而不安定的，和他"在画上表现在那里的神韵却完全是相反的样子"。在后来的接触中也感到"他笑虽则在笑，但是他的两颗黑而且亮的瞳神，终是阴气森森地在放射怕人的冷光，并且在他的笑容周围，看起来也像是有一层莫名其妙的凄寂味笼罩在那里的神气。把他的面部体的表情，总括起来说一句的话，那他仿佛是在疑惧我，畏怕我，不敢接近前来的样子；所以他的一举一动，都带有些不安定，不自在的色彩。"后来两人成为朋友，画家越发沉浸在白衣女子的迷梦中，身体也消瘦了，脸上一层黑黝黝的死色，阴森森的大眼，使人看上去越觉得凶猛怕人。

郁达夫觉察到台湾画家因为长期受到殖民压迫，形成了内向与偏执的性格，而且伴随着精神失常和外界的不信任，他写道："他的精神，他的自小就被压迫惯的灵心""所以待人接物，他总免不了那一种疑惧的、踌躇的神气"。就如弗朗兹·法农的观察，殖民地人民长期受到压迫和不平等对待，从而产生了心理失调，会有很多精神病理症状，而且"总是留下虚弱这个后遗症，一般肉眼即可辨识"，[①]文中我的朋友问画家："你的梦里的女人，究竟寻着了没有？从台湾到东京，从东京到中国。到了这儿，到了这一个明媚的西湖边上，你难道还要来继续你学生时代的旧梦么？"这样的质问反衬出了画家坚持不懈的信心，以至于为了追求"白衣女子"而不惜消损面容，以致付出生命的代价，白衣女子就是画家的精神映射，她幽灵般轻飘形象，也象征了台湾人因殖民统治，在东亚场域流动地理活动，以及流离失所的精神状态。而画家一直在追寻白衣女子，也是他不断在摆脱日本殖民统治内心最强烈的渴望，即对自由的幻想坚持不懈的追求，肉体妥协和精神不屈之间强烈的冲突。

另外值得注意的是十三这个时间点贯穿小说始终，画家每次与白衣女子相见皆为每月十三日，有趣的是郁达夫既强调时间的连续，又极力渲染月光的变化："七月十三的晚上，月亮分外的清""夜愈深沉，月亮愈是晶莹皎洁了"，"八

---

① ［法］弗朗兹·法农:《大地上的受苦者——二十世纪最出色的后殖民主义论述》，杨碧川译，台北：心灵工坊文化，2009 年 6 月版，第 266 页。

月十三的那一天晚上，月光分外的亮，天空里一点儿云影也没有，连远近的星宿都不大看得清楚"，九月十三这个满月的时间的描述被郁达夫抹去了，而就在这个月中旬"我"回到上海后收到了画家的死讯，十月十三"我"意外的发现墓志铭。在安葬的时候，"我"作为画家生前的朋友，再回杭州，为"被日本帝国主义压迫致死的牺牲者"送终，也意外地踏进了白衣女子所居住的"云龛"。可以猜测画家于九月十三日再次遇见了白衣女子，而他的死亦与此次会面相关，而读者所不得知的故事关键点，显然就是这个在九月十三日这一天发生的。九月十三赏月是日本民族特有的习惯，①郁达夫一方面由于其留日的经历受到了日本文化的影响，而另一方面是否有意用月光的变化映射被殖民台湾的创伤和压抑情绪，抑或是象征日本帝国主义加紧侵略东亚的现实？这也是十分值得玩味的。而郁达夫让"我"一直处于故事情节之中在这里展示的是："我"不仅仅是凝视事件的他者，不是完全置身事外的人，"我"也处于半殖民地的被压迫地位，同样受到日本帝国主义的威胁，与画家实际上拥有"同是天涯沦落人"相同身份，这样的故事安排可见郁达夫在安排小说人物和情节的用心之处。

郁达夫在尚未赴台之时，就已经完成了与台湾相关的小说《十三夜》的创作，他的笔下塑造了台湾画家形象，虽然此刻台湾仍停留在他的初步想象之中。郁达夫或许未曾想过六年后会有亲临台湾的机会，在1936年他赴台访问并发表对台演讲，仅有的一周里，在被日方安排行程中，加深了他对日据台湾的认识和理解。

二、1936访台演讲的多重寓意及相关言论

1936年，在七七事变爆发前夕，郁达夫在结束了对日本的参观访问后，随即奔赴台湾，历经将近半个月时间。相对日本来讲，郁达夫对台湾只做了短暂的停留，但作为唯一在日据时期访问台湾的中国现代文学作家，这个文学事件被广泛予以重视和关注，叶石涛将此次访问作为大事件记录在案："郁达夫一九三六年十二月二十二日来台，造成轰动，在台北、台南等地都有台湾作家举行欢迎座谈会。"②另外陈芳明在《台湾新文学史》《台湾新文学史大事年表》里郁

---

① 有别于中国的中秋节，日本于每年九月十三观月，俗称后月，而由于后来中国传统文化的传入，故日本每年赏月两次。

② 叶石涛:《台湾文学史纲》，台北：春晖出版社，1999年版，第16页。

达夫访台事件也赫然可见，只是对郁达夫访台的具体时间上叙述错误。[①]

在旧体诗《丙子冬日车过有明湾头之作》中有言"却望云仙似蒋山，澄波如梦有明湾。逢人怕问前程驿，一水东航是马关。"[②]该诗作于 1936 年十一月十五日成作于日本，郁达夫把诗赠予郭沫若，此时的郭沫若在日本的"亡命生涯"已经将近十年，该诗作结尾提到日本的马关，这正是勾起郁达夫心中激荡之处，丧权辱国的《马关条约》将台湾从中国版图中分割出去，以及中日甲午战争战败的历史，让郁达夫此次访日台之行势必心事重重，"逢人怕问前程驿"一句的疑惧心态，或许可以推测此次访日台之行的内含的使命意义。

由于台湾地区此时已经成为日本的殖民地，故此次访日访台之行不能割裂开来，访台之行作为访日之行目的的一部分，日本应是借助郁达夫此次访台之行，以介绍日本在台建设。日本统治台湾地区的五十年里，依策略不同大致可分为三个阶段：第一阶段是绥抚时期，亦可称为日据初期（1895—1919）、第二阶段为内地延长主义时期，亦可称为日据中期（1919—1937），第三阶段为"皇民化"时期，亦可称为日据晚期（1937—1945），日据晚期，台湾告别中国文学，文学性降低而不断向政治靠拢，"皇民"文学诞生，到了"皇民化"时期，总督府提出"日台一体"口号，借由"皇民化运动"使得日本文化强力植入台湾岛内，造成台湾文化与中国文化断裂。在帝国主义支配下的殖民地台湾，日本逐步施行了大规模的皇民化运动，而郁达夫访台的 1936 年日本对台统治正是皇民化加深的时期。随着日本东亚共荣思想的建构，战争期的台湾总督府对知识分子言论和思想控制也愈演愈烈。"1931 年东北事变后，知识分子尚有发言空间；1937 年中日战争爆发，最为恶劣的时期，全面钳制发言空间；1941 年"大东亚战争"爆发后再文化翼赞的号召下，皇民文学被大量的书写和提倡"。[③]而大陆的东北三省也于 1931 年沦陷，在 1932 年由日本一手扶持扶持的傀儡政权伪满洲国也宣告建立，实质成了日本版图的一部分，九一八事变后日本逐步将侵略的铁蹄由东北南进，并从海上西推

[①]　陈芳明：《台湾新文学史·下》，台北：联经出版，2011 年版，第 809 页。陈芳明在《台湾新文学史大事年表》里写郁达夫来台时间为 10 月，而根据《郁达夫研究资料》《郁达夫研究资料汇编》、《郁达夫全集》以及武继平的《郁达夫访台史实考订》等数据，郁达夫确切的来台时间应该是 1936 年 12 月 22 日，离台时间为 12 月 29 日。

[②]　詹亚园：《郁达夫诗词笺注》，上海：上海古籍出版社，2010 年版，第 422 页。

[③]　施懿琳：《从沈光文到赖和——台湾古典文学的发展与特色》，高雄：春晖出版社，2005 年版，第 271 页。

至大陆内部，战争一触即发。郁达夫对于台湾此时所处的历史情景心知肚明，同样他面对大陆如此的战前形势，此次访台势必是在日本政府严密的监控之下进行的，他虽然与台湾知识分子在几次座谈会上交换了意见，但是双方开诚布公的交流应该受到了很大的阻碍。

因而关于郁达夫此次访问"背负国家秘密使命，催促郭沫若回国"，"福建省政府采购印刷机械"等来访缘由为之前相对主流的立场，这样的推论不能不说有其根据，但是随着日本近些年逐步解密了战前的官方档案，郁达夫研究的新史料也得以逐一出土公开，关于涉及郁达夫的档案数据，郁达夫的在日活动，备受日本警方的注意和监视，福建省与日本官方间就此事的接洽等都有所记录，使得郁达夫此次访日台之行的过程和样貌得以更为贴近真实地展现，郁达夫此次访日台，是日本文化事业操纵的一部分。1936 年，应福建省政府主席陈仪之邀，郁达夫被委任为福建省省府参议，据新的史料考证日本政府的这次策划，目的是有助于"日华亲善"的活动，郁达夫此次访台日是对中文化事业的一部分，改名后为文化事业部，转变成对华情报机构"由于侵华战争后先后划归臭名昭著的'兴亚院'和外务省情报局管辖"。[①] 而郁达夫此次访问日台的经费，则由日本政府"东方文化事业"的基金项目才得以成行，而日本的这一"文化事业"实际上是一种怀柔政策，即在民族主义和反帝呼声高涨的历史背景下采取的应对措施，实际上"文化事业"也是一种变相的文化侵略。[②]

郁达夫在台发表的公开演讲有两篇，[③]在《中国文学的变迁》里，关于文学，郁达夫从中国汉字讲起，重点涉及中国诗歌和散文，这两种最具备中国传统文化独特性的文体。他认为诗歌最能体现民族感情，最简洁的表达方法就是诗歌，从集中国诗歌之大成的《诗经》对中国古代的诗歌情况大致梳理，接着介绍中国散文自秦汉始，也是中国传统文化的综合体现，最后谈到西洋思想的传入使得中国的诗歌和散文都有很大转变，将中国新文学的经验和收获介绍给台湾知识分子。关于政治，郁达夫谈到日本朝野认为中国现在是"左倾"的国家，但

---

① 武继平：《1936 年郁达夫访日史实新考》，《中国文化研究》，2010 年第 1 期，第 187—195 页。

② 李丽君：《郁达夫 1936 年访日新史料——近年日本外务省解密官方档案考》，《现代中文学刊》，2011 年第 5 期，第 51—59 页。

③ 《中国文学的变迁》收录于《郁达夫全集，文论（下）》，《正视跃进之台湾》收录于武继平考据的《郁达夫访台史实考订》。

是他郁达夫却认为中国文化政治、外交方面其实是右倾的。在谈到中国是否有全盘共产化的倾向时他说"即使这种主义多少进入中国，也不可能根治中国的传统思想，如民族主义的个人主义倾向。"①

郁达夫的这篇演讲稿重点关注了两个问题：中国传统文化和中国共产化。郁达夫选择中国传统文化作为发言的主要内容，但却对中国共产主义的方向发展产生了误判，之所以如此其中有三个原因：

第一，郁达夫自身已经是福建省省府参议，即是国民党体制内运作的官员，而此次所肩负的"文化事业"活动也是福建政府受日本邀请委派给郁达夫，所以郁达夫的言论既是代表"国家"的立场，② 他的言论基本处于文学话题的讨论范围内，而针对政治的问题的谈论势必有所顾忌。在《正视跃进之台湾》中，他也阐释本次来台所包含的政府与官方性质："本次渡台之目的有二。其一是从正面考察始政 40 年台湾的状况。关于台湾，过去通过书刊略知皮毛，本次访台则是为了获得精确的认识。其二是考察台湾督府之施政可借鉴之处。"③

第二，郁达夫在这次演讲中，对台湾知识分子传播中国传统文化，强调中国传统文化的根基意义。由于中日相同的文化渊源，郁达夫认为中国和日本与英国和美国类似，因为有着共同历史，故而还不至于分裂"历史相同，文字和习惯相同的人们，终于会有机会相互谅解，并携起手来"。④ 郁达夫既与日本政府周旋因应了其隐在的"日华亲善"侵略目的，又可以与台湾知识分子产生中华文化的强烈共鸣，故最终达到了访台所产生轰动效应。郁达夫认为共产主义思想不利于中国传统文化的发展，意欲实现共产主义而抹除国家的边界，可能

---

① 郁达夫，《中国文学的变迁》，《郁达夫全集·文论（下）》，浙江：浙江大学出版社，2007年版，第 270 页。

② 1936 年 12 月 12 日西安事变爆发，恰逢郁达夫访台日之行，因此他被迫对此表态，在《正视跃进之台湾》中，对于西安事变，郁达夫还就时政发表了以下观点，语风中既代表了国民党官方立场，也因应日本"日华亲善"的殖民策略，但极力铺陈的是的中日和平发展的主张及其实施的可能性。"本次事件的特殊性体现在蒋介石并未被暗杀这一点上。张学良乃纨绔子弟，无异于小孩子撒娇，这一点日本人也应该好好研究。事件如果发生在十年前，或许当场就被杀掉了。我相信，中日关系最终在于互让，而且也应该如此。只有双方携手才会有远东的明朗化。此乃中日两国上层人物亦持这样的观点，尤其是与本人同行的文学家们之人心所向。不过让人郁闷的是事情并非简单如愿。"数据参考武继平《郁达夫访台史实考订》。

③ 郁达夫接受《台湾日日新报》记者采访所发表的一次官方讲话，讲话翌日以《正视跃进之台湾》为题，在第 11 全文刊出，《台湾日日新报》为台湾官媒，基本作为日本政府传声筒的角色。数据参考武继平《郁达夫访台史实考订》。

④ 郁达夫：《中国文学的变迁》，《郁达夫全集·文论（下）》，浙江：浙江大学出版社，2007年版，第 270 页。

导致文化的趋同性，传统文化的丧失十分可惜，这也是他所认识新文化运动狂飙突进后的弊端，换句话说郁达夫的目的不在于否定共产主义，而是在于重新肯定中国传统文化的价值，就如他自己所说"中国文化将来当然要带着社会主义的色彩生长起来，但有国家主义的背景，决不会失去民族独特的创造力。"[①]

第三，关于共产主义与国际和平的问题，郁达夫只就形势而谈。中国共产党于1934年10月开始，中国工农红军主力从长江以南各革命根据地，向陕甘革命根据地会合的战略转移，于1936年10月，胜利到达陕北，标志着中国共产党革命势力的稳定，而郁达夫访问的时间正好在红军完成长征之时，故共产主义成了日本及东亚各国及其敏感的话题。在日台方面，台湾"左翼"运动在日本殖民统治的打压下几乎销声匿迹，而日本对"左倾"言论和活动也加紧打压和监控。从郁达夫自身的角度讲，虽已于1930年脱离"左联"，但也无法剥离与左联的微妙关系，再加之与鲁迅和郭沫若的私人交际，使得郁达夫身处已经作为日本殖民地的台湾地区，撇除自己与"左翼"运动的关系，也存在一定合理性。

如上所述1936年访台，郁达夫身临一个历史的关键点，国际共运高涨、中日关系紧张、日本对台殖民加剧。他访台时间在七七事变前夕，日本帝国主义侵略的步伐日益在东亚蔓延，新史料的揭露使得我们认识到，郁达夫访台并非单纯游历，而是对于中日双方均有其政治意义。无论郁达夫肩负了何种使命，但他在有限的时间和访问形式中，看到了台湾社会情况和台湾文艺界发展状况，并在对台演讲中阐明了自己的立场，这对他在访台后再次回看台湾问题提供了参考和证据。

三、访台后的台湾回忆及思维轨迹

1936年12月12日西安事变爆发，郁达夫也于本月29日结束了他的访日台之行。但是他在回到大陆后没有随即发表与台湾相关的文学作品或文学评论，只有几篇采访中提及，从这几篇采访中我们可以看出郁达夫对台湾问题的思考非常深入，并且清楚地认识了台湾地区作为日本殖民地的历史处境。郁达夫于1936年赴日台访问，由于处于敏感的时间点上，他本人也对此事谈及甚少，使

---

① 郁达夫：《中国文学的变迁》，《郁达夫全集·文论（下）》，（浙江：浙江大学出版社，2007年版，第269页。

得外界一直对此次访问的具体内容和目的，产生诸多疑问和猜测。关于这次访台日相关的文学文本和记录只有两首旧体诗有所体现。一个是《毁家诗纪》共二十首，于 1936 年春至 1938 年冬陆续完成，郁达夫在完成之后加注并修改。在《毁家诗纪·其二》的注文中他谈及这次访台日之行"这一年冬天，因受日本各社团及学校之聘，去东京讲演。一月后，绕道至台湾，忽传西安事变起，匆匆返国，已交岁暮。"① 其中强调了此次访台日之行以访日为主，访台只是绕道而至，且因为西安事变的爆发，或许留台时间的安排还未完全履行，郁达夫就匆匆离开台湾了。基本上可以推断该诗作完成于访日台之行结束之后"扰攘中原苦未休，安危运系小瀛洲。诸娘不改唐装束，父老犹思汉冕旒。忽报秦关悬赤帜，独愁大劫到清流。景升儿子终豚犬，帝豫当年亦姓刘。"② 诗句还是涉及了此次日台之行及其历史背景。日寇扰攘中国，使得中原纷乱不堪，小瀛洲既是指日本，日本的侵略致使中国陷入危亡的局面。"诸娘不改唐装束，父老犹思汉冕旒"既是指大陆被占领的区域，也指被割让的台湾岛，"不改唐装束""犹思汉冕旒"象征了同为沦陷区的人们内心与敌抗战的信念，迫切希望中国政府能驱除日寇，收复失地，整顿山河。而"秦关悬赤帜"指中共完成长征建立陕甘宁革命根据地，接着发动西安事变，郁达夫正是接到此消息匆匆回国的。郁达夫抵达了福建厦门后接受了两大报刊的采访，《郁达夫在厦门——本报记者赵璧特写》载 1936 年 12 月 31 日厦门《星光日报》，《世界动态与中国 谈中日文学趋向》载 1936 年 12 月 31 日厦门《江声报》，③ 两篇采访文字郁达夫对此次访台日之行的旅途所感、中日两国的文学发展形势以及台湾问题进行了简单的介绍，关于台湾问题也发表了一定见解。随着新史料《郁达夫先生访问记》的出炉，④ 使得郁达夫的台湾观得以补充，台湾之行所形成的"台湾认识"得以论述，其中郁达夫就台湾问题与记者有如下对话：

---

① 詹亚园：《郁达夫诗词笺注》，上海：上海古籍出版社，2010 年版，第 450 页。
② 同上。
③ 陈子善，王自立：《郁达夫研究资料》，北京：知识产权出版社，2010 年版，第 717 页。
④ 据金传胜考证《郁达夫先生访问记》在《郁达夫研究资料》《郁达夫研究数据索引（1915—2005）》《郁达夫访台史实考订》等郁达夫研究文献，均未收录此文。该文载于 1937 年 4 月 6 日上海《大晚报》第 5 版。作者署名为漠驼，当即王漠驼，此人 30 年代曾在厦门从事新闻与文艺工作，是闽南文艺协会会员。1937 年与蒲风、赵家欣（赵璧）等筹建厦门文化界抗敌后援会。郁达夫于 1936 年 12 月 30 日接受该报采访，据金传胜猜测因为王漠驼与赵璧是好友，因此很可能他们一同采访了郁达夫。载于 1936 年 12 月 31 日厦门《星光日报》由赵璧撰写的采访文章《郁达夫在厦门——本报记者赵璧特写》，与本文访谈文字内容接近，亦可相互佐证。金传胜：《关于郁达夫的两则新史料》，《现代中文学刊》，2016 年第 6 期，第 91—94 页。

问："那么台湾文学如何呢！"

答："台湾文学吗？台湾文学受了政治的高压当然更利害，而且有一个足以使每一个台湾青年都感觉难题的问题，便是用汉文写好呢？或者用日文写好呢？我们知道台湾离开中国的时间太久了，他们汉文的基础当然非常的薄弱，但日本文字呢？因为它是日本的殖民地，殖民地的人民，与日本本国的国民所受的教育程度不同，所以他们的日文程度也很肤浅，因之，虽有好的意思，但都苦于没有表现的工具（即文字），而他们的成就也就可想而知了！不过台湾文学，因为基于一班台湾青年非常吃苦的努力，将来是很有希望的。（停了一会儿郁先生继续说）台湾同胞，对于祖国非常的怀念，尤其一般从祖国跑到该地的人，更时常表现出特别的恳切和热烈，但他们都不敢表现出口，因为日本警察监视得很严密，他们恐怕惹出是非，所以他们的内心非常的痛苦，总之，台湾同胞是无时无日不在想念祖国——想念祖国能将他们从深渊里拯救起来，但祖国呢？祖国太给他们失望了！"[1]

1939 年新加坡星洲时报上刊登《语言与文字》郁达夫写道"中国的所以能保持固有的国家疆域，所以能有一个民族的文化，最重要处，还是有赖于我们的统一的文字。"[2] 但是郁达夫认为"统一不坚强，团结不巩固"的最大原因在于"言语的不统一，文字与言语的不能完全一致。"[3] 甚至认为言语的统一决定这国家统一以及抵抗敌国外患的能力，国家逐渐成为弱小民族也和言语不统一有关，因为两地的言语不统一导致不能互通，他谈到同为中国人也会因为言语不统一而产生争斗。[4] 文言不统一可能导致国家的分裂，因而郁达夫极力强调文言一致的意义。谈到文言一致的历史背景，在日据前期，相对宽松的政治条件下，台湾发生了语言改革与乡土文学论战，语言的论战分为三个时期，第一期为论述形成期（1930—1931）黄石辉、郭秋生为首的台湾话文派，以廖毓文、林克夫、朱点人为首的中国白话文派。第二期为台湾话文优势期（1932）台湾话文即融汇了闽南词汇的汉语，与白话文的区别是文一致而言不同。第三期为中国白话

① 金传胜：《关于郁达夫的两则新史料》，《现代中文学刊》，2016 年第 6 期，第 91—94 页。
② 郁达夫：《语言与文字》，《郁达夫全集·杂文（下）》，浙江：浙江大学出版社，2007 年版，130 页。
③ 同上 130 页。
④ 同上 131 页。

文优势期（1933—1934）中国白话文阵营逐渐扩大壮大，论战形势逆转。[①] 最终以中国白话文阵营逐渐壮大告终，但因为日本殖民统治，"皇民化"运动日益加深，汉文最终遭到全面禁止，故知识分子在把斗争移入语言的努力也不得不全面告停。接下来郁达夫具体谈到了台湾地区被日本殖民的惨状，讲到都德的小说《最后一课》，与普法战争法国战败割让亚尔萨斯·罗伦作模拟，普鲁士占领后全面禁止法语，并强迫当地人学习德语。台湾和亚尔萨斯·罗伦都面临侵占国强制的语言变更，"前三年我在台湾的时候，所亲眼见到的台湾民众在行政当局下令禁止百姓读中文书，禁止日报出中文版的时候的那一种悲惨哀切的情状，现在回想起来，还会得毛发直竖起来。都德写亚尔萨斯·罗伦那一天学校最后授课的情状，与台湾当时的情状来一比较，只觉得他写得还不够悲壮。"[②][③]

综上观之，郁达夫在台湾之行后，继而形成了对台湾整体的观感，对台湾的认识更为深入，在随后发表的台湾相关论述中，主要可归纳为两个要点：

第一，郁达夫抨击日本对台湾地区残忍地殖民统治，并且认识到台湾人一直针对日本的"白色恐怖"做着艰苦的斗争，台湾人把一丝希望寄托于大陆，希望大陆的抗战形势扭转以重新收复台湾，虽然台湾的报刊等已经全面废除汉文，日语成了唯一使用的语言，使得台湾知识分子感到转变语言的困难，但郁达夫看到了台湾青年的团结的向心力，日据时期的台湾文学虽显稚嫩却还大有希望，原因在于台湾与大陆被迫阻隔的时刻，台湾文学界密切关注大陆五四新文化运动及现代文学动态，台湾文学所展现出了不断爬梳、追溯文化源头的努力和自身不断进步的可能性。

第二，郁达夫注意到了台湾语言与文字的问题，且关注到语言与文字在日据台湾的复杂性，汉语与日语、台湾话文（闽南话文）与普通话、文言文与白话文、口语与书面语之间存在着相互角力的过程，包含着文化根源、政治斗争、殖民统治等诸多原因。郁达夫基于对台湾的了解，更为强调文言一致，语言统一对巩固国家政权、抵抗敌国外患的重要意义。郁达夫从某种程度上对台湾话文有所否定，一个原因是他一直以来是站在新文学运动的立场上发扬白话文的，

① 赵勋达：《狂飙时刻——"日治"时代 台湾新文学的高峰期（1930—1937）》，台南：台湾文学馆，2011 年版，21—36 页。

② 郁达夫：《语言与文字》，《郁达夫全集·杂文（下）》，杭州：浙江大学出版社，2007 年版，第 132 页。

③ 郁达夫：《语言与文字》，《郁达夫全集·杂文（下）》，杭州：浙江大学出版社，2007 年版，第 132 页。

作为新文化运动的旗手，自然要大力宣扬白话文。另一方面他还没有全面意识到，台湾话文在一定历史阶段的意义所在，即用台湾话文完成文言一致的工作，虽然台湾话文言语不能完全转化成文字，但因为台湾话文在台湾大众中普及率较高，具有大众效应，故在特殊的历史阶段成了反抗日本"皇民化"的工具，因而台湾话文不能理解为一场"特殊化"运动，而是借语言传播的政治讯息开展台湾民众对日反抗活动。

此时，郁达夫对殖民地台湾已经形成了较为整体的认识，这样的认识是他1936年赴台前后逐渐形成的，体现了他思想脉络的时间轨迹。赴台后，他把论述的重点放在殖民统治和语言问题上，发表了对台湾问题的论述，反映了他对殖民地台湾一贯的高度关注。作为日据时期少数来台的中国现代文学家之一，相较于同时代的大陆文学家，所形成的台湾观更为贴近真实，他的论述虽不能面面俱到，但由日据台湾联系到大陆抗日的活动，以及整个东亚的抗日环境，体现了他论述的深度和广度。

四、结论

1936年郁达夫赴台进行访问，由于台湾地区此时已经沦为日本殖民地，故赴台事件必须联系台湾在地殖民背景，本文将郁达夫访台事件划分为访台前、访台时、访台后，他对台湾的理解也可划分为想象、亲临、回忆三个阶段。访台前其创作的小说《十三夜》里塑造的台湾画家形象，最先开始了他对台湾的想象和认识。郁达夫的短篇小说《十三夜》完成于1930年，早在郁达夫尚未抵达台湾之时，塑造了一位独特的台湾画家人物形象。郁达夫在小说中对台湾的想象书写经过了精雕细琢，聚焦在两方面，一方面是通过"我"的观察来凝视台湾画家的绘画的特色以及其所呈现的性情及身份特征，另一方面是通过描摹台湾画家的亲身经历，与白衣女子的偶遇，以及她的离奇死亡，来展示出画家在思考白衣女子时思想状态和心理情况，割台的历史，殖民剥削体系和台湾社会问题均在小说中有所映像。1936年郁达夫访台恰逢七七事变爆发前夕，在结束了对日本的参观访问后，他随即奔赴台湾，历经半个月时间。相对日本郁达夫在台湾地区只做了短暂的停留，但作为少数在日据时期访问台湾的中国现代作家，此次访问对于中日双方都具有重大意义。郁达夫访台时正是台湾"皇民化"加深的时期，此时他已为福建省省府参议，随着日本近些年逐步解密了战前的官方档，郁达夫研究的新史料也得以浮出水面，郁达夫的在日活动，其实受到日本警方的注意和监视，此次访日台之行是日本文化事业一部分，目的是有助于"日华亲善"的活动。郁达夫在台发表的公开演讲有两篇。一篇是《中国文学的变迁》一篇是《正视跃进之台湾》，他重点关注了两个问题中国传统文化和中国共产化，结合新史料可以知道郁达夫演讲主题的选择和论述的针对性，展现了他面对殖民地台湾地区和日本监视之下的应对方式。接下来在结束访台后，郁达夫依然持续关注台湾问题，论述集中在日本殖民统治和语言上，继而形成了对台湾整体的观感，相比之前对台湾的认识更为深入。本文对新史料进行重点分析，《郁达夫先生访问记》和《语言与文字》目光聚集到日本对台残忍的殖民统治以及台湾的语言问题上，一方面，郁达夫肯定了台湾人面对日本殖民统治时所做出的艰苦的斗争，另一方面他虽未看到台湾语言及文字的复杂性，但他依然强调文言一致对形成近代国家的意义，因为在他看来中国之所以能保持固有的国家疆域，在于一个民族的文化，而文化的凝聚有赖于统一的文字，言语的统一决定国家统一，以及抵抗敌国外患的能力。

法律分论坛优秀论文

台湾地区参加世界卫生大会的控制机制研究

金双双[*]

一、问题的提出

2018 年 5 月 21 日，第 72 届世界卫生大会在瑞士日内瓦召开，由于蔡英文当局一直不承认"九二共识"，破坏两岸互信，今年台湾地区依旧未获得来自世界卫生大会（以下简称大会）的邀请函，无法以观察员身份继续参加大会。为此台湾当局在瑞士日内瓦会场外表示抗议，并鼓动 15 个所谓的"邦交国"向大会提案，要求将"邀请台湾地区作为观察员参加大会"列入议程，由于世界卫生组织（以下简称世卫组织）坚持一个中国原则，相关提案遭大会否决。

2009 年 5 月，台湾地区第一次以观察员身份出席大会，是其 60 年来首次成功参与世卫组织的活动。在此之后台湾地区又连续 7 年获邀以观察员身份参加大会，这一实践具有重要意义。但是，2016 年民进党主席蔡英文当选为台湾地区领导人后，台湾地区未再获邀，打破了连续参加大会的可能。

纵观台湾地区 8 次参加大会的实践，可以发现，台湾地区在大会中的参与程度越来越深，讨论的议题数量逐渐增加，不仅充分行使观察员身份，同时还在会议之外开展大量双边活动，有可能突破以观察员身份参与卫生活动的限制，具有政治意涵，值得我们重视。为了全面把握台湾地区参加大会的情况，大陆方面须控制台湾地区的参与方式及程度，在国际组织既有规定的基础上，从法律角度设置统一的控制机制，规定参加前提、参加身份及权利义务，一方面预防台湾当局的"小动作"，另一方为台湾地区合情合理地参与国际组织活动提供空间。

---

　　* 作者简介：金双双，两岸关系和平发展协同创新中心、厦门大学台湾研究院法律研究所硕士研究生。

二、台湾地区参加世界卫生大会实践

台湾当局一直致力于通过"参与国际组织活动"达到拓展"国际空间"的目的，根据台湾地区行政部门的统计，截至 2018 年 6 月，台湾地区共参与 58 个政府间"国际"组织或其下属机构，在 37 个国际组织中拥有会员身份，以观察员身份参与 15 个国际组织，以其他身份参与 6 个国际组织。① 除联合国系统内的国际组织外，台湾地区在其他国际组织中有一定的参与度。尽管台湾地区已参与到众多国际组织中，但联合国系统内的国际组织始终是其难以进入的"圣地"。自李登辉执政以来，台湾当局就不断要求其"邦交国"向联合国大会提交关于台湾当局"加入"或"重返"联合国的议案。但是由于国际社会对一个中国原则的坚持，台湾当局一直未实现参与联合国的"愿望"。在"参与联合国"受挫后，台湾当局开始把精力放在与联合国有关的周边组织上，这其中就包括联合国专门机构之一———世界卫生组织。

（一）1997—2008：渴求加入世界卫生大会

台湾地区参与世界卫生组织活动带有多种目的，政治上，自 1993 年起，台湾当局正式着手"重返联合国"，但效果不尽如人意，再加上台海危机的爆发，使得"重返联合国"之路愈加艰难，于是便转向具有功能性的联合国专门机构，企图通过专门机构叩开联合国的大门。台湾当局意识到，世卫组织虽是联合国的专门机构，处理的却是涉及人类健康和福祉的基本事项，如果将他作为"敲门砖"和"突破口"来推动"参与联合国"活动，有一定的欺骗性和隐蔽性。② 大会作为世卫组织的最高权力机构，若能参与其中就可以与世界上的主要国家一同参会，不仅能为其提供与这些国家交流的机会，更能展现"台湾地区是国际社会成员"的事实，因此，参与世卫组织活动是台湾当局的"曲线救国"之道。并且期望通过世卫组织扩展"国际空间"，在政府间"国际"组织平台上争取一席之地，借此向世界传达台湾地区的声音。

卫生事业上，首先，台湾地区自身医疗卫生事业较发达，不仅能为台湾居

---

① 参见台湾地区"外交部"网站，https://www.mofa.gov.tw/igo/cp.aspx?n=ded5dab0d6c7bed6，最后访问时间：2018 年 3 月 24 日。

② 刘国深：《台湾政治概论》，北京：九州出版社，2006 年版，第 265 页。

民提供较好的医疗服务，还能够为医疗水平较差的地区提供支援，为世界卫生事业做出一定的贡献。其次，台湾地区确有获取与世界卫生事业发展同步的需求，如2003年SARS爆发后，传播到台湾地区，由于其当时与世卫组织无联络，使得很多重要信息未及时到达，确实在一定程度上影响了治疗进度，造成损失。

无论是追求政治上的利益还是为了推动卫生事业的发展，台湾地区都渴望能参与世卫组织活动，因此1997年时任台湾地区"外交部长"的章孝严致函世卫组织干事长，首次提出以观察员身份参与世卫组织活动，并要求其"友邦"在大会上提出邀请"中华民国"以观察员身份参加大会的提案，但该提案未列入大会议程。此后每年都有关于邀请台湾地区参加大会的提案，却始终没有成为大会讨论的事项。2002年之后，时任台湾地区领导人陈水扁加紧推行"烽火外交"政策，美国、日本等国以及欧洲议会纷纷表示支持台湾地区以观察员身份参加大会，特别是SARS席卷全球并且波及台湾后，台湾当局以此为由加紧了申请的步伐，不断在国际上发声，但是直至2008年该主张一直未得到支持。

（二）2009—2016：参加大会并连续8年成为观察员

2008年，国民党主席马英九当选为台湾地区领导人，由于他在两岸关系上推行"外交休兵"政策，承认"九二共识"，愿意在一个中国原则下处理台湾地区的"国际空间"问题，使得两岸关系回暖。在这样的前提下，大陆方面对台湾地区拓展"国际空间"释放善意，欲求合情合理地解决该问题。2009年1月，世卫组织将台湾地区纳入"国际卫生条例"，大陆方面对此未明确表示反对，预示着大陆在台湾地区参与世卫组织活动问题上持积极态度。

2009年5月时任世卫组织干事长陈冯富珍直接致函台湾当局卫生行政部门负责人叶金川，邀请台湾地区以"中华台北"名义并以观察员身份参加第62届大会，结束了台湾当局12年的申请之路，也是38年来台湾地区首次参与到联合国体系下的正式活动中，成为台湾地区在国际舞台上最重要的突破。[①]

2009年之后，台湾地区连续7年获得世卫组织的邀请，以观察员身份参加大会，但是这并不意味着其已成为大会的常任观察员，事实上大会未设置常任

---

① 童立群：《2009年台湾对外关系综述》，《现代台湾研究》，2009年第6期，第2页。

观察员，每一个观察员都需要世卫组织逐年邀请才可参加大会。因此，在这 8 年期间，台湾当局每年都会收到来自世卫组织干事长发出的邀请函，邀请函的措辞可以反映出世卫组织对台湾地区地位的态度。2009 年至 2015 年的邀请函内容基本相同，世卫组织在一个中国原则下，称台湾地区为中华台北（Chinese Taipei），邀请台湾地区以观察员身份参加大会，台湾当局也欣然接受邀请，每年都及时赴会。可以说前 7 年，两岸在和平共处的前提下创造了参加大会的共赢局面。2016 年大会在蔡英文刚上台后不久召开，世卫组织为了强调坚持一个中国原则，在邀请函正文中首次重申联合国大会第 2758 号决议和大会第 25.1 号决议，[①] 表明台湾地区必须在此前提下参加大会。[②] 台湾当局虽对该邀请函的措辞表示严正抗议，但未放弃此次机会，在实质重于形式的思想指导下，台湾当局更重视参加这一事实，仍如约赴会。

（三）8 年观察员实践总结

台湾地区历年都是通过世卫组织干事长的邀请，以观察员身份参加大会，这一身份未曾改变。每年代表团的组成人数基本相同，但是人员构成有所改变。2009 年第一次参加大会时，台湾地区组成的代表团中绝大部分是卫生部门的工作人员，还有医疗方面的专家。[③] 除此之外，"立法机构"负责"外交事务"的常设机构也派出代表随行，观察代表团的工作。然而，到了 2012 年，台湾地区第四次参加大会时，参与成员中出现了各政党的民意代表，国民党、民进党、"台湾团结联盟"及亲民党各推派一人成为代表团成员，共同前往日内瓦参会。[④] 2016 年，除代表团人员外，台湾地区还选派媒体记者和民间卫生团体，随团一起参加大会。

根据台湾地区卫生行政部门的总结报告，卫生行政部门负责人每年都在大会上就会议主题发表演讲，强调台湾地区愿为世界卫生事业作出贡献并宣

---

① 世界卫生大会第 25.1 号决议主要内容：第二十五届世界卫生大会谨记一九七一年十月二十五日 联合国大会第 2758 号决议文 …… 承认中华人民共和国政府为中国在联合国之唯一合法代表 …… 执委会在 EB49.R37 决议文中已建议世界卫生大会应承认中华人民共和国为唯一有权在世界卫生组织中代表中国的政府，决定恢复中华人民共和国的所有权利，并承认其政府的代表是中国在世界卫生组织之唯一合法政府，并即刻将蒋介石的代表从世界卫生组织所非正当占据的席位逐出。

② 世界卫生大会邀请函 中英文对照，http://www.chinatimes.com/realtimenews/20160509005223-260407，最后访问时间：2018 年 5 月 5 日。

③ 2009 年台湾地区"立法机构"公报第 98 卷第 38 期委员会记录。

④ 2012 年台湾地区"立法机构"公报第 101 卷第 32 期院会记录。

传其获得的医疗卫生成就。除大会外，各个委员会的技术性会议也是台湾地区的参与重点，代表团每年都会选择与其相关的议题参与讨论，和其他国家和地区积极开展交流，了解现今世界先进的卫生技术及卫生策略的发展趋势，贡献台湾地区在该领域的智慧与经验。如，2012 年第 65 届大会，台湾地区参与了 16 项技术性会议，议题包括"执行国际卫生条例（2005）""全球大型集会活动对全球卫生安全影响"等。[①] 与会期间台湾地区代表还积极参加大会相关的周边专业技术会议，就成员间关心的专门议题通过会议的形式交流意见。

值得注意的是，台湾当局利用参加大会的机会，和众多与会国开展大量会谈，这其中不仅包括台湾当局所谓的"邦交国"，还有大量"非邦交国"及其他重要的国际组织。如，自台湾地区第一次参会以来，美国、日本、欧盟是其每年必会开展交流的对象。大会期间举行的各种酒会，接受外国媒体的专访亦是台湾当局热衷于参与的活动，并借此增加与其他国家的交流机会。

三、台湾地区在世界卫生大会实践的特征

纵观台湾地区 8 年实践，在大会的有关规定下，其充分利用观察员身份，参与到大会内外的各项活动中，并自愿履行一定义务，已经形成其特有的特征。

（一）身份单一、逐年邀请、组成人员身份多样

自台湾地区 2009 年首次参加大会以来，8 次实践均是以观察员身份出席大会，身份始终如一，即使是在两岸关系缓和期间，也未以其他身份直接参与世卫组织活动。这一情况与世卫组织的成员设置有关，根据《世界卫生组织组织法》（以下简称《组织法》）的规定，世卫组织只有会员与副会员两种成员身份，由于会员必须是主权国家，副会员一般为自治领土或自治邦且须宗主国代为申请才有可能获得资格，因此，台湾地区客观上无法成为世卫组织的成员或副会员。

根据对大会实践的总结，成为观察员有两种途径：一是直接由世卫组织干

---

① 《专业参与第 65 届世界卫生大会，我代表团于 WHA 之技术会议（A 委员会）踊跃发言，展现我防疫量能，积极贡献国际社会》，https://www.mohw.gov.tw/cp-3159-24378-1.html，最后访问时间：2018 年 5 月 8 日。

事长邀请，如1953年教廷被干事长邀请成为大会观察员。二是以大会决议的方式邀请，大会曾于1974年通过决议准许民族解放运动成为观察员，巴勒斯坦解放组织正是在此基础上于1975年成为大会观察员。无论获邀方式为何，大会观察员均是一年一邀请。台湾地区成为大会观察员是通过干事长直接邀请的方式，也需逐年邀请，因此每年5月份都是台湾当局极为紧张的时刻。由于大会未设置常任观察员，台湾地区意图通过多次参加转为永久参加的希冀无法实现，2016年其未获得邀请便是最好的证明。

台湾地区历年参与的人员组成从仅有卫生行政部门的工作人员及医疗专家，到增加政党民意代表，最后甚至携带上媒体记者及民间团体。参与人员身份的多样化表明台湾当局希望通过大会，多方位展现其作为国际社会成员的存在感。

（二）历年大会发言 议题数量攀升

自台湾地区参加大会以来，每年都获得就大会主题发表演讲的机会，事实上，并不是所有参会者都有机会在大会上做主题发言，这一殊荣对台湾当局来说意义非凡，不仅体现大会对台湾地区的重视，也能为其提供展现的机会。

在技术性委员会中越来越活跃，是台湾地区深入参加大会的表现。从数量上看，2009年，台湾地区初次参加大会时仅就两项议题在技术性委员会上发言。经过首次尝试后，在第二年即第63届大会上，台湾地区参与的议题数量增加到15项，2014年突破20大关，为25项，到2016年发言的议题总数达到30项，参与度大大提升。[1]虽然台湾地区8年间参与的技术性会议总量不大，但基本呈逐年上升趋势，体现了台湾地区越来越重视技术性会议的参与。

---

① 台湾地区卫生行政部门：《"'我国'参与2016年世界卫生大会（WHA）之成果检讨与展望"报告》。

图 1 台湾地区 2009 年—2016 年 WHA 技术性委员会会议发言次数

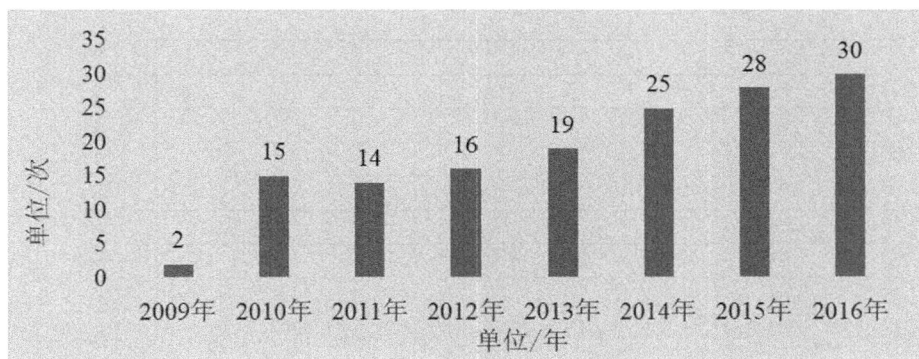

注：图表数据来自台湾地区卫生行政部门：《参与 2016 年世界卫生大会（WHA）之成果检讨与展望》报告。

（三）广泛开展会场外活动

双边会谈是台湾地区另一项积极推进的活动，目前大会的成员国已达 194 个，在大会期间台湾地区代表有机会接触到世界上绝大多数国家，且大会并未禁止观察员开展双边交流，因此，台湾当局利用这一机会与所谓的"邦交国"、特别是非"邦交国"多方位进行接触。从数据统计来看，2009 年台湾地区仅开展 6 场会谈，2010 年甚至只有 5 场。但是 2011 年以后，会谈数量增加较快，2014 年激增为 58 场，2016 年则达到顶峰，共开展 59 场会谈，[1] 而这只是台湾当局公布的数据，背后开展的对谈可能更多。

从数量上看，台湾地区参与的双方会谈远超技术性会议，在通过前期尝试后，后期会谈数量大幅度增加，可见双方会谈更符合台湾当局的需求。尽管从官方资料来看，双方会谈的议题都围绕着医疗卫生展开，双方与会的均是卫生部门工作人员，但是具体讨论事项为何，我们无从得知。特别是在"外交"酒会这样的场合中，台湾地区代表能与其他国家的相关人士自由且隐秘的交流，这是作为观察员的绝佳福利，[2] 也是台湾当局极力想要争取参与国际组织活动的重要原因之一。

---

① 台湾地区卫生行政部门：《参与 2016 年世界卫生大会（WHA）之成果检讨与展望》报告。

② E. Suy, "The States of Observers in International Organizations", *Recueil Des Cours* ,1978, pp:146-147.

图 2 台湾地区 2009 年—2016 年双方会谈场次

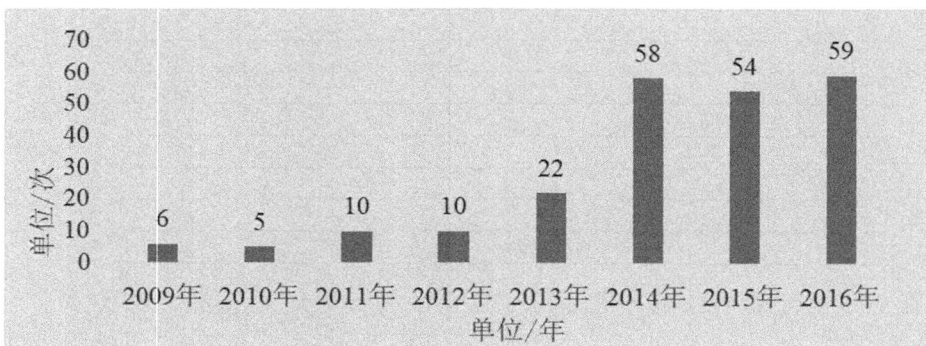

注：图表数据来自台湾地区卫生行政部门：《参与 2016 年世界卫生大会（WHA）之成果检讨与展望报告》。

四、台湾地区未来参加世界卫生大会的控制机制安排

2016 年之前台湾地区参与国际组织活动是建立在两岸互信的基础上，大陆方面希望灵活地处理这一问题，未设置明确的前提与参加要求。但是，若仔细分析其参加实践则会发现，台湾地区的某些行为可能超越了大会观察员身份应遵守的界限，透露出"危险"信号。并且，在大会期间，大陆方面无法完全掌握台湾当局的行动，若其从事的活动可能影响两岸关系，则与帮助其参加大会的初衷相违背，甚至挑战一中原则。因此，若能对其参加设置前提，就参加身份、权利义务做出相对统一但不失灵活的安排，不仅能在处理台湾地区参与国际组织活动上随机应变，掌握其行动范围，也能在符合《中华人民共和国宪法》以及《反分裂国家法》的前提下，①② 满足台湾地区的参与要求，以实现合情合理地参加大会。

（一）8 年实践的潜在危险

台湾地区的实践表明，参加大会进而逐步寻求适当的契机进入世卫组织是台湾当局的重要目标，利用世卫组织这一政府间国际组织平台发展更大的"国

---

① 《中华人民共和国宪法》序言第 9 段：台湾是中华人民共和国的神圣领土的一部分。完成统一祖国的大业是包括台湾同胞在内的全中国人民的神圣职责。

② 《反分裂国家法》第 6 条第 1 款第 1 项：国家采取下列措施，维护台湾海峡地区和平稳定，发展两岸关系：（五）鼓励和推动有利于维护台湾海峡地区和平稳定、发展两岸关系的其他活动。

际空间",让国际社会听到台湾的声音,凸显其"独立性",是台湾当局的更高目标。

台湾地区民意代表在就 2011 年参加第 64 届大会的报告中明确提到其参加大会的政治目的,直观地展现了台湾当局的"野心"。

1. 通过参加大会,并在会上发言,彰显台湾地区为"国际社会的一员",与世卫组织会员国平等地参加大会各项议程,并且利用新闻媒体,向世界宣传台湾地区的参加情况,增强在国际上的曝光度,朝着"独立"的方向迈进。参加大会看似简单实则暗藏玄机,身处在会议之内,观察员便能够和与会代表交流,从而有机会在某些问题上影响他们的想法。[①]

2. 利用参与会外活动的机会,积极拓展国际参与空间。台湾地区在大会期间另一重要目的就是开展双方会谈,世卫组织未对这种行为做出规范,表面上这样的行为有利于双方卫生事业发展,但实际上由于双方会谈具有隐秘性和随时性,第三人无法得知双方会谈的内容。且"台湾当局"每年都会固定地与美国、日本、欧盟等开展会谈,不免怀疑台湾地区推崇这一交流模式的原因为何,双方交流的话题是否已涉及政治内容。特别是参与人员中增加政党代表后,这一行为更加需要引起重视。除了双方会谈外,各种"外交"酒会也是台湾地区热衷参与的活动。在这种较自由的场合中,台湾当局代表能随时与其他与会代表交流、谈话,自主性更高,也更易涉及敏感话题。

3. 意图将"世卫大会模式"推广至联合国。台湾地区卫生部门负责人曾公开在大会上表示,希望世卫组织为其促成"世卫大会模式",此一模式为:以中华台北(Chinese Taipei)的名义,由行政部门负责人带队,以观察员身份,出席大会。台湾当局认为虽然这一模式未尽如人意,但大致可以接受,其所面对的问题是如何先把此一模式比照推广及于全部世卫组织有关活动,再将之推广到其他联合国专门机构。[②]参加大会只是台湾当局走向联合国的第一步,其最终目标依旧是利用世卫组织的平台叩开联合国的大门,宣扬其在国际社会中的地位。

事实上,大会观察员的产生及权利义务均在实践中产生,无成文规范,[③]因

---

① 李露:《国际组织中的观察员制度——以 WTO 为中心的考察》,《国际经济法学刊》,2006 年第 4 期,第 125—127 页。

② 2011 年台湾地区"立法机构"公报第 100 卷第 50 期委员会记录。

③ Gian Luca Burci、Claude-Henri Vignes. *World Health Organization*[M].Kluwer Law International, 2004:p38

此台湾地区在大会中享有何种权利，参与什么活动可凭实践创造。在这样的前提下，世卫组织和大陆方面无法有效监控台湾当局的某些行为，使得其有关活动难免超出权利范围，可能会直接挑战两岸关系。

（二）参加前提

台湾地区"参与国际组织活动"必须遵守一个中国原则，其在大会的实践体现了这一要求。但是，在成功参加之后，台湾当局仍认为自己是一个"独立的国家"，认为中华台北（Chinese Taipei）身份及世卫组织邀请函措辞表明其"独立"身份。虽然台湾当局对2016年第69届大会的邀请函表示强烈不满，但未因一个中国原则的提出而直接拒绝参会，因此，相关共识或法律文件不管是否明确提及，均是处理台湾地区参与世卫组织活动需遵守的前提。

1. 一个中国原则

两岸关系无疑是影响台湾地区国际空间的重要因素，台湾地区作为中国的一部分，只能在有特殊安排的情况下才能以适当身份参与国际组织活动。台湾当局极力想要参与联合国系统内的政府间国际组织活动，甚至一度主张"加入"或"重返"联合国，最终都无功而返，究其原因是台湾当局未认清自身地位，欲打破一个中国原则。[①]台湾当局若想在国际社会提高参与度难以离开大陆方面的帮助，参与世卫组织活动的实践，就是最佳例证。因此，一个中国原则是台湾当局参与一切国际组织活动的前提和底线，在此基础上，两岸关系才能朝着和平稳定的方向发展，这反过来有利于台湾当局更多地参与到国际组织活动中。

2. 联合国大会第2758号决议

1971年联合国第26届大会通过了由阿尔巴尼亚、阿尔及利亚等23国提出的一份关于恢复中华人民共和国在联合国的合法权利，承认中华人民共和国政府的代表是中国在联合国组织的唯一合法代表的提案。据此，台湾地区某些人士主张台湾当局已被联合国驱逐，其在联合国无代表，以此要求"加入"或"重返"联合国，这种说法无法理依据。尽管提案文字上未直接表示台湾是中国的一部分，但从各会员国的争论中可以发现，与会国都认识到该提案要解决的不是联合国会员国问题，而是一会员国应由哪个政府代表的问题，本质上未涉

---

① 董川：《台湾地区参与联合国专门机构的可行性探讨》，北京语言大学，2009年论文，第31—32页。

及中国的领土变更，因而无须在该决议声明台湾的地位。[①] 由于台湾始终都是中国的一部分，其无权成为联合国会员。

2016 年世卫组织发出的邀请函上明确写明基于第 2758 号决议中的一个中国原则，在此前提下邀请台湾地区参加大会。由此可见，2758 号决议可以成为台湾地区作为中国的一部分参加大会的国际法基础，并且从该号决议的文本内容可以得知，该决议不仅恢复中华人民共和国在联合国的合法席位，还包括所有与联合国有关联的组织，[②] 这其中当然包括联合国的专门机构——世卫组织。1972 年，大会通过第 25.1 号决议，承认中华人民共和国为唯一有权在世卫组织中代表中国的政府，恢复其所有权利。世卫组织与联合国同步恢复中华人民共和国的代表权，体现了第 2758 号决议的精神。这些国际组织的决议均是其在处理台湾地区参与问题时必须恪守的法律文件，因而，台湾当局若想单方面寻求突破难以达到目标。

3. 大陆方面与世卫组织签订的谅解备忘录

早在 2005 年，大陆方面与世卫组织就台湾地区的参与问题达成谅解备忘录，备忘录约定，世卫组织秘书处邀请台湾地区参与世卫组织技术性活动时，必须在实际会议前 5 周告知中国驻日内瓦代表团，由其转交卫生部并附上台湾出席专家姓名，大陆方面在两周内决定台湾当局是否可派员参加。[③] 虽然该谅解备忘录只涉及技术性活动，但表明大陆方面有能力通过与国际组织协商，为台湾地区的参与设置报告程序，世卫组织必须遵循这一谅解备忘录，及时向大陆方面报告台湾当局的动态。

4. 世卫组织发布的行为准则

在台湾地区两次参加大会后，世卫组织总干事于 2011 年在组织内部向会员国发送一份名为《世卫条例对中国台湾省之执行作业准则》（以下简称《准则》）的文件，在该文件中世卫组织明确将台湾称为中国之一省，要求所有会员国只要收到来自台北的公文讯息，无论内容为何，都要立刻将其转交世卫秘书处的联络点，不得做出任何回应。若要在世卫出版品或文件上出现来自台湾官方或

[①] See Official Records of the General Assembly, Twenty-Sixth Session（A/PV. 1966），1966th Plenary Meeting, Monday, 18 October 1971, paras. 23- 26, para. 29, pp:4-5.

[②] 联合国正式文件：联合国第 2758 号决议，http://www.un.org/zh/documents/view_doc. asp?symbol=A/RES/2758（XXVI），最后访问时间 2018 年 5 月 21 日。

[③] 裘兆琳：《"我国"参与世界卫生组织之策略演变与美国角色分析：一九九七至二〇〇九》，《欧美研究》，2010 年第 40 期，第 441 页。

联络点的文件或讯息，需经过许可。且印刷或电子版本须使用中国台湾省的名称，归档于中国之下，不得视台湾为另外的国家。[①]尽管这一准则只适用于世卫条例项目下，但表示世卫组织在其内部明确台湾地区为中国的一部分，其在处理有关台湾地区的问题时将严守这一前提，并且所有会员国都必须执行。

（三）参加身份——观察员

1. 世卫组织成员身份简介

会员是世卫组织最典型也是享有权利最多的一种身份，《组织法》第4条至第6条提到成为组织会员的三种方式，[②]第一种方式针对已经成为联合国会员国的国家，可直接依据《组织法》及申请国本国的宪法程序成为会员。第二种方式适用于出席过1946年在纽约举行的国际卫生会议的国家，可通过《组织法》及该国的宪法程序成为会员。若一国既不是联合国会员国又未出席1946年在纽约举行的国际卫生会议，则需要向世卫组织提出申请，经大会会员过半数批准后成为会员。

副会员是世卫组织的另一种成员，根据《组织法》第8条的规定，[③]副会员可由本身不负国际关系行为责任的领土或各组领土，在会员国或对各该领土负责的主管当局代表申请经大会允许后当选。目前，世卫组织有两个副会员，分别为由美国代为申请的波多黎各和由新西兰代为申请的托克劳群岛。[④]从现有的实践看，副会员为宗主国的自治邦或自治领土。

世卫组织本身没有观察员的规定，但是大会多年来都邀请观察员参加。《世

---

① 世卫密件曝光 我列中国一省，http://news.ltn.com.tw/news/focus/paper/490829，最后访问时间：2018年5月11日。

② 《世界卫生组织法》第4条：联合国会员国，依第十九章规定，并依其本国宪法程序，签订或以其他方式接受本组织法者，得为本组织会员国。第5条：凡被柬邀委派观察员出席一九四六年于纽约举行之国际卫生会议之国家，依第十九章规定并依其本国宪法程序，签订或以其他方法接受本组织法者，得为本组织会员国。但签订或接受本组织法应于卫生大会第一届开会前为之。第6条：未依第四条与第五条规定加入为会员国之国家，得申请加入。其申请经由卫生大会过半数票批准后，即得加入为会员国，但以不违背根据第十六章业经通过之联合国与本组织所订之协定为限。

③ 《世界卫生组织法》第8条：领土或各组领土，其本身不负国际关系行为责任者，经会员国或对各该领土负责之主管当局代表申请，得由卫生大会准其加入为副会员。副会员出席卫生大会代表之资格，应为卫生专门技术人才，并应为该当地土著。副会员权利与义务之性质与范围应由卫生大会予以决定。

④ 裘兆琳：《"我国"参与世界卫生组织之策略演变与美国角色分析：一九九七至二〇〇九》，《欧美研究》2010年第40期，437页。

界卫生大会议事规则》(以下简称《大会议事规则》)第3条规定的观察员是指还没有成为世卫组织正式会员、副会员的国家,可以临时观察员身份参加大会。[①] 台湾地区的实践则属于半常设观察员,这类观察员适用于那些未提出会员或副会员申请或者无法成为会员或副会员,但又需要参与到世卫组织活动中的参与者。目前,这类观察员有三种类型:(1)国家观察员,如教廷;(2)非国家观察员,如巴列斯坦解放组织和马耳他骑士团;(3)非政府间国际组织,如国际红十字会、各国议会联盟。

整个世卫组织的法律文件中没有关于观察员产生的直接规定,由于国际组织的实践往往可以突破法规的限制,创造出为后人所遵循的习惯,国际组织的实践已成为国际组织规范中重要的一部分。[②] 因此,与联合国一样,大会的观察员制度完全依靠组织实践产生并在实践中逐渐形成和完善,[③] 这也为台湾地区能够以观察员身份参加大会提供了机会。

2. 台湾地区可成为观察员的理由

台湾地区自始至终都要求以观察员身份参加大会,且其实践符合这一要求,大会观察员是最适合台湾地区的身份。首先,台湾地区不是主权独立的国家,无法成为世卫组织的会员。按照目前两岸关系现状,台湾当局自然不会同意大陆方面代其向世卫组织申请成为副会员,因为这样就间接表示其完全承认台湾地区是中国的一部分,可操作性低。其次,观察员具有低政治敏感性,对主体身份无要求,避免涉及两岸定位的讨论;再次,大会无规范观察员实体及程序权利的成文文件,操作空间大,即使台湾地区不符合大会历来观察员的属性,也可以为台湾地区创造新的实践。最后,观察员身份虽不享有决议表决权等重要权利,但能参加大多数会议,获取一般文件,能够保证台湾地区及时了解世界卫生事业的发展,满足其要求。综上,观察员是最适合台湾地区的参加身份,并且已有8年的实践经验可参考。

---

① 参见《世界卫生大会议事规则》第3条:召集卫生大会的通知,应由总干事在例会确定的会期六十天前、或特别会议会期三十天前,送交各会员国及准会员、执行委员会代表,以及所有邀请参加会议的本组织建立关系的政府间组织及非政府间组织。总干事可邀请已提出会籍申请的国家、已代为申请为准会员的领地、以及虽经签署但尚未接受组织法的国家,派观察员出席卫生大会的会议。

② 高圣惕:《台湾与世界卫生组织》,《政大法学评论》,2013年第133期,第171页。

③ A.Glenn Mower, "Observer Countries: Quasi Members of the United Nations", *International Organizations*, 1966,pp270-271.

（四）台湾地区成为观察员的权利义务安排

在上述前提之下，结合台湾地区已有的实践，应逐一讨论其参加大会的权利义务，为合理安排做更细致的考量。

1. 当然遵守观察员的权利、义务

虽然观察员受身份限制不能完全地参加大会的各项活动，但仍享有较多的权利。首先，作为大会观察员当然可以参加大会并在其中发言讨论，取得大会的一般文件。但对大会事项没有表决权，这是观察员身份最大的特征。观察员可以在会议中陈述和回答与其有关的问题。然而，在大会中，上述权益在实际享受时有所限制，需大会主席、干事长邀请或许可并经大会或委员会同意。① 其次，观察员可出席或主办世卫组织除大会以外的相关会议，如可频繁地参加专业技术会议。最后，观察员必须由干事长邀请才能出席执行委员会，但并不是所有观察员都能参与每一场执行委员会，视会议内容的不同而有所区别。② 上述一般观察员享有的权利，台湾地区作为观察员当然享有，并可在实践中有所调整。

观察员应履行的义务也不明确，但是台湾地区历次参会都会在主题发言中分享其在医疗卫生领域的经验，为世界卫生事业贡献台湾智慧。今后，台湾地区可继续自愿履行这一义务。应当提出的是，一个中国原则是台湾地区参加大会的前提也是必须履行的义务。

2. 开展会场外活动的安排

大会对观察员开展会谈、参加酒会无明文规定也无成型的实践可循，由于台湾地区在实践中热衷于参与该类活动，并且可能涉及敏感话题，触及两岸关系的底线。为了保证台湾地区的正常活动，又避免其行为触碰敏感话题，首先，大陆方面可与世卫组织协商，由世卫组织向所有会员国发出声明，要求其遵守大会第 25.1 号决议和《准则》，从会员国方面控制会谈内容。其次，既然大会将台湾地区纳为观察员，就需要对其行为进行监督和制衡，可对台湾地区在会外开展的活动进行监督和记录，将议题严格控制在卫生领域。

3. 特权与豁免设定

---

① 《世界卫生大会议事规则》第 47 条：可邀请按组织法第 71 条已做出磋商及合作安排的非政府组织代表出席全体会议及主要委员会会议，根据所述安排、并分别经卫生大会主席或主要委员会主席邀请，得参加会议，但无表决权。

② 邱亚文，曾钰君，黄静宜：《WHA 观察员与 WHO 之互动分析》，《台湾公共卫生杂志》，2010 年第 29 期，第 458—459 页。

台湾地区参与世卫组织活动必然会面临相关人员在外国的人身保护问题，但《联合国专门机构特权与豁免公约》未涉及观察员，观察员的特权与豁免目前也无成文法规可循。因此，大陆可与世卫组织在这一事项上进行协商，参照《联合国专门机构特权与豁免公约》——《附件七世卫组织》的规定，约定台湾地区代表人员在以观察员身份出席大会期间，在世卫组织可享有的特权与豁免内容。台湾地区的观察员身份需逐年邀请，相关人员只能在其作为观察员出席活动时才享有特权与豁免，因此台湾地区只能享有履行职务时的功能性豁免，不能延伸至大会活动以外的行为。[1] 通过协商可以明晰台湾地区的权利及范围，防止其在实际参与中超越界限。若台湾当局企图利用特权发展其他活动，破坏大陆与世卫组织达成的共识，则大陆方面有权撤销特权与豁免的规定。

（五）符合国际组织的规定及选择

台湾当局一直意图以会员身份参与政府间国际组织活动，借此显示其"独立"地位，但这一目的难以实现，主要原因之一是国际组织章程的规定。如，《组织法》明确要求只有主权国家才能成为会员，排除其他实体参与的可能。当然，若想让台湾地区以会员身份加入，可以通过修改《组织法》实现这一目的，但由于世卫组织坚守一个中国原则，台湾地区作为中国的一部分，其必定会阻止台湾地区成为会员。

到 21 世纪，国际组织日益成为国际舞台上重要的成员之一，且具有越来越强的独立性和自主性。尽管国际组织的权利义务以成员间达成的协议为基础，并取决于该组织特定的目的和职能。但是，根据国际法上"没有禁止则为允许"的解释方法，若国际组织为了执行章程未规定，但与其宗旨相关的职能时，其可享有"暗含权力"，即组织章程没有明确规定的权力。[2] 台湾地区能够获得观察员身份，正是世卫组织发挥主观能动性，运用隐含权力的结果。因为大会的观察员制度由实践发展而成，意味着大会在观察员的选择上，有很大的决定权。这一决定权主要体现在世卫组织干事长身上，他一向认为，根据《大会议事规则》第 3 条的类推适用，他具有核发观察员邀请函并附加限制条件的裁量权，

---

[1]　Grabowska Genowefa, Observers of States in International Organizational of a Universal Character, *Polish Yearbook of International Law*, Vol.10, 1979-1980，pp252-254.

[2]　白桂梅:《国际法（第二版）》，北京：北京大学出版社，2010 年版，第 518 页。

无须征询大会的意见。[①] 因此，台湾地区能成功作为大会观察员，是世卫组织时任干事长陈冯富珍和大会的权力和选择，未来的实践更需要国际组织运用其权力，为台湾地区在合理的范围内创造新的实践，并且限制台湾地区逾越红线，违反一个中国原则。

五、结论

八年的大会观察员实践既满足了台湾地区参与国际组织活动的愿望，也促进了两岸关系的发展，表面上是双方和解的结果，实际上，台湾地区的实践隐藏着危机，大陆方面的监管并未消除其利用国际组织平台表达"独立"意愿的可能，特别是其在会场外的行为。因此，为了能够合情合理地安排台湾地区参加大会，为其创造可能的模式，应当首先确定前提条件，即在一个中国原则的指导下，在国际组织章程和实践的指引下，结合各项法律文件及台湾地区的特殊性，以观察员身份参加，享有权利、履行义务。在这样的安排下，也许能为两岸探索出一条解决台湾地区参加大会、参与国际组织活动的可行之路。

---

① Gian Luca Burci、Claude-Henri Vignes. *World Health Organization*.Kluwer Law International, 2004:p38

台湾地区发动新一轮"宪政改革"的理论预判

祝 捷 苏 怡*

2018年，在党的十九大中，习近平总书记针对两岸关系现状重申了一个中国原则是两岸关系的政治基础，"九二共识"是确保两岸关系和平发展的关键。总书记在十三届人大一次会议上也表示，维护国家主权和领土完整，实现祖国完全统一，是全体中华儿女共同愿望，是中华民族根本利益所在。在这个民族大义和历史潮流面前，一切分裂祖国的行径和伎俩都注定要失败，都会受到人民的谴责和历史的惩罚。② 众所周知，促进两岸关系和平发展是海峡两岸同胞的共同心愿，但一直以来，台湾地区政党斗争始终将统"独"作为政治动员的重要手段。近年来，"台独"分子实施"台独"的方式呈现出多样化、隐蔽化的特点，从早期的政治、文化等活动范围逐渐过渡到法理层面，以满足台湾人民正常法治诉求为目标的"修宪"成为"台独"分子实现"法理台独"的重要途径。目前，台湾地区处于具有"台独"属性的民进党执政之下，两岸关系出现了许多不稳定的因素。本文旨在通过对"立法院"中关于"修宪"提案的分析，对其背后的动因以及如何应对进行梳理。

一、"宪改"为"法理台独"重要实现形式

"宪法"变迁是"台独"分子谋求"法理台独"的重要途径。"宪法"变迁

作者简介：祝捷，武汉大学两岸及港澳法制研究中心执行主任，教授，博士生导师。苏怡，武汉大学两岸及港澳法制研究中心2016级硕士研究生。

② 人民网：《习近平：我们伟大祖国的每一寸领土都绝对不能也绝对不可能从中国分割出去》，http://tw.people.com.cn/n1/2018/0320/c14657-29878383.html，最后访问日期：2018年4月12日。

一般表现为"制宪""修宪""释宪"三种形式，这三种方式已先后获得某种程度的实践。① 其中，"制宪台独"最为激进，其主要体现为"台湾宪法草案""台湾共和国宪法草案"和"宪政改革白皮书"的拟订，而"修宪"和"释宪"则呈现出隐蔽和缓的特点，不易直接引发大陆的反制措施，故近年已取代"制宪"成为"法理台独"的主要方式。迄今为止，"修宪"在台湾地区已进行了七次并取得了十足的进展。

（一）前七次"宪改"强化了台当局的"本土化"

自 1991 年至今台当局已进行了七次"修宪"活动，这七次"宪改"在本质上是不断加强"本土化"的过程。其主要表现为：第一，"国家机构"的产生及权力分配发生变化。首先，"总统"职权的不断扩张和"总统"直选制度的建立使"总统"的"国家"象征属性得到极大的强化，"台独"分子得以通过强化"总统"的民意基础来增强"台独"所谓的"合法性"。② 其次，"国民大会代表"由"中华民国自由地区"选举产生赋予了"国民大会""台湾本土性"的特点。最后，"国民大会"这一与中华"法统"联系密切的机构在几经周折后，最终被削弱、废止，其权力也逐步转移至"立法院"，"国民大会"地位的衰亡与"立法院"权力的强化显示了台湾地区疏离大陆、保障"国家权力"仅在本地运行的态势。第二，"原住民"这一概念列入"宪法"，原住民是台湾的土著，现在却成为与外省人相区别的称谓。民进党自成立以来就一直利用"原住民"强化"本土化"趋势。从蔡英文当选为"总统"后推出的"原民正义"政策也可以看出民进党对这一诉求的延续。第三，台湾省的地位被逐渐虚化。省级地方政府被不断精简，台湾省政府被重新定位，台湾省长和省议员的选举遭到冻结。③ 第四，通过"全民公决"赋予政策合法性，陈水扁主导的第七次"宪改"便是以"修宪"之名行"制宪"之实的方式，寻求"台湾定位"，实现"法理台独"。④ "修宪案"的复决权交由"全民公决"使"公投制宪"制度正式建立起来。此外，陈水扁通过规定由台湾地区公民投票复决"宪法修正案"及"领土变更

---

① 周叶中：《台湾问题的宪法学思考》，《法学》，2007 年第 6 期。
② 周叶中，祝捷：《台湾地区"宪政改革"研究》，香港：香港社会科学出版社有限公司，2007 年版，第 32 页。
③ 周叶中，祝捷：《台湾地区"宪政改革"研究》，香港：香港社会科学出版社有限公司，2007 年版，第 78 页。
④ 李立：《台湾政党政治发展史》，北京：九州出版社，2014 年版，第 191 页。

案",增强了台湾地区公民的"本土意识"。在数次暗含"去中国化"的"宪改"过后,台湾地区逐步实现了以台湾为"主权"基础的格局,蜕变为"中华民国在台湾"。但第七次"修宪"也提高了今后"修宪"的门槛,使得台湾地区"宪政改革"在七度"修宪"后,暂时陷入沉寂。

(二)前七次"宪改"未完全去除"一个中国"元素

虽然"修宪"被用作"法理台独"的重要手段,强化了"台湾主体意识"、推进了台湾"本土化"进程,但历次"修宪"依然贯彻了宋楚瑜提出的在"修宪"上的五项坚持:第一,必须坚持"中华民国法统"而不是变成台湾地区;第二,"修宪"应着眼于中国统一;第三,坚持"五权宪法"体制不变;第四,"修宪"而不"制宪";第五,"宪法"本文不动。[①] 因此,前七次"宪改"并未完全祛除"一个中国"的要素,主要体现在如下几个方面:第一,台湾地区现行"宪法"仍然保持了"一国两区"的定位,保留了台湾地区为"中华民国自由地区"的说法;第二,"宪法增修条文"中明确提出"宪法"增修之目的是"为应国家统一前之需要";第三,"两岸关系条例"是"中华民国"在国家统一前为规范"自由地区"与大陆地区居民订立的律例,如今依旧处于生效状态,表明了台湾地区对"两岸同属一国"的认可。由此可以看出,虽然前七次"修宪"已经大幅改变了原"宪法"的行政体制,但台湾地区依旧保持了"国家统一"的目标在"宪法"中的确立。

近年来,以民进党为代表的"台独"势力一直试图推动新一轮"宪改",进一步清除"宪法"中"一个中国"的内容以实现"法理台独"。之前,部分民进党籍人士试图通过对"宪法领土"和"政府有效管辖领土"进行区分,在保留模糊的"一中"空间的同时,凸显"中华民国"的"主权"地位,[②] 现在则越来越致力于将"宪法"中规定的"固有领土"明确限定为"台澎金马"。[③] 民进党除了对"固有疆域"具有更改需求外,还试图废除"一国两区"定位、变更 1946"宪法"确立的政治体制、将追求"国家统一"的目标过渡到台湾本土

---

① 聂鑫:《"中华民国宪法"在我国台湾地区的变迁——"修宪"与"释宪"的二重变奏》,《中国社会科学(内刊)》,2007 年第 2 期。

② 林冈:《台湾地区政党政治研究——以社会分歧与选举制度为分析视角》,北京:中国社会科学出版社,2014 年版,第 268 页。

③ 钟翰,白纯:《台湾当局"宪政改造"的可能形式及其严重危害》,《世界经济与政治论坛》,2007 年第 3 期。

"宪政"的实现。

（三）政党轮替后进行新一轮"宪政改革"的契机

民进党的活动向来带有"去中国化"的色彩，在文化、政治、法理多方面都谋求"一中性"的祛除，在以往多次"大选"中，民进党注重省籍、族群、统"独"话题的宣传以进行切割式的社会动员，并在台湾地区的政党斗争中以此作为选战议题，凝聚台湾省籍群众的"本土政治认同"。[①]除此之外，民进党在其执政之时，通过多年的"文化台独"，在教育上"去中国化"，修改"课纲"以中断中国历史文化教育，割裂与中华文化的联系，使年轻的一代对中华文化的认同感越来越弱。[②]民进党在以"本土意识""身份认同"宣传作为"文化台独"手段的同时，也着手在"宪法"上"去中国化"。2016年民进党党籍的蔡英文正式当选为台湾地区领导人，并于2017年9月在民进党"全代会"上正式提出"宪政改革"，声称将通过"宪改"处理行政权责划分、公民行使选举权年龄下调等问题。1946年"宪法"已经多年未修改，如今民进党再度执政，若以对基本权利进行增补为切入点获得台湾住民好感与信任，减少"修宪"阻力，进而加强"修宪"强度，对"公权力结构"、涉及两岸关系的条款进行修改，可能会导致台湾地区"宪法""一中性"再次缩减。

近年来台湾"立法院"中关于"修宪"的提案主体主要为民进党，颇为吊诡的是，民进党在上台执政之前屡屡发表对两岸关系影响较大的激进言论，并多次提出"台独"性质明显的"修宪"提案。在执政后，民进党反而保守了许多，开始回避"领土变更"等带有激进"台独"性质的敏感议题，对"台独"党纲采取回避态度，[③]仅仅在一些程序性问题，或者大家存在共识的问题上提出议案。在岛内其他几个政党中，国民党表明支持"宪政改革"，但明确表示反对"两国论"；"时代力量"表示支持全面推动"宪政改革"；亲民党则认为由于"修宪"工程大、门槛高，民进党提出的"宪政改革"难以实现。

---

① 郑振清：《台湾新世代社会运动中的"认同政治"与"阶级政治"》，《台湾研究》，2015年第3期。

② 陈德民：《"文化台独"析论》，《思想理论教育导刊》，2004年第10期。

③ 周志怀：《台湾2014》，北京：九州出版社，2015年版，第12页。

二、近几年"立法院"主要"修宪"议题内容

近年来台湾地区"立法院"关于"修宪"的提案逐渐增多,从公布的各类"修宪"提案来看,"宪改"主要集中在三个方向:(1)对两岸关系产生较大的威胁的提案,例如修改"领土"条款、删除"宪法增修条文"中关于两岸关系定位的语句、删除有关省的规定等;(2)对台湾地区政权组织形式进行变更的提案,其中包括废除"监察院""考试院",政权组织形式由"双首长制"向"总统制"倾斜;(3)对公民基本权利加以增补。

下表是对近几年来主要"修宪"提案及其争议情况的整理:

表1 近年来主要"修宪"提案及其争议情况

提案内容	各党派意见	结果	提出时间
"领土"条款	民进党:"中华民国领土"为"宪法"有效统治的领域 国民党:反对"台独"	民进党提案被退回	民进党于2014年12月提出
"考试院""监察院"的调整	民进党:撤销"考试院",其职权由"行政院"下设独立机关行使,"监察院"弹劾,纠举,纠正职权移至"立法院" 国民党:未表态	民进党的该项提案被退回	民进党于2016年11、12月、2017年2月都曾提出过这一议题
政权组织形式	民进党:采取"总统制" 国民党:向"内阁制"调整	国民党的提案审查完毕 民进党的提案排入院会	民进党于2017年10月提出 国民党于2015年5月提出
公民选举权条件	各党派均同意将选举权年龄下调为十八岁	交付审查	民进党于2016年3月、12月,2017年2月、10月多次提出 国民党于2015年6月、2016年3月提出 时代力量于2016年提出

续表

提案内容	各党派意见	结果	提出时间
公民基本权利的规定	民进党：1. 提议将环境权、健康权，迁徙自由纳入"宪法" 2. 特别增订了对财产权的保护，限制公权力对财产权的侵犯 3. 不再区分山地和平地的少数民族	交付审查	民进党于 2015 年 5 月、6 月，2016 年 4 月
议事透明度	民进党、国民党：放宽旁听的限制	交付查照	民进党、国民党于 2016 年 9 月提出
公民参与"修宪"程序	民进党：提出了"修宪"的具体程序	交付审查	民进党、时代力量于 2016 年 6 月提出

本文接下来将对这些"修宪"提案所涉及的争议进行具体的分析：

（一）直接影响两岸关系的提案

在台湾地区"立法院"对"宪法"修改的提案中，不乏较为敏感的改变台湾地区定位的提案。主要包括：

第一，提出删除"宪法增修条文"前言中"国家统一前"等文字，代之以"施行宪政之前"，这一变动预示对"国家统一"这一目标的动摇，足以产生颠覆"宪法增修条文"对"国家"的定义的效果，为"一中一台""一边一国"提供"宪法"支撑，以遂行其"修宪台独"的目的。同时，民进党提议删除"宪法增修条文"第一条中"中华民国自由地区"的表述，寓意"中华民国"不再包括"大陆沦陷地区"，从而暗示台湾与大陆"不再属于一个国家"，其目的是推动台湾地区向所谓"正常国家"转变，以落实其"中华民国是台湾"的主张。

第二，民进党提出撤销省谘议会，删除有关省的规定，"时代力量"持同样观点，认为省政府、省谘议会已经丧失实际功能，其表示省的存在占用了社会资源，应予废除。在第四次"宪政改革"时就有台湾学者和"台独"分子认为，台湾省和"中华民国"高度重合，会造成台湾在国际上形象模糊，因此要采取措施打破台湾地区一省两市的格局，将"台湾省"由地方自治团体精简为"行政院"的派出机关。① 如今民进党在台湾省作为一级地方行政建制早已名存实亡的情况下寻求在法理层面消除台湾省的正当性。

第三，民进党表示"宪法增修条文"有关"领土"条款中"一国两区"的表述将台湾地区"矮化"为"地区"，故而提出要将"中华民国领土"限制在所谓"宪法"有效统治的地区，亦即台澎金马。这一提案带有明显的"台独"意图，以实质"统治"区域来定义台湾地区，意在通过"修宪"舍弃大陆、确认台湾为"正常国家"。与此同时，民进党以"还权于民"作为掩饰，频频抛出修改"公投法"的议题，提议将"领土变更"与"修宪"纳入"公投法"，这正是民进党为实现"本土化"的又一举措，从外在形式上看，是让台湾人民自主决定台湾地区事务，实质上忽视大陆人民的意愿，其目的是"去中国化"。针对这一提案，"时代力量"也表示了对"一国两区"定位的否认，其提出台湾地区与大陆是"国与国"的关系，因此"一国两区"违反了"主权在民"的原则，阻碍了台湾的"国家化"，同时也表达了对"两国论"的支持，针对这一问题，一些国民党籍"立委"明确表示反对"台独"。

（二）涉及公权力组织调整的提案

除了直接触动两岸关系的提案，台湾地区政权组织形式也是备受关注的热点议题，"五院体制"的变更和"双首长制"的存废是其中的重要问题。

民进党和"时代力量"均提出要再次变更政权组织形式，结束第四次"宪改"以后实行至今的"双首长制"，改采"总统制"。1946 年"宪法"规定的政权组织形式实质上为"内阁制"，但虚位"元首"的设置意味着赋予了"总统"类似于总统制国家中"总统"的职权，形成所谓"修正的内阁制"。李登辉上台后，急欲通过在"宪法"中正式确认"总统制"以巩固自己的权力，并推动"总统"全面直选来加强"中华民国总统"的台湾属性。② 1992 年"修宪"后，第二个"宪法增修条文"规定了台湾地区领导人由"自由地区"选民选举，一方面摒弃了大陆地区居民，另一方面，台湾地区领导人取得了直接的"民意基

---

① 叶俊荣：《"宪法"上的升与沉沦：六度"修宪"后的定位与走向》，《政大法学评论》，2002 年第 69 期。

② 周叶中，祝捷：《台湾地区"宪政改革"研究》，香港：香港社会科学出版社，2007 年版，第 57 页。

础",为其扩权和集权提供了直接正当性支持。① 在此前的数次"修宪"中,"总统"的权力已经得到了很大程度强化。现在已经获得执政地位的民进党想通过"总统制"的改革使权力进一步集中到自己手中。国民党则主张政权组织形式向"内阁制"方向发展,一方面是因为孙中山先生最初提出的"五权宪法"构想更接近"内阁制",维护"内阁制"有利于维护"中华民国法统";另一方面是因为在"内阁制"下,"行政院"对"总统"有着相对的独立性,能对执政党构成一些制约,以避免蔡英文的权力无限扩张,保持"立法院"的监督机制。

此外,"五权"与"三权"之争在"修宪"提案中再次出现,废除"考试院""监察院"的议题同样需要引起重视,民进党近两年数次提出撤销"考试院",拆分"监察院"职权的提案,这将越来越背离孙中山先生对五权宪法的设计,1946 年"宪法"赋予了"监察院"和"考试院"非常广泛的权力,"大法官释字第 76 号解释"在此基础上,宣称"立法院""监察院""国民大会""共同相当于民主国家之国会",奠定了台湾地区"三国会"的政治体制。但在台湾地区的七次"宪政改革"过程中,呈现出权力不断向"总统"集中的趋势。第三次"修宪"时,"行政院人事行政局"成立,架空了"考试院铨叙部",原属于"考试院"的人事权转到了"行政院","立法院"也逐渐取代"国大""监察院",成为唯一的"国会"。② 目前"监察院"已不再具有"国会"性质,并且失去了全部的人事同意权,原属"考试院"的任免、考绩、级俸、升迁和褒奖等事项的执行权限也被划归"行政院","考试院"和"监察院"的职权早已被极大弱化。③ 现在,民进党再次提出废除"监察院"和"考试院",名为为人民谋福祉,实则是要彻底废弃 1946 年"宪法"所确立的"五权架构",实现"去中国化"的目的。"时代力量"也倾向于实行"三权分立"制度,多次提出削减"考试院"员额的提案。部分国民党籍人士仍有保留"监察院""考试院"以维护"中华民国法统"、阻碍"去中国化"的动机,但也有部分国民党籍人士认为"五权体制"并不适用于目前的台湾,故而在这一问题上并无明确的态度。

---

① 陈星:《台湾民主化与政治变迁——政治衰退理论的视角》,北京:九州出版社,2013 年版,第 69 页。

② 聂鑫:《"中华民国宪法"在我国台湾地区的变迁——"修宪"与"释宪"的二重变奏》,《中国社会科学(内刊)》,2007 年第 2 期。

③ 周叶中,祝捷:《台湾地区"宪政改革"研究》,香港:香港社会科学出版社有限公司,2007 年版,第 30 页。

(三)关于公民基本权利完善的提案

台湾地区以往的"修宪"主要集中在行政体制方面,关于基本权利的规定主要通过"司法院大法官"通过司法解释进行阐释。[①] 近年来,从民进党关于"修宪"的提案看,民进党试图推动公民基本权利方面的"修宪"。为迎合选民的需求,民进党提议将环境权、健康权、迁徙自由纳入"宪法",并特别将财产权单独列出来,强调了"国家"对财产权的保障。另一方面,民进党还提议不再使用"山地原住民"和"平原原住民"这一"带有殖民统治色彩"的区分,"台独"分子将"原住民"称为台湾"自然主权"的拥有者,将"原住民自治"视为台湾历史的起点,将"原住民""入宪"作为对"台湾本土意识"的肯定,以图割裂祖国大陆与台湾之间的历史联系,从源头上否认一个中国原则。[②] 民进党成立之时,价值取向就集中在"清廉""民主""本土"三个方面,在 2000 年政党轮替后,"民主""清廉"难以再作为政治动员的筹码,民进党的主流价值论述核心开始转变为"本土"诉求。并在其频繁的政治活动中将"本土"逐渐演变为"台独"的外在形式。"本土化"目标以排除大陆人民对台湾的主权为基本前提,并以"公投"的形式实现台湾"独立"。[③] 因此,民进党提起这一议案的目的既在于拉拢"原住民"为自己提供政治支持,也在于为虚构所谓"台湾国族"打造基础。"原住民"是最早在台湾居住的族群,本土意识更强,执政后的民进党意图通过采取"原民正义"这一政策改造"原住民"的"国族认同"。此外,民进党预见自己一味进行改变两岸定位和政治架构的"修宪"会遇到较大的阻力,于是同时着力推动一些细微的修改,例如,提出将动物保护的概念纳入"宪法"之中,意图通过循序渐进的方式实现"宪法修改"的目的。

"降低公民行使选举权年龄的下限"是获得较大支持率的提案,各党派都表态支持将民众行使选举权的年龄起点从二十周岁下调至十八周岁,表面上,这看起来是一个低强度的改变,不会对两岸关系产生实质性的影响,但其蕴含的意义仍然不容小觑。一方面,因为第七次"修宪"已将"宪法修正案"的复决权交给"全民公投",所以一旦台湾地区再次对"宪法"进行修改,就意味着台湾人民通过"公投"实现了"修宪"。另一方面,当代台湾地区青年群体自幼即

① 聂鑫:《"中华民国宪法"在我国台湾地区的变迁——"修宪"与"释宪"的二重变奏》,《中国社会科学(内刊)》,2007 年第 2 期。

② 周叶中,祝捷:《台湾地区"宪政改革"研究》,香港:香港社会科学出版社有限公司,2007 年版,第 171—179 页。

③ 陈星:《民进党权力结构与变迁研究》,北京:九州出版社,2012 年版,第 149 页。

受到祖国割裂开来的文化教育，成为所谓"天然支持台独"的一代，其中有相当一部分是激进"台独"的主张者。降低选举年龄门槛，可能导致更多没有独立判断能力、未经世事的较为激进的青年在岛内政治生活中发挥更大的作用，甚至引发一些不理智、不成熟的伤害两岸人民情感的事件，这也是我们需要应对的一个重要的问题。

除上述议题外，岛内各党派还提出了一些限于文字修正层面的议案，与两岸关系和台湾人民利益基本上没有实质关联，故本文不再赘述。

三、"宪改"议题通过的可能性及其对两岸关系的影响

修改"宪法"应当是在"宪法"原来的基础上改变不适应社会发展的条文，如果触及了"宪法"的根本精神和原则，就是对"宪法"的破坏。[1] 如今民进党再度执政，很有可能利用台湾人民合理的"宪政改革"诉求，将"台独"主张掺杂其中，将"宪政改革"纳入"修宪台独"的轨道。[2] 动机并不纯正的"修宪"提案一旦通过，不仅是对1946年"宪法"的再度破弃，也是对两岸关系、两岸人民利益的伤害。基于对两岸关系现状与台湾地区政治动向的认知，我们对台湾地区"修宪"提案通过可能性做出如下判断：

台湾地区"立法院"中对两岸关系产生较大影响的提案没有通过的可能性，其理由是：第一，修改"领土"范围条款无异于公开宣告"台独"，使得蔡当局"向对岸释放善意""两岸关系维持现状"的承诺被打破。提出带有"台独"性质的提案也是民进党选举策略中的重要组成部分，在选举获胜之后，民进党对于"台湾主体地位"的改变更倾向于较为缓和的态度，若执政当局利用其政治权力推行"两国论"，可能会引起岛内群众的不满、造成台湾社会认同转变。[3] 第二，民进党在执政前，以强硬的态度推进"台独"，在执政后，其更愿意采取迂回的方式进行"台独"，例如误导民众对"台独"的认知以培养"台独意识"，运用"文化台独""政治台独"等多种手段。[4] 第三，这一提案的通过有带来战争风险的可能，《反分裂国家法》中对采取非和平方式统一做出了概括性的规

---

① 朱松岭：《台湾"宪改"对两岸关系的影响》，《两岸关系》，2006年第4期。

② 杜力夫：《台湾"宪政改革"的政治功能和对两岸关系的影响》，《太平洋学报》，2007年第11期。

③ 陈孔立：《台湾民意与群体认同》，北京：九州出版社，2013年版，第158页。

④ 陈星：《民进党权力结构与变迁研究》，北京：九州出版社，2012年版，第135页。

定，修改"领土"范围相当于把台湾从中国分裂出去，与《反分裂国家法》第八条所说明的情况有一定程度的契合，可能会引起我们对台政策的改变。现状的打破会带来一系列连锁反应，将严重影响国际秩序和台湾人民的福祉。执政后尚能保持一定程度的理性的民进党不会贸然进行这样的激进行动，国民党也不可能在这一问题上放弃其立场。涉及"统独"和"认同"的议题在台湾地区经久不衰，究其原因，不难发现一些政治人物以此作为政治参与的主要话题，不仅在台湾岛外产生了诸多效应，也加剧了岛内的"族群对立"。[①]

台湾地区关于政权组织形式的提案通过可能性也微乎其微。理由是：关于废除"考试院""监察院"的提案，可以看作民进党的又一种"去中国化"措施，"中华民国宪法"的前言说明"宪法"是依据"国父遗教"所制定，因此"宪法"在修改时不能对孙中山先生所主张的"五权体制""权能区分"以及"中央与地方均权"的"立宪"精神进行毁弃。[②] 因此，此举是对"中华民国法统"的破坏，将进一步割裂与祖国大陆的联系。除此之外，各党派之间对此也存在一些分歧，虽然存在部分国民党出于目前台湾地区行政结构冗杂的考虑而有废除"两院"之意，但有部分国民党籍人士为"五权架构"的坚定拥护者，与民进党在这一事项上存在较大分歧。目前，台湾地区的政权组织形式实质上为披着"双首长制"外衣下的"总统制"，台湾地区已经实现了"总统"直选，若进一步实行"总统制"，为"总统"扩权提供支撑，使得"台独"意识强烈的"总统"的权力不断增强，不仅不利于台湾地区的发展，台湾地区政治制度中所包含的来源于祖国大陆的历史血脉、文化传统也都将受到重大打击，台湾地区将向"独立国家"进一步迈进，两岸关系将面临更大的挑战。

下调公民行使选举权年龄门槛和增修公民基本权利两项提案存在通过的可能性，政治权力产生后合法性的维持在于其是否能有效保障人权、维护人民根本利益，因此对于公民基本权利的提案也是出于保障人权、提高人民生活品质、维护政权运行的考虑。[③] 由于这两项议题关乎台湾人民的政治权利与经济文化权利，一直以来认可度较高，一度成为岛内的"政治正确"，各党派之间也基本就此达成了共识，因此其较有可能通过。但要注意到的是，下调选举年龄可能会

① 郭忠军：《台湾地区民主转型中的民粹主义》，台北：学林出版社，2014年版，第2页。

② 邵宗海：《台湾"宪改"与追求台湾"法理独立"的互动》，《台湾研究集刊》，2006年第4期。

③ 杜力夫：《台湾"宪政改革"的政治功能和对两岸关系的影响》，《太平洋学报》，2007年第11期。

导致选举权的广泛派发，从而导致所谓民主化进程的加快。香港回归之前，彭定康的"议会选举方案"中提出将选民年龄由 21 岁降为 18 岁，从而使香港成为一个更加难以控制的政治实体。[①] 根据 2018 年 2 月民调结果来看，岛内六成居民对蔡英文的施政表现不满，青少年对民进党的满意度也逐渐流失，这也说明青年的选票容易发生改变。青年支持度将是未来选举的主要参考指标，如果将选举门槛降至 18 岁，民进党可能做出对青少年诱导、煽动的举动，从而对一系列选举产生影响。

四、结语

"宪政改革"是"台独"分子以循序渐进的方式谋求"法理台独"的重要手段，台湾地区的前七次"宪政改革"已然以"修宪"之名在一定程度上达到了"制宪"的效果。因此，我们对可能发生的第八次"宪改"要表示足够的警惕，并做好相应的预防措施。在此前相当长的一段时间，我们习惯用政治话语和政治手段来解释和应对两岸关系的变化，而相对忽视了法律手段的运用。《反分裂国家法》的制定对维护国家统一、震慑分裂势力起到了很大的作用，其中第八条对"和平统一可能性完全丧失"留下了足够的解释空间，但该法制定至今已有十年，面对岛内政治格局和两岸关系形势的根本性变化，有必要再度对其进行解释。[②] 除此之外，我们还应当充分利用两岸的反"独"力量，遏制台湾地区"宪法"可能出现的变动。

---

① 曹旭东：《香港政党的制度空间》，《法学》，2013 年第 2 期。
② 周叶中：《论反分裂国家法律机制的问题意识与完善方向》，《法学评论》，2018 年第 1 期。

两岸分论坛优秀论文

媒介记忆视角下台湾青年的"大陆记忆"

吴 煌[*]

青年是未来社会的中坚力量与发展动力，他们将进入政治、经济、文化等领域并且负担起重要的社会责任。由于蔡英文的上台与"台独"势力的熏陶影响，在政治上一些台湾青年已经默认大陆与台湾是"一边一国"。自 1895 年《马关条约》割让台湾给日本至今，两岸长达 120 多年的断裂与阻隔，已经形成台湾青年与大陆青年对"中华民族""龙的传人"等传统中国文化不同的解读，学界甚至在两岸文化研究中已经启用"跨文化"的研究范式，可见两岸的文化已有明显的差异。因此，剖析台湾青年的"大陆记忆"，能够让我们了解台湾青年目前对大陆持有的个人态度，并且通过分析记忆建构过程寻找记忆成因，由此发现未来帮助台湾青年建立客观"大陆记忆"的正确方式。

一、研究缘起与意义

蔡英文上台以来的种种不当言论与行动一次次探触着"九二共识"的底线，虽然在 2018 年的新年贺词中她曾提到"农历春节在两岸都是最重要的节庆……透过人民交流和媒体传播也拉近双方的心理距离。"[①] 等释放善意的信号，但却有为即将到来的"大选"拉选票的嫌疑。近几年，在民进党当局的影响下，越来越多的台湾青年显露出对大陆的敌意与不满，"反服贸学运""反服贸运动"等抵触大陆的青年政治事件愈发频繁。习近平总书记在十九大报告中提到"两

  ＊ 作者简介：吴煌，福建师范大学传播学院硕士研究生。

① 蔡英文演讲：《春节是两岸节庆 向大陆朋友恭喜新年》，凤凰网，http://taiwan.huanqiu.com/article/2018-02/11609242.html，2018-2-15。

岸同胞是命运与共的骨肉兄弟，是血浓于水的一家人。我们秉持'两岸一家亲'理念，尊重台湾现有的社会制度和台湾同胞生活方式，愿意率先同台湾同胞分享大陆发展的机遇。我们将扩大两岸经济文化交流合作，实现互利互惠，逐步为台湾同胞在大陆学习、创业、就业、生活提供与大陆同胞同等的待遇，增进台湾同胞福祉。我们将推动两岸同胞共同弘扬中华文化，促进心灵契合。"[①] 青年世代是有生命力与创造力的一代，要完成两岸互通有无的目标，应该通过青年间的互动探索完成"两岸同胞共同弘扬中华文化，促进心灵契合"这一两岸发展新目标。

（一）研究缘起

海峡两岸因为政治因素长期存在着诸多阻隔。中华人民共和国成立初期，两岸信息交流不畅、人员往来困难，经过各方半个多世纪的努力，逐渐形成了"九二共识"作为两岸政治基石的各方共识，但台湾地区近几年的行为却严重背离"九二共识"，让我们看到了作为新生力量的台湾青年相较于他们的长辈对大陆的认知更为严峻。2013 年 TVBS 的"习马会"与"国族认同"民调显示 20—29 岁的台湾青年中认为自己是"台湾人"的有 89%，调查总人数中这一比例仅为 78%，可见台湾青年群体对自己"台湾人"身份的意识更为强化。[②]2008 以来，这一调查不定期展开，在第一次调查中 20—29 岁的台湾青年认为自己是"台湾人"的仅为 76%，且呈现逐年攀升的趋势。[③] 为了两岸未来的稳步发展，了解这一现象的成因是十分必要的，笔者在前期的调研中发现台湾青年的"大陆记忆"往往是与现实格格不入的，甚至出现许多非常荒谬的印象，这些印象从何而来？又是如何被强化的？

（二）研究意义

本文通过媒介记忆的视角，以 12 位"两岸青年播音主持人才交流"台湾参访团成员的深度访谈与参与式观察的记录为研究内容，试图勾画台湾青年的"大

---

① 习近平，《决胜全面建成小康社会夺取新时代中国特色社会主义伟大胜利——在中国共产党第十九次全国代表大会上的报告》，北京：人民出版社，2017 年版，第 1 页。

② 《习马会》与"国族认同"民调》，TVBS 民调中心网站，http://home.Tvbs.com.tw/static/FILE_DB/PCH/201311 /20131106112520608. pdf，2013-10 -28。

③ 《两会复谈前"国族认同"民调》，TVBS 民调中心网站，http://www1. tvbs.com.tw/FILE_DB/DL_DB/even/200806 /e-ven-20080610175239. pdf，2008-06-09。

陆记忆"图景及其生成过程,发现这种扭曲记忆背后所存在的问题,并对如何重塑台湾青年的"大陆记忆"提出相应的对策。其中,由于媒介记忆的基础是"个人记忆",通过"个人记忆"集合才形成"集体记忆",因此本文在研究过程中也会涉及这两部分内容。研究以媒介记忆与个人记忆之间的关系为研究基础,处理所得到的研究内容,提出行之有效的记忆重塑对策,旨在为推进两岸稳定、和平发展,实现"两岸一家亲"的共同愿景提出实际的做法与努力方向。

本文的研究意义在于:第一,12位进行深度访谈的台湾青年涵盖"本省人"家庭与"外省人"家庭身份,基本可以代表大部分台湾青年"大陆记忆"的样貌与形成过程,因此本研究是在这一基础上通过媒介记忆对台湾青年形成"大陆记忆"过程中所产生的影响进行的。通过对访谈内容的分析试图寻找台湾青年"大陆记忆"形成的图景,进而观察媒介记忆与个人记忆在其间的关系是如何发展的。第二,随着两岸关系日趋紧张,如何通过新途径来让台湾同胞真正能够听到海峡对岸真实的声音,成为两岸问题研究的重点,我们势必要了解台湾青年"大陆记忆"出现失真的症结所在,并提出相应的合适对策。第三,媒介记忆是一门交叉学科的理论,其中涵括传播学、社会学与心理学,在学界到目前为止仍处于初期的发展阶段,虽然本研究将媒介记忆置身台湾青年"大陆记忆"这一特殊领域,但研究结论能为媒介记忆研究做出部分补充。

二、研究现状

在台湾青年的研究中,多集中于社会学、心理学、管理学等学科领域,通过传播学的视角分析台湾青年群体的研究鲜有成果,部分相关研究多集中于量化或文本分析,少有深度访谈的质性研究出现。从媒介记忆视角出发研究台湾青年的"大陆记忆"是一个较为新颖的方向,因此媒介记忆的研究成果将是本文关注的重点。

媒介记忆的研究离不开对集体记忆的关注,涂尔干的弟子哈布瓦赫(Maurice Halbwachs)首提"集体记忆"的概念,他认为个体性的记忆是使用语言、逻辑等工具来加以保存的。信息传递过程中的语气、肢体动作、表情等会影响接收者对记忆的吸收判断,因此他认为"往事"不是一个客观存在的概念,而是所有经历相同的人创造出的"集体记忆"。西方学界在此之后掀起了一股"记忆研究"狂潮,但在方法论上受到极大的局限而逐渐停滞。在哈布瓦赫的代表作

《论集体记忆》出版后，国内学界也是对记忆研究趋之若鹜，但很快陷入了与西方学界相似的境况。在大众媒介掀起传播革新的时代，集体记忆的研究因媒介的盛行而出现了新的生机，媒介记忆研究成为记忆研究重要的一个分支：第一，研究媒介记忆理论本身。代表的研究成果是邵鹏（2014：5—7）的博士论文《媒介作为人类记忆的研究——以媒介记忆理论为视角》，它细致阐释了媒介记忆与社会记忆、集体记忆、个人记忆之间的关系，还描绘了媒介记忆未来的图景，完整地勾画出媒介记忆理论的全貌。①除此之外不乏学者对媒介记忆研究进行批判研究，论述其间的不足与漏洞，旨在为学界指明未来研究可行进的方向。第二，对历史事件的媒介记忆研究。有不少学者的研究聚焦于南京大屠杀、抗日战争等历史事件，主要通过内容分析、文本分析等方式还原当时的媒介记忆，或修正、补充媒介记忆理论。第三，着眼当下的媒介记忆研究。这部分文章主要聚焦新闻报道、文化传播和新媒体等领域，大部分研究将媒介记忆作为其中的主线支撑研究的合理性。

　　另外，值得一提的是在媒介记忆研究中出现的研究转向。一开始由于集体记忆被广泛提及与研究，媒介记忆是与集体记忆、社会记忆放置在同一空间进行探讨的。后来由于国内学界对集体记忆的一些批判使人们关注到个人记忆（也称作"个体记忆"）这一记忆研究中"微弱的星光"，于是媒介记忆与个人记忆的联系变得紧密起来。刘亚秋（2010：240）曾提到"在社会记忆研究领域，个体记忆经常被研究者提及，不过，一般都作为集体记忆的影子出现，是依附性的……这并不是因为它天生就居于弱势，而是在'偏见'之下它显得'气馁'。"②这种"偏见"的原因不难解释，集体记忆的宏大叙事与框架会让学者被其所吸引，但在目前看来，这个"微弱的星光"不失为媒介记忆理论发展突破瓶颈的新出路。寻找媒介记忆与个人记忆之间的勾连，可能会在更为实际的角度给社会以启发，毕竟个人之于集体还是相对私密的存在，发生在集体中的许多个人行为都会受诸多因素的影响。具体到本文来看，就转变为台湾青年的"大陆记忆"到底是如何建构出来的？

---

① 邵鹏：《媒介作为人类记忆的研究》，浙江大学，2014年博士论文。
② 刘亚秋：《从集体记忆到个体记忆——对社会记忆研究的一个反思》，《社会》，2010年第30期，第217—242页。

三、"大陆记忆"的建构

本研究选取的 12 位台湾青年均为台湾地区大学本科在读学生，选取这 12 名青年作为研究对象的原因是：他们对大陆的实地参访将对他们个人的"大陆记忆"有所改变，能够以前后变化的观察，对"个人记忆"与"媒介记忆"如何相互构建与博弈进行深入探究。

通过对 12 位台湾青年的访谈的分析，能够强烈感受到两岸的阻隔之深、误解之多、沟通之少，使得台湾青年的"大陆记忆"不仅大多停滞在 20 世纪 80 年代左右的情况，甚至有出现"买卖器官、说错话会被抓、吃小孩"等在大陆地区看起来荒诞可笑的现象。分析 12 位受访者的个人记忆时发现，他们的记忆受到强烈的集体记忆影响，就比如 YRJ 在访谈时提到"可是大家都这样讲我哪知道啊！"，可见在建构他们初期大陆记忆的过程中，集体记忆占据着个人记忆的绝对支配地位。这一现象不难解释，在两地阻隔、难以沟通或不愿沟通的情况下，个人记忆难以通过自身的体验进行存储，因而转向从集体记忆中去寻找片段来加以拼凑。集体记忆中的片段有积极与消极、真实与夸大、全面与片面，因此每个人由于生长环境、接受教育程度、家庭背景等不同的关系会衍生出纷繁多样的"大陆记忆"。

表 1 台湾青年的"大陆记忆"

受访者	家庭背景	"大陆记忆"	记忆来源
CYY	外省	很有钱，开豪车，小孩送出国留学	亲朋
LXN	外省	很酷欸，觉得是白先勇写的那样	文学
SYZ	外省	有点遥不可及虽然很近，很多红枣	亲朋
XYJ	外省	地方很大，人很多，很统一	教育
ZSA	外省	和历史课本一样啊，买东西很便宜吧	教育
ZTL	外省	讲话都很字正腔圆，大陆同龄人更成熟	亲朋
XQJ	本省	很偏远，不发达，城乡差距很大	电视
YRJ	本省	大陆人严肃古板，说实话我还蛮讨厌大陆的	电视
ZYL	本省	比较封闭，小孩只能生一个，有人会吃小 baby	亲朋

续表

受访者	家庭背景	"大陆记忆"	记忆来源
DPW	本省	像港片里面的那样	电视
HYT	本省	都说是满地脚踏车，但我来了觉得很多轿车	体验
LRY	本省	到处都脏脏的，都乱吐痰，还很封闭	亲朋

（一）差异化的"大陆记忆"

通过表 1 可以明显看出家庭背景不同的受访者对大陆的印象有明显的差异，外省人出身的家庭普遍的"大陆记忆"是较为正向、积极的，本省人眼中的大陆普遍是存在与事实相距甚远的情况。他们的记忆来源也存在极大的不同，家庭背景为外省的台湾青年主要通过亲朋和教育获取大陆记忆：

CYY："我们家就是大陆的，我姥姥、姥爷是山东的，然后我爸爸那边就是河北的，所以我小时候讲话会有大陆的感觉以及语调，会有那种山东腔。我一直以来对大陆的印象都蛮深，其实我家里就是大陆的啊。"

与其相反的是，本省出身的台湾青年则更多会通过电视等媒介来获取自己的大陆记忆：

XQJ："对大陆（的印象）就是比较偏，就是可能没那么发达，我当然知道就是城乡差距很大，会知道是因为小时候上课啊，老师会说。其实我想象不到，但是小时候就是会看一些电视的话，我们原先有什么《大陆寻奇》啊，它是会介绍乡村的发展、山水之类的。"

CYY 与 XQJ 的"大陆记忆"明显存在着巨大的差别，这与他们本身的家庭背景不无关系。CYY 的爷爷奶奶、外公外婆均为外省人，且从事军务工作，由于家人心系大陆，因此她从小就有许多机会听到大陆的现状与发展，并且有亲朋会时常来台湾探亲，也会谈起大陆的现状。相反，作为本省人的 XQJ 在生活中没有条件和机会接触大陆的信息，因此对大陆虽然抱有好奇的她只能通过电视节目这一媒介来获得自己的"大陆记忆"。我们访谈中可以获悉，由于在外省人和本省人家庭中对大陆的感兴趣程度有着明显的差异，而这直接体现在台湾青年身上就成了"大陆记忆"的强烈反差。这一反差不仅体现为台湾青年不同的"大陆记忆"，更能从侧面反映台湾的媒介对大陆的建构与议程设置其实是相对片面、主观且不真实的。在这里我们只能简单地从家庭背景解释记忆差异的原因，从更为实质的内涵上来说其实还包括成长环境、受教育程度、与大陆的联系多少有关，我们不能够用具体的数值来为这 12 位受访者赋值大陆记忆真实度的高低，但基本能感受到外省人的"大陆记忆"要相较于本省人更为真实。

（二）碎片化的"大陆记忆"

通过对表 1 的观察可以发现，这些受访者的大陆记忆都是碎片化的，没有形成具体的"大陆记忆"。"红枣很多的地方""很多自行车"和"厕所没有门"等印象，都只是记忆中最为突出，最能够被牢记的一些特殊节点，想必这是要"归功"于集体记忆为台湾青年提供的"大陆想象"。XQJ 在采访时提及"我妈妈之前去大陆出差然后回来会跟我讲这些事情，比如说她竟然去上了一个没有门的厕所"，因此她断定大陆的厕所是一定没有门的，当笔者追问这是多久前发生的事时，得到的回答时 7—8 年前。因此众多去过大陆的台湾民众集体将"大陆厕所没有门"这一个人记忆不断证实，不断强化，最后从"大陆有的厕所没有门"到"大陆厕所都没有门"，这个记忆就成为台湾民众默认的集体记忆。从当下的环境出发来看，这个记忆显然是荒谬的，但这样碎片化的集体记忆的深刻性是很难被消解的。

ZSA："因为我们台湾比较小，相对在'国际'的地位上比较弱势，所以在大陆看我们的时候我们就会觉得好像常常被他们的一些经济'制裁'……觉得你们会比较封闭一点，因为从历史课本上可能会觉得你们的制度特别多，那大家也都还蛮守规矩的，很少看到你们有任何太大的暴动新闻。"

在回忆个人的"大陆记忆"时 ZSA 一直以"我们"和"你们"进行陈述，来分隔台湾与大陆，其实在访谈过程中有不少受访者均是以此口吻叙述的。可见他们对"我"和"我们"的概念在记忆上是混淆的，所以台湾青年的个人记忆与集体记忆几乎没是有太大的分别。为了易于传播，集体记忆通常是特别明确的一个直观感受或体验，"自行车很多"或者"满地都是痰"都是能够很快联想出画面的，因此集体记忆通常有碎片化、具象化的特征。由于这些特征导致个人记忆也随之变为片段式的，使得台湾青年不能对大陆有连贯性的全貌认知。

（三）个人化的"大陆记忆"

在记忆来源方面，12 位台湾青年有接近一半是从亲朋这一来源了解大陆的，通过电视的仅有 3 位，这一反"媒介时代"的记忆常态。可见台湾青年的"大陆记忆"并没有受到强大的新媒体浪潮冲击，相对于媒介赋予的记忆，他们更倾向于生活中所接收到的"大陆记忆"信息，从而产生属于自己个人的大陆印象。

首先，我们要先对台湾媒体建构的"大陆形象"进行梳理，可以发现台湾新闻媒体对大陆的夸张报道是一以贯之的，从"茶叶蛋"事件到"洗地瓜"事件，又或者是最近的"大陆要武力收复台湾"，面对这样的新闻，台湾青年更多的是持有理性观点，不易被媒介所影响：

LXN："其实我觉得家里如果是外省人大部分都会是蓝的吧，然后其实我们家也是蓝色，有时候我就会觉得两边政党都有点太偏激。感觉是为了反对而反对，然后就会觉得一定不可以怎样怎样，一定要怎样怎样，但是我就觉得现在年轻人其实也不是一定要非黑即白，就是有时候我们觉得维持现状也不错这样子。"

通过 LXN 的回答不难看出台湾青年是很难被媒介观点影响的群体，他们能够较为自主地去探究新闻报道背后的政治意涵，并且能相对客观地做出类似"两边政党都有点太偏激"的个人判断。台湾和大陆有所不同，它的大街小巷在目前仍遍布着大大小小的电视机，一般的餐厅、理发店或是商场都有节目在滚动播出，而这些电视中的节目清一色都是台湾的新闻节目或政论节目。在这样的社会环境之下，个人记忆与媒介记忆并不是融合或互相建构，而是在每个人身上都出现了冲突与博弈。这一现象在我们所能见到的媒介记忆研究中是很少被提及的，为什么媒介记忆与个人记忆在台湾青年身上出现了有悖于常规的现象？

媒介在一定程度上的确是塑造了台湾青年的"大陆记忆"，他们认为大陆是封闭的、统一的、大陆人是严肃认真，但在现实的生活经验中他们有机会接触到大陆或者大陆人的情况下，会让他们对曾经错误的记忆产生修正：

DPW："小时候我就以为大陆就是香港，中间一段时期就很经常听到很多人会去骂大陆，到后来我因为追星在网上认识很多大陆人，就事情根本不是他们想的那样，很多人会去扭转事实的真相。"

当真相与听闻的内容相左时，人会自然地选择对真相的强化而删减或抹除错误的记忆，这是记忆的修正功能。逐渐地，台湾青年会对本土的媒介失去记忆的动力，不承认其所建构的大陆形象，转而通过其他方式去寻求自己的"大陆记忆"。媒介记忆虽然被称作是"体外大脑"，但由于其易于存储和查看，让许多人鲜少动用自身的大脑记忆功能，"互联网上各种刺激性的音有可能造成个体大脑潜意识思维的短路，阻碍我们进行深入的思考；互联网超载的信息量也有可能造成我们大脑客观上的善忘而非善记；而全神贯注阅读时，我们所建立的大脑丰富的神经联系功能，也基本上被闲置了"。① 媒介记忆固然有其体量庞大、不易丢失等特点，但在记忆研究中不能只将目光追随在它身上而忘却人本身就拥有的原始记忆功能，通过自己的体验或与亲朋交谈进行记忆的方式，能够在很大程度上强化个人记忆，而台湾青年着重以个人记忆为"大陆记忆"为主要记忆体的现象，可以被看作"记忆的回归"。

四、"大陆记忆"的重塑

在参访大陆之后，笔者再次对 12 位台湾青年进行访谈，主要了解他们前后"大陆记忆"的变化，这 12 位受访者中的 HYT 曾经两次到访过大陆，余下 11 位均为第一次踏上大陆的土地，因此在重塑"大陆记忆"的分析中主要关注这 11 位受访者的访谈内容。通过新旧"大陆记忆"的比较与最深印象的分析，可以看出台湾青年通过实地的体验对个人记忆中的"大陆记忆"有了很大的改观，均有正向的"大陆记忆"取向。

表 2 台湾青年新旧"大陆记忆"对比表

受访者	旧"大陆记忆"	新"大陆记忆"	最深印象
CYY	很有钱，开豪车，小孩送出国留学	蛮繁荣的，蛮便利的，微信和支付宝可以到任何地方都能付钱	很多地方致力推广本土文化
LXN	很酷欸，觉得是白先勇写的那样	来了看到（大陆的风景）真的好美，亲眼看比拍下来美 100 倍	厕所会放卫生纸
SYZ	有点遥不可及虽然很近，很多红枣	大家蛮有趣的，想法比我们要多元。觉得大陆人都超热情的	大陆人十分热情友好
XYJ	地方很大、人很多、很统一	支付宝、微信和共享单车的便捷生活	验证大陆发展很好的真实度
ZSA	和历史课本一样啊，买东西很便宜吧	大陆人比我想象得有礼貌，还蛮热情的，比我想象得更好	有些规则看起来还是很多余
ZTL	讲话都很字正腔圆，大陆同龄人更成熟	有值得学习的地方，实地、亲眼看到了大陆发展的硬体很棒	验证大陆很好的说法
XQJ	很偏远、不发达，城乡差距很大	大学跟台湾大学差很多，有读书的氛围，学校环境会让人更努力	校园环境和学生的培养发展

① 邵鹏：《媒介记忆与个人记忆的建构和博弈》，《当代传播》，2012 年第 4 期，第 26—28 页。

续表

受访者	旧"大陆记忆"	新"大陆记忆"	最深印象
YRJ	大陆人严肃古板，说实话我还蛮讨厌大陆的	很繁荣，大陆人都很好	大陆人没有想象中那么坏
ZYL	比较封闭，小孩只能生一个，有人会吃小 baby	人我觉得差很多，你们做事更有条理，我和同年龄的人差距很大	大陆人都像正常朋友一样
DPW	像港片里面的那样	大陆人都很亲切、很热情	安检特别严格
LRY	到处都脏脏的，都乱吐痰，还很封闭	其实大家的东西都差不多	大陆人有很多值得学习的地方

首先，台湾青年肯定大陆的发展与便捷的生活方式。大陆在近几年经济发展进入了快车道，不仅在支付宝、微信支付等无现金支付上领先世界，大陆还进入了高铁时代、共享时代、网购时代，这些被称为中国"新四大发明"。面对快速发展的大陆，台湾青年其实抱有的态度一直不是特别友好，一方面他们对台湾经济裹足不前而担忧，另一方面又有对大陆发展快速产生出的诸多质疑：

XYJ："高中的时候觉得还是没有那么发达，这几年发展很快，来之后觉得说真的蛮发达的。之前会觉得说，哇！大陆有这么发达了吗？来之后就是有一种证实了的感觉。"

除她以外还有 4 位受访者表达了同样的想法，来到大陆参访打消了他们心头对大陆发展是否如传闻所说那样的质疑，并对大陆的发展表达了自己的想法：

ZTL："来了以后我是觉得是真的还有蛮多可以学习的地方，自己去体验了带给你的冲击才会觉得和想的不一样，心里面有这样的感叹才会改变自己之前的看法吧。"

ZTL 的话语中提到很重要的一点是"自己去体验"所带来的个人记忆与道听途说的个人记忆有很大的不同，只有亲历才会有"改变自己之前的看法"的可能。

其次，台湾青年惊异于大陆人的热情好客。由于认为大陆是封闭、严谨的一个地方，自然很多台湾青年会认为大陆青年也是不苟言笑或是目的明确的群体。实际上在参访过程中两岸青年相处十分融洽，并建立了深厚的友谊，几乎每一位台湾青年在访谈中都提到了大陆人给他们的印象：

ZYL："我原本以为大陆的学生都很势利，都很追求自己的目标，他们会很认真一直在做自己要做的事。但是来之后发现不是这样，还是像正常朋友一样聊天、交流感情，不会让我觉得不舒服。"

HYT："我觉得大陆人都非常勇于表达自己的想法，你们可能从小就有训练自己，比如说像看节目也是一样，大家小小年纪就很会说，很能表演之类的。"

尤其在学生课堂表现上，两岸学生还就此有了深入的讨论，台湾青年认为不仅是他们在参访中观察到的还是赴台的"陆生"都会踊跃表达自己的想法，课堂活跃度很高，而台湾学生则十分沉闷，大陆青年认为台湾青年都像曾经老师所说的"他们都很活泼、很有想法"。这让我们看到两岸青年的又一问题：大陆青年的"台湾记忆"也像台湾青年持有的"大陆记忆"一样，存在着诸多误解与断节。这个问题由于大陆方面把关注点聚焦在两岸政治而受到忽视，但它也是亟待解决的，通过大陆青年对台湾的正确认知也能提升他们与台湾青年之间的互动成效，形成台湾青年更为优质的"大陆记忆"。因此学界应该将眼光着眼于如何提升两岸青年之间的实际互动，避免"大陆记忆"或"台湾记忆"中的失真现象，力图为两岸青年还原最真实的记忆。

五、结语

媒介记忆并不是"外部大脑"，它仅仅是一个存储介质，而大脑所需要担负的任务却更多，它需要去判断什么内容能够成为"记忆"之后将其存储在大脑中，并且这一"记忆"不是简单的数据或文字的堆积，它会在大脑中进行补充或删减，是一个"弹性"的、有活力的过程。笔者无意批判媒介记忆，只想通过台湾青年的"大陆记忆"这一个案来强调个人记忆在记忆研究中也应该拥有一定的空间，它并不微小也不孱弱，它是所有记忆合成的基数。个人记忆是不尽相同、因人而异的。当我们将眼光置身于两岸传播的视角下会发现，一直以来我们强烈关注的两岸媒体之间的互动似乎显得不那么重要。如何让台湾青年与大陆青年进行实地的参访与互动，甚至建立长效的台湾青年赴大陆就业、求学与生活才是治愈两岸青年记忆失真的良方。

台湾青年对大陆的坏印象是十分明显的，他们的"大陆记忆"均存在着明显的偏差或是对大陆完全没有意愿了解。诚然，"台独"势力的日益猖獗、台湾青年的生活就业压力以及外省概念的逐渐稀等都是主要的诱因，但我们应该意识到"我们那边只会讲中国不会讲大陆"这样的敌对态度确实是亟须解决的重大问题。2018 年 2 月 28 日，国台办发布实施《关于促进两岸经济文化交流合作的若干措施》，其中有 19 条措施涉及逐步为台湾同胞在大陆学习、创业、就业、生活提供与大陆同胞同等待遇。主要包括，向台湾同胞开放 134 项国家职业资格考试，为台湾人士取得从业资格和在大陆应聘提供更多便利，台湾同胞可申请"千人计划""万人计划"和各类基金项目，参与中华优秀传统文化传承发展工程和评奖项目、荣誉称号评选，加入专业性社团组织、行业协会，参与大陆基层工作，并放宽台湾影视、图书等市场准入限制。措施的实施定会吸引更多台湾青年前来大陆，但这远远不足以改变目前的两岸关系，想要让两岸的友善关系更进一步，首先需要的是台湾同胞认同大陆，而最需要获得他们认同的则是大陆人。

去过台湾一定都听过"台湾最美的风景是'人'"这句话，在到访大陆的台湾青年眼里，现如今大陆最美的风景也恰恰是"人"。如何强化这一观念，将真实的"大陆记忆"传播到更多台湾同胞的心里？想必人本身就是最好的渠道。

禅绕画课程对成人空间智慧与
内省智慧影响之研究

魏怡珍 [*]

一、前言

本研究者为禅绕画美国官方认证教师（CZT#12），自 2013 年 10 月取得禅绕教师认证后，即投入禅绕画的教学与推广。在台湾，禅绕画的教学和学术研究，主要从静心舒压的心灵层面或造型创作技巧的艺术层面做诉求及探讨。而研究者在多年的教学和自我创作经验中，体悟到禅绕画作为一种提升成人自觉内省的方式，是具有很大的潜力。是故，研究者结合哈佛大学学者 Gardner 提出的多元智慧理论，欲探讨禅绕画对台湾成人空间智慧与内省智慧的影响，目前尚无以此角度切入探讨的研究。

禅绕画是一种易于学习和上手的艺术形式，在绘制禅绕图样的过程中，创作者需要处理从平面到虚拟三度空间的复杂视觉画面，所以绘制禅绕画能够让创作者练习与提升图像操控的能力，这与多元智慧理论中的空间智慧相呼应。此外，禅绕画因其定义与操作方式的特性，容易引导创作者进入专注、静心的状态，产生类似冥想的效果，所以教学者借由课程的带领，能够引发创作者自我觉察的能力，这部分能与多元智慧理论中的内省智慧相呼应，而内省智慧又被认为是发展其他智慧的一个基础能力。

本研究先探讨禅绕画课程与多元智慧中的空间智慧与内省智能之关系，以及在禅绕画中应用多元智能理论进行教学的可能性，再进一步探讨禅绕画课程

---

* 作者简介：魏怡珍，台北艺术大学与人文教育所硕士研究生。

对于受测者在空间智慧与内省智慧能力提升上的影响程度，最后提出一套能提升受测者空间智慧与内省智慧能力的禅绕画课程，并针对课程内容设计与执行方式提出参考建议。本研究期望能对于未来想将禅绕画课程与多元智慧理论做进一步结合与发展的研究，提供一个研究的方向、基础的资料与研究架构。

二、文献分析

（一）禅绕画（Zentangle®）的基本概念

起源于美国马萨诸塞州（Massachusetts）的禅绕画（Zentangle®），是由玛莉亚. 汤马斯（Maria Thomas）和她的伴侣瑞克. 罗伯兹（Rick Roberts）所发展出来的一套能提供人们简易上手、充满乐趣和放松的艺术创作形式。它是一种借由事先已解构成若干绘制步骤的图样，绘制成图像，易于学习、绘制起来轻松有趣的艺术形式（余佳容，2016）。

禅绕画的图样，可拆解为五个基本的"元素笔画"（Elemental Strokes），分别为"."（点）、"–"（线）、"("（曲线）、"～"（S曲线）和"0"（圆形）。不同的图样，可能由1至数个不同的"元素笔画"组成，使用的元素笔画越多，通常图样也就越复杂（Robert & Thomas，2012）。

玛莉亚和瑞克为禅绕画设计、生产和试用了许多绘制工具，使画禅绕时更能享受、体验到它的乐趣。以基础入门会使用到的工具为例，包括有一张大小为3.5英寸、官方命名为"纸砖（tile）"的禅绕画专用方形纸、黑色代针笔、2B铅笔及推色笔等。画禅绕时会使用到铅笔，但不使用橡皮擦，这是因为禅绕画是不具象的，也没有方向性，同时在绘制前没有事先计划，所以不会有像不像及是否达成计划的问题，因此就没有所谓的对或错、好与坏，也就不需要橡皮擦来做"修正"，这是禅绕画中一个非常重要的观念与精神（金黎昍译，2014）。

禅绕画绘制的方法有八个基本步骤，分别为（1）感恩与感谢；（2）在角落画上黑点；（3）画边框；（4）画暗线；（5）放上图样；（6）打上阴影、（7）签名落款；（8）感谢与欣赏。透过起承转合的步骤引领，让创作的人一步一步地踏入禅绕画如诗般的创作历程之中（劳拉、戴宁、戴安译，2016）。而在绘制时，有七种加强表现效果的技巧，分别为光环、闪烁、阴影、珍珠、圆化和露珠（金黎昍译，2014），以及超越（Thomas，2017），借由以上的技巧，可为禅绕图样增添更多细节上的丰富度、层次感及活泼度。此外，不仅是能让创作更有深度、可看性及趣味性，更重要的是它提供了一个易于依循的架构，让创作者能够透过这些技巧更轻易地将自己的创造力与表达力呈现出来。

研究者在多年禅绕画的教学上，时常收到学员们大量的回馈关于禅绕画对于他们的正向影响，这些回馈的内容基本上也都符合禅绕官方网站上所提到练习禅绕画可能为人带来的好处。而不只是学员们会有这样的回馈，研究者本身在日常创作时，也能感受到禅绕画的力量。在禅绕官方所出的"禅绕之书.入门第一册"（劳拉、戴宁、戴安译，2016）中整理罗列了禅绕画对于人会产生的好处，包括有让创作者产生自信、赋予力量、提升专注力、启动灵感、使人放松和增进觉察力。

禅绕画的应用日益广泛，除了艺术创作、个人心灵疗愈与休闲外，也开始被运用到其他领域，像是心理咨询师将禅绕画带入个人或团体的咨询辅导中，引导个案或是团体成员调节情绪与压力（余佳容，2016）、禅绕教师借由禅绕画的特性带领学员接触艺术创作，开启创意的大门、透过课程设计，在企业中利用禅绕画创作，进行员工团队建立的活动或是其他类型的艺术创作者将禅绕画引用入自己原本的创作形式中，结合出不同样貌的风格等等多元化跨领域的应用。在本研究者自己的教学与创作中，也不断地思考与开发禅绕画的新应用，使禅绕画作为一种艺术形式的媒介，链接不同领域、产生不同效能之应用。让艺术创作有更多元不同的管道能够与一般人的生活接触与使用。

禅绕画的内涵给予创作者与教学者很大的诠释空间，在创作与教学的实践历程中能够不断地进行扩充，这使得禅绕画能够变得更加的多元且具有跨领域结合应用的能力。也因为在投入研究与创作禅绕画时，越是深入了解，越能感受到它能够对人产生的影响力与艺术性。

（二）多元智慧理论

Gardner 在其所著的《智力结构：多元智慧理论》（frames of Mind：The Theory of Multiple Intelligences）一书中提出多元智慧理论（The Theory of Multiple Intelligences, MI）的概念（林靖惠，2015），他认为传统的智力测验有两大缺点，一是范围过于狭隘，二是传统的纸笔测验等同于一般的语言工具测量，所强调的是语文与数理逻辑能力，并不足以代表一个人心智的真正潜能和本质，也无法解释人类在各种文化中的成人角色以及成人所表现出来的"终点状态"（end state）（陈柏霖，刘佩云，2009）。故他针对"智慧"提出新的定义，包含有：（1）智慧是能解决实际生活中所面临的问题之能力（解决问题的能力）；（2）智慧是面对事物时具有提出问题并解决的能力；（3）智慧是对于个体本身所处的文化，提供具有价值的创造和服务的能力。此定义强调，智慧的社会文化性以及个人的主动性，也就是说人们对智慧的理解以及智慧表现形式的要求，会因不同的社会文化而产生不同的观点（林靖惠，2015）。

多元智慧理论兴起的原因与背景可归纳为：（1）传统智力理论与测验的缺失；（2）理论明确易懂且具实用性；（3）符合以学生为中心的理念、（4）与多元文化理念相呼应；（5）对过度重视标准化测验的反省；（6）认知心理学的盛行；（7）弥补认知心理学立论上的缺失；（8）脑神经研究的影响（陈雨柔，2014）。此理论包含八种智慧，分别为：（1）语文智能；（2）逻辑—数学智能；（3）空间智慧；（4）肢体—动觉智能；（5）音乐智能；（6）人际智能；（7）内省智慧；（8）自然观察智慧（吴孟颖，2012）。

禅绕画在绘制的过程中，将各种不同形态的图样叠堆、组合，形成图样在画面上呈现聚合、离散，以及层次丰富的视觉空间感。这与多元智能中的空间智能有许多可交互参照、应用之处。是故，研究者认为透过禅绕画的创作学习与训练，能够协助学习者发展其空间智慧。Gardner 认为空间智慧的定义乃是"个体能准确感觉视觉空间，并把所知觉重新操作后表现出来的能力。"学者Campbell 与 Dickson 则认为空间智慧是"个体能将色彩、线条、形状、形式、空间关系用视觉和空间的想法，立体地在脑海中表现出来，使人能知觉外在和内在的影像，也能重现、转换或修饰心像。善于使用空间智能的人，可随心所欲操弄对象的位置，以及产生或解读图形的讯息。"学者 Armstrong 认为空间智慧的定义是"包括对色彩、形状、空间及其之间的敏感性，其中包括将视觉与空间立体化地在脑中呈现出来，以及在空间矩阵中，快速找出方向的能力。"（谢秀宜，2008）。

Gardner 同时也指出视觉是人类认识世界的一种方式，甚至比语言符号更为古老。空间智能可当作一种语言，用来阅读、解释、了解视觉信息，也可用来沟通。甚至许多以其他形式出现的概念也可转换成为视觉空间形式处理。他认为每个人都可能拥有空间智慧，即便是失明的人，此智慧也有高度发展的可能。Lohman 从使用与表现的角度切入，针对空间智慧的内涵进行分析，以便了解空间智慧的思考运作架构，其内容包括：（1）视觉转换；（2）视觉表征；（3）视觉工作记忆；（4）视觉策略（谢秀宜，2008）。

而禅绕画在绘制的过程中，能够让创作者体验到平静、沉淀、愉悦等等的感受，并且觉察自己的身心状态，开启一个自我对话的机会。这与多元智能中的内省智能有许多可交互参照、应用之处。是故，研究者认为透过禅绕画的创作学习与训练，能够协助学习者发展其内省智慧。

"内省"通常是指自我观察、自我试验与自我反省，而内省智慧的概念是个体有具自知之明，并能依此表现出适当行为的能力，包括对自我的了解、意识到自我内在的情绪、意向、动机、脾气与欲求，以及自律、自知及自尊的能力（黄瑾瑜，2013）。内省智慧的核心能力是接触个人自己的感情生活，就原始层面来说，即是个体区分快乐和痛苦的感受，而变得更投入或更退缩，而就高等层面来说，内省智能允许个人觉察复杂和高度分化的情绪，并提出这些情感的象征。学者 Silver，Strong 和 Perini 提出内省智慧强势的个体通常倾向选择独自工作，依靠对自我的了解来指引自己，并常与内在对话，擅长订定实际的目标及形成自我概念（庄雅婷，2011）。

Goleman 引用 Salovery 所提出的五个情绪智慧中与内省智慧相关的三个概念，其内涵包括（1）觉察自我情绪：指自我觉醒，当要发生某种情绪时，能觉察到它的存在及对于此情绪的想法；（2）管理自我情绪：此为个体能适当处理自我情绪感受的能力，此为建立自我觉察的能力；（3）激励自我：指的是个体能够将情绪专注在一项目标上，集中注意力，发挥个体的创造力。Goleman 在"最重要的领导"（Primal leadership）一书中提出与内省智慧有关的两个概念，其内容为（1）自我觉察：即为情绪的自我觉察，包括精确的自我评估与自信心；（2）自我管理：指情绪自我控制，包括信任、适应、成就导向、主动、乐观与认真等（黄瑾瑜，2013）。

（三）禅绕画与空间智慧、内省智慧的关系

从目前研究禅绕画主题的文献中可以得知，相关的研究主题以探讨其艺术表现性、情绪管理调节能力、提升学生创造力或自信心为主（程静怡，2012：吴采芸，2013：张令嘉，2015：卜宪正，2016：吕佳萤，2016：余佳容，2016：陈艾琳，2017：谢家雁，2017：廖明玉，2018），尚未有结合禅绕画与多元智慧理论的研究探讨，是故本研究期以将两者结合，为禅绕画的研究展开不同的研究方向、开拓新领域应用的可能性。

禅绕画由于它特殊的方法论及创作心法，使得创作者在学习这种艺术形式时，不但能够提升本身的艺术创作能力，同时也能在创作过程中开始觉察自己的情绪与思绪，是故能够同时对应到多元智慧中的空间智慧与内省智慧。本研究即是立基于此概念之上，期望借以开发出一套禅绕画的应用课程，来发展禅绕画学习者的空间智慧与内省智慧，进一步扩充禅绕画的内涵及应用层面。

三、研究设计

（一）研究方法

本研究针对成人学员实施六周禅绕画课程，透过准实验研究设计于课程前后进行前后测问卷施测，以了解成人学员在经历六周禅绕画课程的学习后，对于空间智慧与内省智慧上的影响状态。在第一阶段的前导实验中，共有 15 位学员参与实验，均接受研究者每周一堂，共计六周的禅绕画教学活动。课程实施日期为 2018 年 3 月 8 日至 2018 年 4 月 19 日（其中 4 月 5 日为清明节的法定假日，故课程顺延一周）。在六周的课程活动中，研究数据的收集方式为多元智慧之空间智慧与内省智慧的前后测量表、课程满意度问卷、学员作品展示以及教师观察记录表与反思记录表，再辅以教学录像等方式进行。前导实验主要的目的在于透过学员的反馈做课程效益的评量与调整，同时针对学员填写前后测问卷的数据结果，适时调整前后测问卷的题目，作为第二阶段正式实验时的基础。

（二）研究架构与对象

本研究的架构主要分为五个阶段，第一阶段是文献整理，梳理多元智慧理论及禅绕画理论，作为后续开发多元智慧理论导入禅绕画课程的基础准备。第二阶段是发展设计多元智慧理论的禅绕画课程，透过将多元智慧理论与禅绕画的特性做结合，开发出一套能提升学习者空间智慧与内省智能的课程。另一方面发展适合此课程的评量方式，以掌握课程成效及学员的回馈状态。第三阶段是实际进行授课的准实验阶段，执行课程的过程中能够搜集学习者的回馈、了解课程内容的有效性及适切性。第四阶段根据准实验中所搜集到的课程资料，进行运作效益与结果的分析。第五阶段则是从课程执行成果的分析中，进行教学者反思与回馈，并且将准实验的课程内容做调整与修改，以作为后续正式课程实施的基础（参见图 1）。

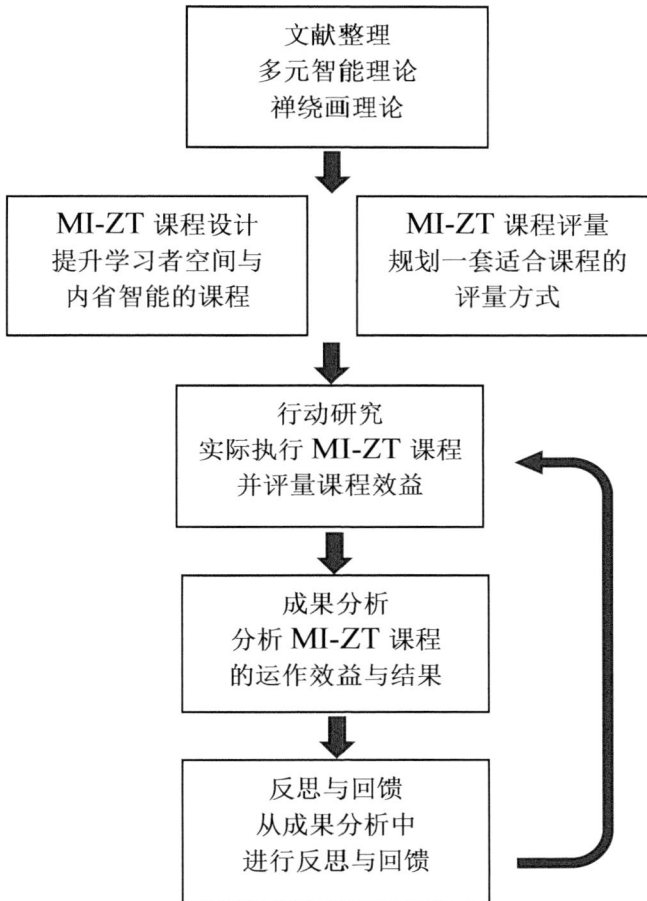

```
┌─────────────────────────┐
│      文献整理            │
│    多元智能理论          │
│    禅绕画理论            │
└─────────────────────────┘
              │
              ↓
┌─────────────────────┐      ┌─────────────────────┐
│  MI-ZT 课程设计     │      │  MI-ZT 课程评量     │
│  提升学习者空间与   │      │  规划一套适合课程的 │
│  内省智能的课程     │      │  评量方式           │
└─────────────────────┘      └─────────────────────┘
              │
              ↓
┌─────────────────────────┐
│      行动研究            │←─────────┐
│  实际执行 MI-ZT 课程     │          │
│  并评量课程效益          │          │
└─────────────────────────┘          │
              │                       │
              ↓                       │
┌─────────────────────────┐          │
│      成果分析            │          │
│    分析 MI-ZT 课程       │          │
│  的运作效益与结果        │          │
└─────────────────────────┘          │
              │                       │
              ↓                       │
┌─────────────────────────┐          │
│      反思与回馈          │          │
│    从成果分析中          │──────────┘
│    进行反思与回馈        │
└─────────────────────────┘
```

图 1 研究架构

　　在准实验中，参与六周禅绕画课程的学员共计十五位，皆为女性，年龄平均约 50 岁，其职业类型主要以家管、军公教、服务业、金融保险业及其他为主。学员中有五位曾接触过禅绕画，其他则是第一次接触、有七位曾经学习过其他类型的绘画，八位没有学习画画的经验（参见表 1）。

表 1 准实验的学员背景数据表

学员代号	性别	年龄	学历	职业类型	是否学过禅绕画	是否学过其他绘画
S1	女	51 岁以上	初中	家管	否	否
S2	女	51 岁以上	大专	其他	是	素描
S3	女	41—50 岁	大专	家管	是	禅绕画
S4	女	51 岁以上	大专	家管	否	学校美术课
S5	女	51 岁以上	大专	其他	否	否
S6	女	51 岁以上	硕士	军公教	否	学校美术课
S7	女	41—50 岁	大专	其他	是	否
S8	女	51 岁以上	大专	服务业	否	否
S9	女	51 岁以上	大专	其他	是	学校美术课
S10	女	51 岁以上	大专	其他	否	否
S11	女	51 岁以上	大专	金融保险	是	否
S12	女	41—50 岁	大专	家管	否	色铅笔
S13	女	51 岁以上	大专	服务业	否	否
S14	女	41—50 岁	大专	家管	否	否
S15	女	51 岁以上	大专	家管	否	植物写生

（三）研究工具与资料分析

1. 研究工具

本研究在第一阶段的前导研究中，采用准实验研究设计的同组前后测设计，使用自制的空间智能与内省智能评量问卷，对受测的学员进行施测，探讨学员的空间智慧与内省智慧是否会受影响。同时，研究者于每堂课程结束后，填写观察记录表与反思记录表，以记录下授课与学员学习的状况，作为前导研究数据分析之辅助与补充分析之用。

2. 资料分析

本研究采用"t 检定：成对母体平均数差异检定"进行学员空间智慧与内省智能在前后测评量数据上是否有显著差异的分析。空间智慧与内省智慧评量是透过前后测问卷来搜集学员在课后对于空间智慧与内省智慧的掌握能力之提升状态。本研究采用的是 Likert 量表，以五个尺度来做衡量学员对于空间智慧与内省智慧的掌握能力程度，分别是非常同意、不同意、普通、同意与非常同意。在转换成为统计计分上，非常不同意 1 分、不同意 2 分、普通 3 分、同意 4 分与非常同意 5 分，所有学员应答的总得分越高者代表其对于该评分项目的掌握能力越高。

四、结果分析

（一）空间智慧与内省智慧评量前后测

将回收的空间智慧与内省智能评量前后测数据，以 SPSS 统计软件进行 "t 检定：成对母体平均数差异检定"。由统计分析的结果（参见表 2）可看出空间智慧 15 题的评量前后测对照数据皆具有显著性，评量题目的平均值皆为正向，代表学员在完成六堂课程之后，对于其空间智慧的能力是有所提升的。进一步分析平均值，可以看出课程对于提升学员是否能绘制出很复杂的图案线条，具有最高的差异，这说明禅绕画课程能对于学员在绘制复杂图案线条具有高度影响，而对于学员是否能在脑中轻松的想象事物的景象，则是呈现最小的差异，这说明课程对于学员的脑中成像的影响度最低。

表 2：空间智能成对样本 t 检定分析					
题目或向度		平均	t 值	p 值	比较
1. 平时当我闭上双眼时，能看见清楚的影像	前测	3.20	-6.971***	.000	后测＞前测
	后测	4.467			
2. 平时我能很轻松地想象鸟瞰一个事物的景象	前测	3.467	-7.246***	.000	后测＞前测
	后测	4.467			
3. 平时我的脑海中会浮现老师讲解的活动内容影像	前测	2.93	-5.802***	.000	后测＞前测
	后测	4.80			
4. 平时，我能以简单的绘图方式，帮助记忆或思考行进的路线	前测	3.00	-5.264***	.000	后测＞前测
	后测	4.13			
5. 平时我喜欢随手涂涂画画	前测	2.47	-11.225***	.000	后测＞前测
	后测	4.87			

续表

题目或向度		平均	t 值	p 值	比较
6. 平时我能分辨出物体间颜色或形状的细微差异	前测	3.47	-6.859***	.000	后测＞前测
	后测	4.60			
7. 平时我会利用不同的摆饰来改变房间的气氛	前测	3.33	-5.551***	.000	后测＞前测
	后测	4.60			
8. 我擅长画几何图样，例如方形、圆形等	前测	2.87	-10.247***	.000	后测＞前测
	后测	4.87			
9. 我擅长画有机图样，例如花、叶等	前测	2.67	-9.025***	.000	后测＞前测
	后测	4.80			
10. 我能在画面上绘制出很复杂的图案线条	前测	2.07	-8.789***	.000	后测＞前测
	后测	4.73			
11. 我能在画面上绘制出空间感的图案线条	前测	2.40	-9.012***	.000	后测＞前测
	后测	4.87			
12. 我能在画面上绘制出层次感的图案线条	前测	2.27	-10.217***	.000	后测＞前测
	后测	4.87			
13. 我能在画面上绘制出律动感的图案线条	前测	2.33	-7.483***	.000	后测＞前测
	后测	4.73			
14. 平时我喜欢动手做东西，例如手工艺品等	前测	3.07	-5.000***	.000	后测＞前测
	后测	4.73			
15. 我具有画面上版面比重处理的概念	前测	2.40	-8.488***	.000	后测＞前测
	后测	4.87			

注：*** $p < .001$

　　由统计分析的结果（参见表 3）可看出内省智慧 15 题的评量前后测对照数据有部分题目未达显著性，分别为题目 1 "平时我能够清楚表达自己喜爱事物或兴趣"、题目 2 "我对于自己的优缺点有所了解"、题目 5 "我对于别人的优点乐于表达赞美"及题目 13 "我能够感同身受、同理别人的情绪状态"。透过随机抽样访谈学员和课堂观察，以探究其未达显著性之原因，发现可能的原因在于六堂课程中并未直接明显针对此四个项目的内容进行教学或强调，是故学员在此四题的前后测评量数据上未有明显差异的提升。而除以上 4 个题目未达显著差异外，其于 11 个题目皆具有显著差异。此 11 个题目评量题目的平均值皆为正向，代表学员在完成六堂课程之后，对于其部分内省智慧的能力是有所提升的。

进一步分析平均值，可以看出课程对于学员提升在画画过程中觉察自我状态的能力，具有最高的差异，这说明禅绕画课程能对于提升学员觉察自我状态的能力具有高度影响，而对于学员对自我优缺点的了解，则是呈现无差异，这说明禅绕画课程未能对于学员了解自我优缺点具有影响力。

表 3：内省智能成对样本 t 检定分析					
题目或向度		平均	t 值	p 值	比较
1. 平时我能够清楚表达自己喜爱事物或兴趣	前测	4.00	-.564	.582	后测＞前测
	后测	4.13			
2. 我对于自己的优缺点有所了解	前测	4.00	-.435	.670	后测＞前测
	后测	4.07			
3. 平时我会用文字来记录自己的想法或感受	前测	3.40	-3.108**	.008	后测＞前测
	后测	4.33			
4. 我有自己的嗜好或生活乐趣	前测	4.07	-3.556**	.003	后测＞前测
	后测	4.80			
5. 我对于别人的优点乐于表达赞美	前测	4.13	-2.092	.055	后测＞前测
	后测	4.47			
6. 我能适当的表达自己的情绪反应及感受	前测	3.53	-4.036**	.001	后测＞前测
	后测	4.27			
7. 平时在面临困难或挫折时，我能给予自己正面的引导或鼓励	前测	4.00	-3.556**	.003	后测＞前测
	后测	4.73			
8. 平时在画画的过程中，我能观察到自己的想法或念头	前测	3.33	-5.358***	.000	后测＞前测
	后测	4.80			
9. 平时我对于自己的优点或表现好的事情乐于表达赞美	前测	3.40	-6.325***	.000	后测＞前测
	后测	4.73			
10. 平时在画画时能使我感觉到心情平静	前测	3.60	-6.548***	.000	后测＞前测
	后测	5.00			

续表

题目或向度		平均	t 值	p 值	比较
11. 平时我能够觉察到自己的情绪状态	前测	3.93	-4.516***	.000	后测 > 前测
	后测	4.80			
12. 平时在画画的过程中，能让我放松下来	前测	3.60	-4.461**	.001	后测 > 前测
	后测	4.87			
13. 我能够感同身受、同理别人的情绪状态	前测	4.00	-1.974	.068	后测 > 前测
	后测	4.47			
14. 平时我很容易进入到专注的状态	前测	3.47	-6.205***	.000	后测 > 前测
	后测	4.93			
15. 平时画画能让我感觉到心情愉快	前测	3.67	-5.739***	.000	后测 > 前测
	后测	5.00			

注：**: $P < 0.01$、*** $p < .001$

（二）课堂观察

在六堂课程进行中能够观察到学员们基本上都相当投入于禅绕画的学习与创作，对于教师在教学上的引导与提醒也都乐于接受，另一方面，当有疑问产生时，学员也会主动发问。在课程开始之前，学员们对于自己是否能掌握绘画创作的能力抱有迟疑，而随着课程的进行，学员开始完成一件件禅绕作品后，就越来越能发现自己的创造力，对自己绘画创作能力的自信心也逐渐提升。甚至不少学员在完成禅绕作品后，惊讶于自己的创造力，发觉自己也具有创作的能力，并且开始欣赏自己不同面向的特长。课堂观察学员的呈现状态，与空间智慧、内省智能的前后测数据分析结果呈现一致。

五、结论与建议

根据研究分析的结果可得知，学员对于六堂课程授课方式与内容皆具有高度满意度，唯有在课程实作时间的分配上，分数略低于其他项目，是故，未来在正式实验时，可进一步针对课程的内容分量及时间分配上进行调整，让学员有适切的实作时间、充分的投入课程之中。

　　而学员在完成六周的禅绕画课程之后，基本上对于其在空间智慧的能力上皆有显著的提升，而在内省智慧的能力上则是在11个题目上达到显著提升，未达显著提升的部分，在未来进行正式实验时，可以透过题目的调整，更适切的呈现课程对于学员内省智慧提升的状况。

　　在第一阶段的准实验中，除了搜集到学员对于课程满意程度的数据、空间智能与内省智能评量前后测的数据外，也能发现在相关研究量表可做调整之处、课程与量表题目相互搭配的适切程度。这些皆是未来进行正式实验前，可以先做改善的部分，让正式实验能够取得更精准的实验结果，更真实的反映出课程对于学员在空间智慧与内省智慧能力上提升的状态。

　　虽然在准实验中，其评量问卷及课程内容都尚有可再调整之处，然而透过相关统计分析数据的呈现，我们也能初步的看出，在禅绕课程中，确实对于提升学习者的空间智慧与内省智慧能力具有一定的效用。

　　总结以上论述，禅绕画课程对于成人在空间智慧与内省智慧能力上的影响，具有以下发现：

　　一、禅绕画课程可以提升成人在脑内成像、绘画兴趣与绘画技巧等空间智慧的能力。

　　二、禅绕画课程可以提升成人在画画过程中觉察自我状态与调节自我情绪等内省智慧的能力，但是对于成人在表达自己对事物或兴趣的喜爱状况、自我或他人优缺点的了解，以及对他人情绪状态的感受力等内省智慧的能力上无显著差异。

澳门与台湾品德教育课程之研究与启示

布宝淇[*]

一、前言

台湾自 2004 年起实施教育主管部门"品德教育促进方案",自今已进行第三期的五年计划。方案实施也从九年一贯转换成为"'十二年国教课程纲要'总纲"为其重要内容(教育主管部门,2014)。而依据"'十二年国教课程纲要'总纲"指出,当局欲以九项核心素养为主要规划,期待能把"道德实践与公民意识"等九项核心素养融入各学习领域或科目当中。由于研究者本身为高中毕业前于澳门特别行政区(以下简称澳门)习得高中学历,于大学时期始于台湾修得大学学历时发现,台湾于 2019 年准备实施之"十二年国教"。其目标与澳门目前正已实施之十五年正规教育相似。加上澳门自 2002 年开放赌权后,使澳门出现了赌博合理化、普遍化、年轻化。造成澳门"过度化发展"。而"过度化发展"的危机主要表现在高中生为求更快速地赚取金钱,从而影响了澳门之人均素质及出现了道德堕化的现象(陈志峰,2004)。为了提升澳门人均素质,澳门政府于 2003 年施政报告中提出"……无论大学和中小学,我们都要大力促进品德教育……"。换言之,澳门政府于对于学生的品德教育是相当重视。因此研究者以澳门品德教育课程之相关文件作为主要文献分析对象,旨在了解澳门目前品德教育发展之内容,提出对于台湾"十二年国教"之品德教育课程之建议。

---

* 作者简介:布宝淇,台中教育大学教育学系硕士班研究生。

二、澳门实施品德教育课程之教育政策

澳门自古以来虽是中国的领土，但于十六世纪中叶以后因与葡萄牙签订了《中葡和好通商条约》而成了葡萄牙的殖民地。澳门被葡萄牙殖民了长达了112年，其后在1999年才正式将主权移交中国，同时实行"一国两制"，享有"澳人治澳、高度自治"的权利（澳门特别行政区印务局，2011）。以下就澳门回归作为时段划分，进行有关澳门实施品德教育课程之教育政策进行讨论。

（一）回归前

课程安排方面而言，最早的相关文献《规定幼儿教育、小学教育预备班及小学教育之教育程度课程组织之指导性框架》指出澳门政府针对教育阶段分成了"学前①及小学②阶段""初中③阶段"及"高中阶段"三个阶段。而目前最新的课程计划则从"学前及小学阶段""初中阶段"及"高中阶段"三个阶段改成"幼儿教育""小学教育""初中教育"及"高中教育"四个阶段（澳门政府印务局，2014）。就过去三个阶段内容而言，"学前及小学阶段"唯台湾小学教育课程计划当中有明确地提及有关"品德教育"之科目中，教育机构应从"道德教育""公民教育"及"宗教教育"中至少开设一门科目且每周时数不得少于40分钟；而幼儿及小学预备班之教育课程中，只提及"在各培训领域发展之活动亦应注重其感情、社会情感及道德发展"。"初中阶段"除与台湾小学教育一样教育机构每周至少开设一门科目前时数不得少于40分钟外，也从课程分科（"学前及小学阶段"为例）当中的三大类别，合并成"道德及公民教育""宗教教育"（如所选之科目为"宗教教育"，则教学大纲当中也应加强道德及公民教育之内容）二大类别，同时也着重加强环保教育、情感发展及性教育（澳门政府印务局，1994b）。而到了"高中阶段"与"品德""道德""公民"相关之课程并没有像前面所述两个阶段一样，有着明确的时数及节数之指示，谨把相关内容放于一般培训中的其一分类。换句话说，相关课程内容所进行之时数或节数，皆由各教育机构自行决定（澳门政府印务局，1994b）。

---

① 学前：就台湾教育而言，学前教育为台湾"国民"小学前之学习阶段。

② 小学：就台湾教育而言，此处"小学"即指台湾"国民"小学。本研究只要是文件内容，即按照原文件呈现；若为研究者自身想法及其研究内容，即使用台湾小学作为主要呈现方式。

③ 初中：就台湾教育而言，此处"初中"即指台湾"国民"中学。研究只要是文件内容，即按照原文件呈现；若为研究者自身想法及其研究内容，即使用台湾中学作为主要呈现方式。

（二）回归后

目前澳门所采用于"幼儿教育""小学教育""中学教育"及"高中教育"之课程计划及发展准则，于 2014 年所出版之《本地学制正规教育课程框架》作为最主要之内容（如附件一）。与最初版本（1994）最明显差异为，在课程发展准则及课程计划表当中，除幼儿教育并没有明确写出与"品德""公民""道德"之相关课程外，小学教育、中学教育及高中教育皆有写出一门"品德与公民"之学科，且时数每学期不得少于 8320 分钟（即每周时数不得少于 35 分钟）。

澳门特区政府为了解课程计划之实际情况，于 2007 年 3 月 14 日成立"澳门中小学品德与公民教育的专项评鉴"，该内容除有明确地提出澳门截至评鉴发表日（2009 年 2 月 1 日）有关品德之课程内容及实施情况外，也提出了学校品德与公民教育实际情况之问卷调查，内容以了解学校在实施品德与公民教育的推动方式、课程内容、教学方法、教学目标及教学评鉴等方面。问卷结果除指出：澳门中小学品德与公民教育多采用独立学科的方式外，也提出有关学习评鉴的报告。因而从报告中可看出澳门在品德教育当中之实施情况，除让学生每周有确实之上课时数之外，也有与其他基本学科（语、英、数）一样的教学素材及同样有学习情况相关之评鉴。而该评鉴也建议，日后澳门之教育重点应以"品德与公民"作为教育施政之重点，即使在课程上"品德与公民"并没有独立设科，也可于其他科目当中融入其中（单文经、黄素君、施明达、曾琦，2009）。为了增加品德与公民教育的基础，澳门政府也推出了由人民教育出版社所编撰的小学、中学和高中教育教材共 23 册，分别为小学 12 册、中学 6 册及高中 5 册（如附件二），整理分析如下表 1 所示。

表 1 澳门品德教育教材之重点整理

学习阶段	学习目标	册数
小学阶段	（1）低年级："自我、班级、学校、家庭和社会，及自然环境" （2）高年级：个人与家庭、群体和社会及国家与世界	共 12 册 （每年级各 2 册）
中学阶段	"自我与朋辈、自我与家庭、自我与发展、澳门与世界、公民与政府、机遇与挑战"	共 6 册 （每年级各 2 册）
高中阶段	"幸福人生、法治生活、社会责任、政治参与、全球联系"	共 5 册 （除高中三年级为 2 册外，其余两个年级分别共 1 册）

从上表中可以看出，小学的部分是以教导学生认识个人及生活之环境、地区及学生家庭作为基础知识，再渐渐把内容扩大至认识相连的关系作用。让学生成长当中的需求及心理发展得到满足，从而引导学生参与社会活动且从中得到发展。

中学的部分由于该年龄之青少年大多进入青春期，因此以青少年作为主要的素材，从中让学生了解自己在该年龄时在生、心理上所发生的事情，以及让家长们有一个依据可以了解学生目前对于自身的了解程度。

针对高中教材方面，可以看出高中以认识国家之政策、个人对国家之责任及个人对其他地区及国家之认识，作为主要的学习内容。让学生除了解目前身处之地区及国家时事外，也可以与世界作为联结基础。

综合以上所说，目前澳门品德教育之课程最为明确之课程计划始于小学阶段，课程内容也按照年级之增加而有所不同。

三、台湾实施品德教育课程之教育政策

1949年国民党退台后，为台湾日后之发展打开了一个新面向。以下以1949年作为起始点，同时以政治、经济及环境脉络作为主要分界点。而根据刘秀嫚、李琪明、陈延兴及方志华等人于2015年所发表之《品德教育现况及因应"十二年国教"课程改革之调查研究》指出台湾中小学课程发展变革迄今可分成约三个时间："戒严"期、转型期和九年一贯时期，以下兹就台湾品德教育课程相关时期之论述。

（一）"戒严"时期（1949—1987年）

国民党当局于1949年退台后同时颁布"戒严令"后，台湾该时期的教育政策上以1948年所实施六年"国教"基础，而到了1968年台湾当局开始实施九年"国教"。自1948年至1987年期间，"品德教育"在中小学皆设定为独立科目，以生活实践指导及知识教学作为主要的教学目标。再者，为加强良好德行的培养，中小学于每周需固定安排时间进行教学。在这期间的教学目标也从一开始的"德目源于政治要求"渐变成强调培养民主法治作为主要目标（方志华、李琪明、刘秀嫚、陈延兴，2015）。

（二）转型期（1987—2009 年）

台湾自 1987 年宣布"解严"以来，政治经济文化等各方面都出现了"民主自由"及"多元开放"的声浪和趋势。也正因如此，许多民间团体以"教育松绑"作为口号，主导了数场教育改革。因此，在民间力量的推动及官方版编者的改变之下，许多旧有的政治意识形态渐渐消失，新的教育需求和观念被带入。虽然此期间的"品德教育"相关课程仍是由官方作为主导，但是在教学活动时间上却渐渐变小。这期间大多数的学校并没有实施相关内容，造成了"品德教育"课程于这后时间出现了空白期的情况。

（三）九年一贯（2000—2014 年）

1998 年，台湾当局发布"台湾民众中小学九年一贯课程总纲"（暂行纲要），代表着台湾教育开始转为另一个时期。台湾当局于 2000 年、2003 年、2004 年、2005 年及 2008 年分别先后发布有关中学、小学及高中阶段的课程纲要内容，台湾中学、小学及高中阶段目前于九年一贯所使用的总纲为：2003 年及 2008 年所发布的版本。当中有关"品德教育"到了此时期，已经无法看出在课程的任何安排了。台湾当局为了弥补"品德教育"于九年一贯课程纲要当中的悬缺位置，于 2004 年发布教育主管部门"品德教育促进方案"而该方案重点旨在把"品德教育"融入各学习领域当中，但同样没有明确指出任何的教学活动时间。

综合以上所说，台湾于"戒严"时期阶段之教育政策以独立设科作为主要政策。然而到了转型时期后，在教育政策上就把该科目之时间取消强调融入式教学。

四、澳门与台湾教育政策之比较

就上述澳门及台湾品德教育课程之教育政策发展内容，将进行两地区间之教育政策比较及结论内容之讨论。

澳门及台湾品德教育课程之教育政策发展当中我们可以得知：台湾于品德教育方面只有在 2004 年之前（即"戒严"期及转型中期）有独立设科，然而到了九年一贯及"十二年国教"时期，却只强调"融入"并没有独立的课程时间；而澳门于回归前后之差异虽不大，然而在教学材料上有着明确的改变。另在教学材料方面，台湾于"品德教育资源网"列出多项书籍提供各级学校选择，当然各校也可因应学生之学习状况、现今时事等改变教材。同时，台湾大多以课程外活动时间进行相关活动，因此与澳门相比台湾于小区、家庭及学校之间的关系更为紧密。反观澳门品德教育课程不管于教学材料还是学习活动时间，都把"品德教育"当成一门独立的科目，在学习成效上更容易看出成果。但是澳门"品德教育"之教材却并非澳门本土出版的，因此就内容而言台湾相关之教材较为合乎当地情况。因此可考虑在教材方面学习台湾，以课外教材作为教学主要内容，适时以多元媒体作为辅助，增加学生之学习意识。再者，台湾教学以螺旋式进行，因此不停更新与时下相关之内容作为教材。而澳门在此部分因以固有教材作为主要教学材料，因此在时间上可能会与现今社会出现部分的间隔。以下为两个地区内容整理。

表 2 澳门与台湾实施教育品德内容整理

地区内容	澳门	台湾
变革内容	➢ 回归前：小学、中学、高中独立设科 ➢ 回归后：除教育三阶段独立设科外，还编制相关教科书	➢ "戒严"时期：独立设科 ➢ 转型期：课纲上消失，强调融入 ➢ 九年一贯：《教育主管部门品德教育促进方案》出现，填补课纲上的不足
教学时间	小学、中学及高中每周至少一节课	无，但强调在各科当中融入相关内容
教学材料	由人民出版社出版，小学、中学及高中三阶段共 23 册	以"品德教育资源网"所提供之内容为主，教师提供内容为辅
小区合作	学校与小区间之合作时间大多为学生家长无法出席之时间	小区常与学校合作，进行许多相关活动及亲子活动
评量方式	与其他基础学科一样以纸笔考试为主	没有明确方式，教师可自己决定方式

针对上述内容，研究者认为澳门及台湾于品德教育课程之教育政策中各有着优势及劣势。不管是澳门的独立设科，还是台湾所强调的融入教学，对学生学习成果来说都有着不同的影响。因此研究者得出以下结论及建议作为日后讨论之使用。

五、结论

台湾已进入"十二年国教"之时期，相关课程纲要已发布。而相关内容与前述"台湾实施品德教育课程之教育政策"内容相似，同样是以融入作为首要想法。而为了填补于教学上的不足，台湾教育部门于2017发布了"十二年国教课程纲要——议题融入说明手册初稿"。虽内容还有待讨论，然而也可从中得知台湾对于品德教育课程之重视。而澳门同样以前述"澳门实施品德教育课程之教育政策"作为主要实施内容，虽与台湾不同并没有针对相关内容发布新的政策。但是澳门政府于每年的施政报告当中也提及重视其内容的想法，而合适澳门本土的教育政策也会因时间改变而有所发展。

因此经过研究者本身经历及现场体验后，针对两地区间的品德教育课程之教育政策提出建议，期待两地区政府于发展新政策时可作为参考意见：第一，在教学活动上，应设立课程时间加强学生对于品德教育课程内容的理解；第二，在教材方面，应针对各地区学生之要求进行教材的开发，让学生的学习内容更能贴近生活经验；第三，在小区、家庭及学校间的关联上应加强互动，学校更可以与民间团体合作进行相关活动，加强亲子关系。

附件一　课程计划表

幼儿教育课程计划表

一至三年级			
	学习领域	每周的教育活动时间[1]（分钟）	幼儿教育阶段的教育活动总时间[1]（分钟）
教学活动	健康与体育	1200 至 1650	140400 至 193050
	语言		
	个人、社会与人文		
	数学与科学		
	艺术		
非教学活动			

说明：

1. 教育活动时间不包括午膳及午休时间。

2. 学校可设计跨学习领域的综合性的学习主题及单元。

3. 幼儿教育阶段每周的教学活动时间不得多于 900 分钟，而每节课最少 25 分钟，最多 40 分钟。

4. 在幼儿教育一年级不得包含写字教学。

5. 学校可根据其需要，在本附表所规定的时间外开办余暇活动。

取自：

《本地学制正规教育课程框架》澳门特别行政区印务局，2014，附表一

小学教育课程计划表

一至六年级					
教学活动	学习领域	科目	小学教育阶段各科目的教学活动时间 [1]（分钟）	每周的教育活动时间 [1]（分钟）	小学教育阶段的教育活动总时间 [1]（分钟）
	语言与文学	第一语文 [2]（教学语文）	49920—83200	1080 至 1400	224640 至 291200
		第二语文 [3]	41600—58240		
	数学	数学	33280—49920		
	个人、社会与人文	品德与公民	不少于 8320		
	科学与科技	常识	不少于 33280		
		信息科技	不少于 8320		
	体育与健康	体育与健康 [4]	不少于 16640		
	艺术 [5]	艺术	不少于 33280		
	其他科目 [6]		0—66560		
余暇活动			小学教育阶段不得少于 14240 分钟		
其他教育活动			教学活动及余暇活动以外的教育活动 [7]		

注：取自《本地学制正规教育课程框架》澳门特别行政区印务局，2014，附表二

说明：

1. 教学活动时间不包括每学期末或每段末的考试时间，而每节课最少 35 分钟，最多 45 分钟。

2. 如为"中文"，须包括普通话。

3. 如为"中文"，可包括普通话。

4. "体育与健康"每周教学活动时间不得少于 70 分钟。

5. 学校可在此学习领域设置综合的"艺术"科目，亦可设置分科的"视觉艺术"及"音乐"科目，且可包括"舞蹈"及"戏剧"科目。

6. 学校可根据其教育理念及办学特色，以及社会及学生发展的需要，增设本附表所列科目以外的一个或多个科目，尤其是体现课程内容整合及科目间相互渗透的科目。该等科目可涉及本附表内所列的一个或多个学习领域，但不得与已列出的科目相同。

7. 如专门的艺术、文化教育活动、社会实践活动、营会、运动会、校庆活动、开学

礼、结业礼、毕业礼、联欢活动等。学校可自主决定及安排其各学校年度的其他教育活动时间，但应注意有关安排的合理性，关联到与教学活动及余暇活动的时间安排的协调性。

中学教育课程计划表

一至三年级					
	学习领域	科目	中学教育阶段各科目的教学活动时间[1]（分钟）	每周的教育活动时间[1]（分钟）	中学教育阶段的教育活动总时间[1]（分钟）
教学活动	语言与文学	第一语文[2]（教学语文）	20600-37080	1120 至 1600	115360 至 164800
		第二语文[3]	20600-37080		
	数学	数学	20600-28840		
	个人、社会与人文	品德与公民	不少于 8240		
		社会与人文[4]	不少于 12360		
	科学与科技	自然科学[4]	不少于 12360		
		信息科技	不少于 4120		
	体育与健康	体育与健康[5]	不少于 8240		
	艺术[6]	艺术	不少于 8240		
	其他科目[7]		0-49440		
余暇活动			中学教育阶段不得少于 7040 分钟		
其他教育活动			教学活动及余暇活动以外的教育活动[7]		

注：取自《本地学制正规教育课程框架》澳门特别行政区印务局，2014，附表三

说明：

1. 教学活动时间不包括每学期末或每段末的考试时间，而每节课最少 35 分钟，最多 45 分钟。

2. 如为"中文"，须包括普通话。

3. 如为"中文"，可包括普通话。

4. 学校可设置综合的"社会与人文"及"自然科学"课程，亦可设置相关的分科课程。

5. "体育与健康"每周教学活动时间不得少于 70 分钟。

6. 学校可在此学习领域设置综合的"艺术"科目，亦可设置分科的"视觉艺术"及"音乐"科目，且可包括"舞蹈"及"戏剧"科目。

7. 学校可根据其教育理念及办学特色，以及社会及学生发展的需要，增设本附表所列科目以外的一个或多个科目，尤其是体现课程内容整合及科目间相互渗透的科目。该等科目可涉及本附表内所列的一个或多个学习领域，但不得与已列出的科目相同

8. 如专门的艺术、文化教育活动、社会实践活动、营会、运动会、校庆活动、开学礼、结业礼、毕业礼、联欢活动等。学校可自主决定及安排其各学校年度的其他教育活动时间，但应注意有关安排的合理性，关联到与教学活动及余暇活动的时间安排的协调性。

高中教育课程计划表

一至三年级						
		学习领域	科目	中学教育阶段各科目的教学活动时间[1]（分钟）	每周的教育活动时间[1]（分钟）	中学教育阶段的教育活动总时间[1]（分钟）
教学活动	必修	语言与文学	第一语文[2]（教学语文）	18600—26040	1120至1600	115360至164800
			第二语文[3]	18600—26040		
		数学	数学	14880—26040		
		个人、社会与人文	品德与公民	不少于3720		
			社会与人文[4]	不少于5600		
		科学与科技	自然科学[4]	不少于5600		
			信息科技	不少于3720		
		体育与健康	体育与健康[5]	不少于7440		
		艺术[6]	艺术	不少于5600		
		其他科目[7]		0—48360		
	选修[8]	语言、社会与人文及经济类科目 数学及自然科学类科目 体育及艺术类科目 技能导向教育科目		不少于27840		
余暇活动				高中教育阶段不得少于6240分钟		
其他教育活动				教学活动及余暇活动以外的教育活动[9]		

注：取自《本地学制正规教育课程框架》澳门特别行政区印务局，2014，附表四

说明：

1. 教学活动时间不包括每学期末或每段末的考试时间，而每节课最少 35 分钟，最多 45 分钟。

2. 如为"中文"，须包括普通话。

3. 如为"中文"，可包括普通话。

4. 学校可设置综合的"社会与人文"及"自然科学"课程，亦可设置相关的分科课程。

5. "体育与健康"每周教学活动时间不得少于 70 分钟。

6. 学校可在此学习领域设置综合的"艺术"科目，亦可设置分科的"视觉艺术"及"音乐"科目，且可包括"舞蹈"及"戏剧"科目。

7. 学校可根据其教育理念及办学特色，以及社会及学生发展的需要，增设本附表所列科目以外的一个或多个科目，尤其是体现课程内容整合及科目间相互渗透的科目。该等科目可涉及本附表内所列的一个或多个学习领域，但不得与已列出的科目相同

8. 学校可根据学生未来升读高等教育课程或就业的需要及学生的个人兴趣，开设属于本附表"选修"栏目所列类别或跨类别的科目，供学生选修。

9. 如专门的艺术、文化教育活动、社会实践活动、营会、运动会、校庆活动、开学礼、结业礼、毕业礼、联欢活动等。学校可自主决定及安排其各学校年度的其他教育活动时间，但应注意有关安排的合理性，关联到与教学活动及余暇活动的时间安排的协调性。

附录一

共同来求解这道关乎民族复兴的"压轴大题"

——首届两岸学子论坛开幕式发言稿

林子荣*

各位来宾，各位朋友，大家早安！大家好！欢迎来到美丽的厦门大学。以前，我在跟台湾的青年朋友介绍说厦大是中国最美丽的大学，我发现他们根本就不会在意这是不是真，他们更在乎那个"中国"有没有包括台湾。当然，他们这样问更多是带有调侃的意味，但这也说明了台湾问题的存在，其影响大可以大到两岸在对外捍卫钓鱼岛主权过程中所表现的不协调，小却也连这么简单的一句话都能够包含"统独"的意涵。正因为台湾问题具有的现实性、复杂性，还带有那么点的趣味性，今天两岸才有这么多的青年朋友愿意投入到这个领域共同来求解这道关乎民族复兴的"压轴大题"。

因为我来自台研院，有了更多跟台湾青年朋友接触交流的机会。我可以觉察到两岸青年的感情距离并没有那么遥远，我们所思所想所虑所爱所恶并没有

* 作者简介：林子荣，男，福建漳州人。厦门大学台湾研究院经济所 2016 级博士毕业生。在校期间先后获厦门大学硕士研究生国家奖学金、博士研究生国家奖学金、厦门大学优秀毕业生等荣誉。现任武汉大学马克思主义学院讲师，武汉大学台湾研究所助理研究员。

太大的区别，我们抱怨着共同的抱怨，疯狂着一样的疯狂，我们同样会为一个不可能有结果的结果而执着。因为我们年轻，所以我们没有那么多的历史包袱，我们之间没有情结，更没有恩仇，我们有的是同样对于美好未来的向往。我们都盼着在我们迈出校园的时候外面的房价能跌一跌，希望学术上能多出些成果，希望毕业的时候能有几份不错的 OFFER 可以选择，希望到手的第一份工作的工资能够与这物价"同呼吸"。我们同样感恩这个时代给了我们无限的可能，感恩两岸的"大人们"能够理性地处理两岸的关系，为我们的成长创造了和平稳定的环境。

诚然，两岸的青年生活在不同的社会制度之下，我们信奉着不同的价值信条，在政治、经济、文化乃至生活的理念上都存在着差异，思想的碰撞，观念的相左都是在所难免。但是，作为新的世代，我们更懂得包容彼此，相互尊重，因为"欣赏多元"本是我们这代人的特质！作为两岸关系的学习者，我们清楚了解在座来自台湾的青年朋友们，您的父辈、祖辈对于现今岛内制度的追求所付出的艰辛与血泪，我们也绝对尊重您对这份"不易"的坚守！也请您能了解大陆所走过的坎坷与曲折，我们也是几经磨难才选择和走上了今天的道路。历史的教训让我们的祖辈、父辈们，也让我们清醒地知道，对于一个承载着十三亿人口的经济体，经济的发展与民主同等重要，也正因为大陆在过去曾经错失过太多，今天才会"昼夜兼程"，走得有点的赶，走得有点的急。这也让我们部分台湾的青年朋友对于大陆经济急剧膨胀感到不安，对于两岸关系的深化产生顾虑。但是，请相信大陆青年一代，我们有在改变，我们也充分认识到这一点，我们会努力让大陆成为一个既有力量又有质感的经济体。

两岸因为历史原因走上了不同的道路，这种差异性，不该成为两岸的包袱，相反，它应该成为两岸的资产，"同则不继，和实相生。"这是古训！倘若两岸能相互欣赏彼此的优点，相互砥砺，相信两岸一定能够在各自所选择的道路上走得更稳走得更好。今年年初，我跟我们院的几位同学一同前往台湾参加一场"兵推活动"，主办方总是诧异为什么我们大陆的同学不管扮演哪个角色都表现得特别的理性温和，他们总希望我们哪怕是来点小小的冲动也会比较逼真，但是无奈我们始终改不了我们的本色。或许我们并不是很出色的参赛者，但是我们很好地跟台湾的青年朋友表达我们愿意理性务实地来面对和处理未来两岸关系发展中可能出现的各种状况，我们绝不希望两岸关系因一时一事而倒退。我想，只要台湾的青年朋友愿意用发展的眼光来看待大陆，大陆的青年能够更加多元更加立体地看待台湾，那么现实的角色一定比演得逼真还要好。

　　作为一个道地的闽南人，父母从小就教导我们"天公疼憨人"（闽南语），只要我们肯干、愿意付出，老天是不会亏待老实人。闽南文化里头这种憨人的精神在台湾也是普遍得到认同的。两岸关系未来还有很长的路要走，处理两岸关系需要睿智，也需要三分的傻气，太算计得失两岸关系只能原地踏步。"大人们"已经给我们开了个好头，我们两岸的青年应该沿着这条和平发展的道路，带着憨人的精神，把心放宽，真诚地对待彼此，坚实地向前走好每一步。

　　最后，我预祝首届两岸学子论坛取得圆满成功！再一次欢迎大家的到来，谢谢！

附录二

首届两岸学子论坛论文集目录

会议时间：2014 年 7 月 3 日—7 日

会议地点：厦门大学

第一篇　台湾政治与两岸关系

1. 邓婧（厦门大学硕士生）:《"家族制度"对日本亲台右翼政客的影响——试分析日本右翼与"台独"的结合》

2. 张萌（南京大学硕士生）:《从陆日台关系之演变论台日渔业谈判的发展》

3. 王秀萍（厦门大学硕士生）:《2008 年以来台湾与拉美"邦交国""外交"关系新变化及发展前景》

4. 刘镇灯（中兴大学博士生）:《欧盟安全战略的实践与挑战：以 2014 年乌克兰危机为例》

5. 曹军强（上海交通大学博士生）:《争论中的美国涉台关系》

6. 刘泰廷（中兴大学博士生）:《新世纪中美对东南亚的战略竞逐》

7. 卢信吉（中兴大学博士生）:《中朝外交关系演变之分析》

8. 宋思纬（政治大学硕士生）:《"中国模式"———一个混合的概念》

9. 李大阳（厦门大学博士生）:《浅析相互依存理论视角下两岸关系和平发展》

10. 萧衡钟（中国文化大学博士生）:《从全球治理看两岸一体化整合：政治经济、主观价值与民族认同》

11. 毛启蒙（中国人民大学博士生）：《新功能主义视角下欧洲一体化与两岸统合的比较》

12. 芮鹏（厦门大学博士生）：《变迁中的"主权"：论两岸关系中的"主权"话语》

13. 董致麟（中国文化大学博士生）：《从威胁平衡理论解析现阶段的两岸关系》

14. 王一鸣（北京联合大学硕士生）：《蔡英文"改造"民进党问题初探》

15. 刘钊汎（厦门大学硕士生）：《浅析台湾政治广告在竞选中的运用》

16. 李艳阳（福建师范大学闽台区域研究中心硕士生）：《2014 年嘉义市长选情探析》

17. 庄琳璘（福建师范大学硕士生）：《探析当代台湾青年的两岸政治认同》

18. 王艺（政治大学硕士生）：《2012 年台湾"总统大选"新闻报道实证研究：以台湾主流报纸选举报道为例》

19. 王磊（上海交通大学博士生）：《台湾公众政治认同的代际差异分析》

20. 王丰收（北京联合大学硕士生）：《"反服贸"学生运动的身份政治分析》

21. 刘海潮（中国人民大学博士生）：《台湾"反服贸"事件引发的困境及影响思考》

22. 白玉（上海交通大学博士生）：《集体行动的台湾逻辑——以"3.18 学运"为例》

23. 李龙（中国人民大学博士生）：《解析台湾民主——从"反服贸学运"引发的争议说起》

24. 叶正国（武汉大学博士生）：《从争议性议题的政治化看两岸合作路径的转型》

25. 吴伟金（厦门大学硕士生）：《台湾政党之法律规范研究——以 2012 年"行政院"版"政党法草案"为例》

26. 李浩铭（台湾大学硕士生）：《大陆劳务派遣行政许可制度——与台湾相关制度比较研究》

27. 吴家坤（政治大学硕士生）：《单一选区划分下地方政治人物竞争"立委"程度差异之研究：以第八届"立委"选举为例》

28. 陈晓晓（厦门大学博士生）：《从行政区划变迁的角度看台湾地方自治》

29. 吴维旭（上海交通大学博士生）：《台湾地区"半总统制""总统化"：

强度、变数与趋势》

30. 邓小冬（厦门大学硕士生）：《两岸政治发展模式的比较研究》

31. 陈乙棋（台湾大学硕士生）：《民主转型期前后的台湾地方政治与黑金政治（1981 年 -2000 年）》

32. 文云龙（上海交通大学硕士生）：《精英选择视角下的台湾地区和新加坡民主转型分析》

33. 汪兴寰（台湾大学硕士生）：《地方派系中的政经关系——以"恩庇侍从"为例》

34. 杨婷安（政治大学硕士生）：《提升城市全球竞争力之创意政策的开发与评鉴：以台北市为例》

第二篇　两岸经贸与经济发展

35. 苏柏允（金门大学硕士生）：《中国大陆次区域经济合作的战略分析》

36. 王瑜（厦门大学硕士生）：《人力资本对台湾转型期以来经济增长影响研究》

37. 吴静颖（宁波大学硕士生）、赵春潇、邓启明：《台资银行拓展大陆市场的动因与模式研究》

38. 黄建维（政治大学硕士生）：《中国经济改革对金融与利率自由化的影响：以阿里巴巴集团为例》

39. 林子荣（厦门大学博士生）：《闽南与台湾西部县市经济引力模型的构建与运用——兼论闽台"南南"合作的必要性与可行性》

40. 朱英嘉（中国文化大学博士生）：《从 ECFA 签订后台湾经济发展论对两岸关系的影响》

41. 朱兴婷（厦门大学博士生）：《新形势下推进厦金次区域合作发展的路径探析》

42. 许富翔（政治大学硕士生）：《东亚主要经济体服贸协议开放程度比较》

43. 陈舒敏（复旦大学硕士生）：《探究政府预算与会计记账基础选择对财政透明度的影响》

44. 龙俊业（政治大学硕士生）：《澳门的博彩产业发展与国家角色》

45. 谭子山（台湾大学硕士生）：《香港与中国内地双边贸易流量关系的研

究》

46. 谢任翔（政治大学硕士生）:《中草药产业的发展与转型》

第三篇 文学思潮与历史文化

47. 王喆（台湾大学硕士生）:《看得见与看不见的台湾：战后初期大陆记者访台书写研究——以〈台湾月刊〉与〈大公报〉为观察对象》

48. 金林（厦门大学硕士生）:《从期刊杂志看台湾及海外的陈寅恪研究——兼及两次陈寅恪热讨论》

49. 张傲红（台湾大学硕士生）:《当"昆虫"进入自然书写——以吴明益《迷蝶志》为主要分析场域》

50. 朱曼宁（彰化师范大学硕士生）:《下等人与送报夫——论萧军和杨逵的国际主义书写》

51. 张晓婉（厦门大学博士生）:《战后台湾五六十年代的文学论述——以中华文艺函授学校为例》

52. 彭玉萍（台湾大学博士生）:《哲学人类学作为一种视野——以奥威尼·卡露斯盎与霍斯陆曼·伐伐的原住民族书写为例》

53. 周之涵（厦门大学博士生）:《海外华人知识分子的思想曲折和文学发言——以刘大任为中心的文学考察》

54. 黄继朝（厦门大学硕士生）:《浅析日据时期台湾民众反抗斗争中的台湾意识》

55. 徐慕君（福建师范大学硕士生）:《简析施琅对台湾的历史贡献》

56. 张遂新（厦门大学硕士生）:《"台湾自古就是中国领土"话语考》

57. 李光（北京联合大学硕士生）:《台湾社会历史记忆嬗变及其影响》

58. 李非凡（厦门大学硕士生）:《浅析清末台湾省会选址变迁与湘淮势力更迭之联系》

59. 季雅鑫（北京联合大学硕士生）:《蒋经国时期国民党本土化问题浅析》

第四篇 文教交流与社会发展

60. 利盈蓉（彰化师范大学硕士生）:《高级中等教育法立法过程之研究—法

案文本分析比较》

61. 廖霞（广西大学硕士生）:《交流与合作——全球化时代海峡两岸大学的通识教育》

62. 殷瑞宏（政治大学博士生）:《两岸教育交流之检视：以陆生来台就读为例》

63. 张耀忠、王智弘（彰化师范大学博士生）:《学习夏令营队对初一新生衔接成效之研究》

64. 杨燕琪（政治大学硕士生）:《台湾都市更新法令改革争议——以文林苑案为例》

65. 吴浩宇（福建师范大学硕士生）:《关于闽台民俗文化发展历程的探究》

66. 庄玉玲（厦门大学硕士生）:《浅论台湾统派媒体的发展与困境》

67. 张永钦（福建师范大学闽台区域研究中心硕士生）:《试论民间信仰与闽台关系——以萧公信仰为例》

附录三

岛屿上的人们爱她的家

——第二届两岸学子论坛开幕式发言稿

柯娟娟 *

各位老师，各位同学，各位远道而来的朋友们，大家早安！大家好！欢迎来到凤凰花盛开的厦大校园。我叫柯娟娟，是厦门大学台湾研究院硕士二年级的学生。

在开始的时候，我想问在场的同学们一个问题。请问大陆的同学们之前有到过台湾的吗？请举下手。那台湾的同学呢？

因为在台研院学习的缘故，有机会认识多一些的台湾青年朋友。我发现彼此之间有很多相像的地方，也有一些不一样的地方。为了学业，为了工作，为了爱情，我们会苦恼，我们会忧伤。我们期盼着毕业的时候能有一位赏识自己的老板，拥有一份与能力相当的薪水，一间住得起的房子，一座容得下自己的城市……我们不过是一

---

* 作者简介：柯娟娟，福建漳州人，籍贯台湾花莲。厦门大学台湾研究院 2013 级政治所硕士生。硕士期间曾以校际交换生的身份前往台湾政治大学交流学习。现就职于中共漳州市委党校，从事两岸关系研究与教学工作。余光中诗句里的"一湾浅浅的海峡"对于我而言却有着更为特殊的含义，在相当长的时间里那里有我未曾谋面的故乡。在台湾研究院求学的时光是美好的，它让我从感性到理性地去认识台湾；在台湾的街角巷弄度过一个悠闲的午后是美好的，它让我有机会去感受这座岛屿的地气与鲜活。

群普通的年轻人，有着普通年轻人的喜怒哀乐。但同时，不得不说，我和我的台湾朋友们从小生活在不同的社会制度下，在一些理念上存在着差异，从觉得对方的想法做法新奇、好玩到感觉到惊讶、不理解甚至红起脸来争论一番，都是常有的事。可是最后，我们都给予了对方得体的尊重。对人对事，人往往具有先入为主的看法，某些时候我们称它为"偏见"。如果我们带着绿色的镜片看世界，整个世界都是绿的，如果我们带着红色的镜片看世界，那么周围都是红的。新世代的你和我，有着一项可贵的技能叫"独立思考"，有着一种难得的特质叫多元开放。既然开放多元，不妨让我们先放下固有印象，多听、多看、多行走、多思考。这种体验或许会让你我更加懂得相互包容、相互尊重、多些体谅的含义。这也是为什么在开始的时候想问问大家到没到过彼此的家乡走一走、看一看的原因。

海峡两岸的民众，在这一百多年里，一路走来都很不容易。我的台湾同学和朋友，他们的父辈、祖辈为了追求更好的生活方式所付出的努力、血泪与坚守值得大陆人尊重，同样的，我们也期待着台湾的同学和朋友可以了解我的父辈、祖辈们又是走过怎样的曲折坎坷，尽管道路不太一样，但目标都是为了追求更加美好的生活。

这学期我是一个台湾女生的学伴，她上个月到垦丁拍毕业照时发给我的照片。我问她有什么难忘的事吗，她说和朋友们躺在沙滩上，望着满天的繁星入睡，醒来时，看太阳从东边升起，这是最美的时候，那时觉得自己的生活好美好，有憧憬，有力量，有奔跑的方向。她希望我有机会到垦丁，一起做一场美丽的梦。有希望，有力量，有未来的梦。

我也曾在台湾政大交流一学期，很喜欢和饮食店的阿公阿嫲聊天，有几家常去的店，阿公会记得我的口味。他们也会告诉我哪一年来过大陆，遇到了哪些有意思或是别扭的事，或者跟我抱怨几句这一段生意不好做。我也特别愿意到除了台北、高雄这些大都市之外的其他地方去看看，因为它们会告诉我一个更鲜活具体，更有生命的台湾，哪怕她并不完美，有这样那样的缺点，但为什么她的人民依然这么爱她。

台南作家叶石涛老先生曾说，"台南是一个适合人们做梦、干活、恋爱、结婚、悠然过日子的好地方。"

在大陆也有很多这样的好地方，比如厦门。就看我们愿不愿意静下心来，了解她们的过去，她们的人民，听听她们背后的故事。

谁都希望被倾听，都希望被看见，谁都希望被尊重，都希望被珍惜。你和我。大陆和台湾。跨年夜的时候，当我看到台北 101 上打出"爱惜台湾，珍惜台湾"几个字的时候，我很感动。我感受到了生活在这片岛屿上的人们爱她的家。

从台湾回来，周围很多亲戚朋友会问我，台湾怎样？我说那里有一群和我们一样脚踏实地的，热爱和追求美好生活的人们。很亲切，就像我的姐姐，我的表弟一样。

虽然两岸存在着差异，但差异让生活变得丰富多彩不是吗，它的存在对两岸民众来说是一笔难得的财富。或许我们可以静下心想一想如何欣赏对方，珍惜对方的生活方式。

我希望能有机会和我的台湾朋友们一起做那场美丽的梦，一起走过那些曲曲折折的成长的路，然后拍拍对方的肩膀说，我们一起加油吧。

最后，我预祝第二届两岸学子论坛取得圆满的成功！再次欢迎大家的到来，谢谢。

附录四

第二届两岸学子论坛论文集目录

会议时间：2015 年 7 月 8 日—10 日

会议地点：厦门大学

政治篇

1. 李彬（厦门大学）：《世代政治视角下台湾青年国家认同问题研究》

2. 吴陈舒（北京联合大学）：《对台湾青年认同问题的观察与思考》

3. 黄继朝（厦门大学）：《社会运动对台湾青年政治参与的影响》

4. 庄吟茜（中国人民大学）：《台湾新世代"中间路线"评析》

5. 陈晓晓（厦门大学）：《台湾青年政治人物从政行为及对政治生态的影响——以"六都"议会中的青年议员为例》

6. 任敬飞（上海市台湾研究会）：《左翼思潮影响下的台湾社会》

7. 邓婧（厦门大学）：《当前台湾社会"日本情结"现象解析》

8. 丁伊（复旦大学）：《政治文化与台湾"小确幸"之异化》

9. 邓小冬（厦门大学）：《试论两岸民众互信的增进——基于群际信任的视角》

10. 余璟仪（复旦大学）：《新媒体在 2014 台北市长选举中的作用研究——过程、机制、观念》

11. 游淳惠（清华大学）：《互联网使用与政治参与关系的再审视：基于 2012 年台湾地区 TCS 数据的实证分析》

12. 桑小川（根特大学）：《"一国两制"：一种新古典现实主义的解读》

13. 王萌（武汉大学）：《论"一国两制"理论研究的法治转向》

14. 张遂新（厦门大学）:《"一国两制"与"维持现状"新议》

15. 王正（北京大学）:《"一中同表"与"共享一中"刍议》

16. 黄志涛（上海国际问题研究院）:《"一国两制，和平统一"的再认识》

17. 海泽龙（北京大学）:《法治思维与两岸关系和平发展初探》

18. 黄磊（复旦大学）:《博弈论视角下的两岸统一前景分析》

19. 王尹轩（台湾大学）:《新世代社运模式——318 及"黑色岛国青年阵线"》

20. 龚小蓓（台湾大学）:《报纸报道中的当代台湾民族认同——对 1951 年至 2014 年《联合报》之分析》

21. 许晋铭（北京大学）:《两岸"一中框架"与"一中架构"的呼应:"一国两区"的法理解析、评判与展望》

22. 黄怡绫（成功大学）:《两岸政治定位争议之分析与展望》

23. 萧衡锺（北京大学）:《从整合理论看海峡两岸整合模式及"一国两制"的政策网络》

24. 陈柏沂（中兴大学）:《以吓阻理论探讨中国海权扩张下的南海岛屿政策》

25. 许乃云（中兴大学）:《中国对北极航道的战略与经济关切》

26. 王姵茹（成功大学）:《越接触越疏离——什么样的"接触"、什么样的"疏离"？》

经济篇

1. 马士伟（厦门大学）:《两岸经贸交流利益在台分配研究》

2. 徐永慧（南开大学）:《两岸经济一体化贸易效应的实证分析》

3. 侯丹丹（厦门大学）:《台湾加入 RCEP、TPP 的经济效应分析——基于 GTAP 模型的模拟》

4. 郭立婕（中兴大学）:《两岸经济合作架构协议与东协经济共同体相互影响分析》

5. 盛黎（南开大学）:《知识产权保护与台商直接投资技术溢出效应——基于我国 24 个省的面板数据分析》

6. 季雅鑫（北京联合大学）:《福建自贸区厦门片区与台湾自由经济示范区

对接合作初探》

7. 赵子龙（清华大学）：《自由贸易试验区背景下福建与台湾贸易整合分析——基于贸易引力模型的实证分析》

8. 杜慧（厦门大学）：《福建自贸区背景下两岸区域性金融服务中心建设问题探讨》

9. 朱兴婷（厦门大学）：《"一带一路"倡议背景下两岸金融合作的困境与突破》

10. 林子荣（厦门大学）：《试析台湾超额储蓄问题》

11. 郭孝纯（南开大学）：《大陆场外交易市场融资效率的实证研究——基于融资企业角度》

12. 李建兴、陈羽婷（义守大学）：《大陆 A 股盈余管理与期初报酬率之关系》

13. 张若森（辽宁大学）：《两岸战略性新兴产业的风险投资支持》

14. 肖惠（厦门大学）：《两岸新能源产业合作前景探讨》

15. 李建兴、黄瀞萱（义守大学）：《中国大陆与美国独立董事制度之探讨》

历史篇

1. 王琦蕙（中央大学）：《"日治"时代初期的植物调查（1895—1910）》

2. 朱志展（中央大学）：《清领时期张达京在台湾中部的影响力》

3. 赵超（安徽大学）：《浅析清末台湾士绅内渡现象——以施士洁为例》

4. 李非凡（厦门大学）：《刍议 19 世纪末朝鲜视角下的琉球、越南"宗主权"存续问题》

5. 李庆华、庄琳璘、郑娴瑛（福建师范大学）：《闽台戏曲的传承与发展——以歌仔戏为例》

6. 王柏元（台湾大学）：《日据时期台湾意识的认同与转化——以韩国作为对照案例》

7. 赵庆华（厦门大学）：《日据后期两岸青年之台湾观浅析》

8. 张飞（厦门大学）：《日据时期台湾的非暴力抗争——以林献堂为中心》

9. 韩毅勇（华中师范大学）：《国民党与 1970 年代初台湾知识精英的重新活跃——以两次社会青年人士座谈会 中心的考察》

10. 钟叶（北京联合大学）:《人间杂志与 1980 年代岛内左统派思想的建构》

11. 钟祐震（中央大学）:《俞国华与中央银行》

文学篇

1. 王俐茹（台湾师范大学）:《确认与再现:日据时期日本汉文人馆森鸿的旅游经验与报刊连载》

2. 陈素丹（厦门大学）:《在地与漂泊:连雅堂笔下的"福建书写"》

3. 黄文源（成功大学）:《台湾知识分子左翼运动形成、转化与实践》

4. 何随贤，陈素丹（厦门大学）:《日据时期台湾文人士绅之肆应——以〈台湾日日新报〉"始政周年纪念日"祝诗作者群为例》

5. 张楷（南京大学）:《日据时期台湾辩士的兴衰与政治诉求》

6. 朱云辉（中国社会科学院）:《文学与电影的日据想象——以〈风前尘埃〉和〈KANO〉为例》

7. 欧阳月姣（北京大学）:《光复前后台湾文坛的现代性转折——从"粪现实主义"与"新现实主义"论争谈起》

8. 吴明宗（台湾师范大学）:《典律下的爱情／爱情的典律:以两岸当代战争文学为观察对象（1950s—1960s）》

9. 李时雍（台湾大学）:《翻译者邱刚健》

10. 俞巧珍（厦门大学）:《"近乡情怯":女性主义视角下台湾怀乡小说中的别样风景》

11. 徐琦（台湾清华大学）:《女性的悲情挣脱与沉默回归——从林海音〈城南旧事〉到吴贻弓〈城南旧事〉》

12. 余巧英（厦门大学）:《知识分子的突围——读陈映真小说》

13. 陈倩倩（厦门大学）:《路在何方?——钟铁民教育题材小说解析》

14. 李光辉（福建师范大学、福建师范大学福清分校）:《论媒介融合背景下青春文学的"大文本"写作——以"九把刀"的创作为例》

15. 刘璇（南京大学）:《台湾戏曲传播的新路径——以豫剧新编演出和昆曲传习计划为考察中心》

16. 范维哲（台湾大学）:《通往理想国之路——试论〈暗恋桃花源〉的复排空间与价值》

17. 郭俊超（南京大学）:《乡土文学与青少年论述——以九十年代以降的台湾小说为中心》

18. 庄怡文（台湾大学）:《在"征婚"之外：论近年来台湾偶像剧女主角形象转变的意义》

19. 王唯硕（成功大学）:《"传统"与"当代"之辩：水晶唱片〈摇滚客〉杂志中的"新音乐"论述》

法律篇

1. 段磊（武汉大学）:《"两岸间"：一种特殊交往形态下的两岸共同决策模式》

2. 游志强（福建师范大学）:《论两岸共同政治基础的发展——从"九二共识"到"宪法共识"》

3. 王翠红（华东师范大学）:《"两岸法制"的构建》

4. 王德慧（台北大学）:《从〈海峡两岸服贸协议〉视听服务争议看大陆与台湾之电影审查制度》

5. 彭先琦（中国政法大学）:《浅述两岸民商事判决相互认可与执行中的障碍》

6. 汤雅竣（台北大学）:《台湾当局适合的"政府体制"》

7. 黄柏嘉（中原大学）:《论合伙诉讼之既判力与执行力》

8. 黄春霖（铭传大学）:《台湾工资保障概论》

9. 李兆麒（高雄大学）:《由危害防止任务观点检讨台湾食安风险管理之相关问题》

10. 应一扬（厦门大学）:《我国附条件不起诉制度反思——以台湾地区"立法"为视角》

11. 王一超（清华大学）:《刑事被告人的期间权利及救济——以台湾地区"刑事妥速审判法"为参考》

12. 陈嬿如（成功大学）:《在陆台商权益保障与实践之分析》

两岸篇

1. 卢信吉（中兴大学）：《从布赞"新安全论"探讨安全化困境下的亚太区域发展——兼论台湾之战略选项》

2. 郭光明（厦门大学）：《2014 年"两岸交流及对岸视点"分析》

3. 殷瑞宏（政治大学）：《陆生来台就读现况探讨：反思与展望》

4. 罗鼎钧、赵子龙、王鼎钧、杨小葵（清华大学）：《大陆学生赴台就学政策之研究》

5. 马天慧（香港中文大学）：《台湾学生来大陆就业的状况调查》

6. 胡晓娟（中国人民大学）：《新媒体时代两岸媒体的困境与突破》

7. 孙璐（中国传媒大学）：《网络时代下两岸媒体传播的困境与突破》

8. 陈琇王亭（台湾中山大学）：《媒体市场与言论自由之保障——以旺中事件为例》

9. 薛惠文（台湾中山大学）：《高雄市有线电视系统台的营运与影响——以庆联有线电视台为例》

10. 王瑾（复旦大学）：《媒体塑造对两岸学生国族认同的影响研究》

11. 林俊雄、朱斌（福州大学）：《台湾家庭理念颠覆式创新理论与实证研究》

12. 蔡佩桦（台湾大学）：《大陆青年住宅政策的初探——以公租房做为讨论》

13. 董蕾（复旦大学）：《从台海两岸旅游政策不对称性看两岸关系的发展》

14. 吴子芃（中国传媒大学）：《台湾实体书店文创产业转向发展模式探究——以诚品书店为例》

附录五

凤凰花的花语是梦想与激情

——第三届两岸学子论坛开幕式发言稿

王 瀚[*]

各位来宾，各位同学：

大家早上好！

在凤凰花最火红的季节里，一年一度的"学子论坛"让两岸青年学子再次相聚在美丽的厦门大学，相聚在美丽的芙蓉湖畔。窗外，一树树摇曳的火红，象征着我们热情奔放的青春。火一样的凤凰花，每年的盛夏到初秋，如约而至，它不仅在厦门大学的校园中怒放，同时也在南台湾的大学校园盛开。花语里，凤凰花象征着大学校园的青春活力，象征着两岸年轻人对未来生活的梦想与激情，这是一段属于年轻的青春时光。

我来自厦大台研院，让我有更多的机会与台湾的青年朋友们进行交流。而我与台湾的第一次结缘开始于我在政大的交换学习，一群洋溢着青春热情的台湾青年朋友陪我走过了一段难忘的时光，记得每周我们都会去参加台北的哲学

* 作者简介：王瀚，男，福建福州人，厦门大学台湾研究院2015级博士研究生。本科期间曾作为交换学生赴台交流学习，有感于所见所闻的新鲜事，让我获益良多。在台湾研究院学习之后，更教会我如何全面、理性、历史地看待台湾，台湾的风土人情与其在学理上价值都深深吸引了我。

星期五沙龙，对各种议题进行着讨论，思想的交流拉近了我们的距离，我们也会聊聊彼此的过去，畅想着不远的未来，分享着各自的喜怒哀乐。到了草长莺飞的春假，我们也骑上自行车，1000 多公里的环岛行感受到的是一个更鲜活、更具体的台湾，这不仅来自一同上路的伙伴，也来自遇到的每个台湾同胞，他们热情地带我领略这片岛屿的美丽，也自豪地表达对这块土地的热爱，勤勉地生活，积极的工作，这就是我们所共同欣赏的美好。离开之后多年，一群小伙伴四散八方，有的在大陆在海外深造自己的学业，有的走向职场肩负起家庭的责任，但无论在何地，每当节日里我总能收到来自天南地北的祝福，这让我深深感觉到生活在海峡两岸的我们是紧密联系的，我们承担着共同的责任，我们分享着共同的命运，我们都享受着两岸社会经济发展带给我们的无限可能，也都渴望在更和平开放的平台上追求自己的未来，这是历史时代赋予我们的使命，也是时代对我们的要求。

我很庆幸我们生长在这个祥和、稳定而美好的新时代，两岸和平繁荣的日子来之不易，需要我们年轻人接棒继续呵护。两岸的青年学子不仅有许许多多的"同"，也有着各种各样的"差异"。这样的丰富多彩正是中华民族多元包容、博大精深的体现。我们今天在一起，不仅要找到我们的同，更要学会"彼此欣赏、彼此珍惜、彼此包容、彼此肯定"，我们要更多地体会理解差异的可贵，我们要在差异中寻找推动两岸关系和平发展的新动力。我们同参与、我们共分享，为两岸人民赢得更加富足、安定、体面、便捷的生活而努力。

纸墨已备下，未来还留待我们去书写。

最后，预祝第三届两岸学子论坛取得圆满成功，再次欢迎大家的到来！谢谢！

附录六

第三届两岸学子论坛论文集目录

会议时间：2016 年 7 月 8—11 日

会议地点：厦门大学

政治篇

1. 杨广霞（北京联合大学硕士研究生）：《试论当前台湾青年政治观的特点及影响》

2. 陈晓晓（厦门大学博士生）：《台湾青年世代"两岸观"的内涵与特点分析》

3. 李平（华东政法大学）：《台湾青年的"天然独"观念探讨》

4. 韩天明（福建师范大学闽台区域研究中心硕士生）：《台生的政治认同初探》

5. 邓婧（厦门大学博士生）：《台湾社会"去殖民"意象与"主体性"意识重构——以当前台湾年轻世代对日认知为分析视角》

6. 姜涛（厦门大学博士生）：《新媒体时代台湾青年群体的政治特征》

7. 王瀚（厦门大学博士生）：《浅析两岸青年群体的网络政治参与》

8. 王秀萍（厦门大学博士生）：《冲突与融合：两岸青年线上交流的观念与行为》

9. 郑君（河南师范大学硕士生）：《网络时代对台青年工作的挑战与创新》

10. 梁端（国际关系学院硕士生）：《大陆网络民族主义浅析——以"帝吧出征"为例》

11. 杨嘉承（北京大学硕士生）：《两岸青年学生网络政治参与的比较研

究——基于中日钓鱼岛事件与台湾"反服贸学运"的比较分析》

　　12. 吴陈舒（北京联合大学硕士生）:《"共同体"视角下两岸青年的"经验融合"探析》

　　13. 王雪（河南师范大学硕士生）:《政治认同视角下两岸青年交流与融合的路径选择》

　　14. 霍伟东（中山大学硕士生）:《观选 2016：港台青年交流的一个政治维度》

　　15. 程海烨（上海外国语大学硕士生）:《21 世纪两岸青年政治参与类型及其有效性分析》

　　16. 张瑞波（福建师范大学闽台区域研究中心硕士生）:《"时代力量"的崛起与台湾青年参政》

　　17. 冯丽飞（南京大学硕士生）:《社会整合背景下的两岸通婚》

　　18. 邓小冬（厦门大学博士生）:《从合作到僵局：两岸关系的退化问题分析》

　　19. 李彬（厦门大学硕士生）:《蔡英文政治人格的特征与影响因素探析》

　　20. 陈志（中南财经政法大学博士生）:《国民党连续败选原因与"如何再起"问题研究——基于近三次大型选举投票数据的对比分析》

　　21. 翁明源（国际关系学院硕士生）:《两岸三党党员发展制度比较研究》

　　22. 刘际昕（吉林大学行政学院国际政治系硕士生）:《浅析"长照"政策介入台湾选举的成因及其影响》

　　23. 王晓虎（复旦大学博士生）:《权力枢纽与战略三角：台湾政局变化对美、陆、台互动关系的影响研究》

　　24. 林鼎翔（台湾中山大学硕士生）:《以建构主义和政治系统论探讨新形势下的两岸关系》

　　25. 陈翰堂（台湾中兴大学硕士生）:《从社会系统论检视 2008 至 2016 年两岸互动之风险》

　　26. 董雷（麻省大学波士顿分校博士生）:《台湾地区大陆政策对赴台就学大陆学生之限制措施的初步探讨》

　　27. 陈炯宇（北京大学博士生）:《从陆生健保问题分析台湾民族主义的发展》

　　28. 叶守礼（东海大学博士生）:《台湾隐性农业革命：关于东势水果经济的

历史社会学分析》

经济篇

1. 杜慧（厦门大学硕士生）:《自贸区对金融业投入产出效率的影响——基于两岸面板数据的分析》

2. 肖惠（厦门大学硕士生）:《两岸新能源产业合作机制探讨》

3. 梁智福（厦门大学硕士生）:《两岸关系新形势下冷链物流产业的合作研究》

4. 王伟铭（暨南大学硕士生）:《海峡两岸技术创新效率比较及影响因素分析——基于大陆各省市同台湾的比较》

5. 阮向前（南开大学博士生）:《海峡两岸金融竞争力比较及合作研究》

6. 叶剑毅（厦门大学硕士生）:《两岸 IC 产业的技术转移现状分析》

7. 赵胜男（厦门大学硕士生）:《台湾观光产业的发展及其对台湾经济的影响》

8. 唐庆劼（武汉大学本科生）:《两岸经贸交流惠及台湾基层民众的情况——基于 HP 滤波方法的实证分析》

9. 郑靖宇（暨南大学硕士生）:《政府科技投入对广东研发创新效率的影响研究——兼论台湾科技政策对广东的启示》

10. 余海强（华中师范大学硕士生）:《台湾地区总额预算制度分析及对大陆的启示》

11. 陈潇潇:《熊彼特学说在中国的传播与发展》

历史篇

1. 江智猛（福建省龙海市委党校常务副校长、研究员）:《论月港贸易对台湾开发的贡献及其在海丝建设中的作用》

2. 陈佩云（厦门大学硕士生）:《乾隆对台湾"番人"认识的演变》

3. 谢浚泽（暨南国际大学博士候选人）:《20 世纪初台湾与福建商人间的国籍选择与商业纠纷——以林谋昌案为中心》

4. 姬飞（中南财经政法大学硕士生）:《日据初期台湾公共卫生事业对我国

的改革启示》

　　5. 张智伟（中央大学硕士生）:《日据时期台中地方产业组合与家族联系——以林枝嗣家族为例》

　　6. 吕佳璇（中央大学硕士生）:《铳后行军——战时体制下女学生的强步活动（1937—1945）》

　　7. 张雅倩（北京联合大学硕士生）:《日据时期台籍汉奸问题探析》

　　8. 杨曦阳（南京政治学院硕士生）:《关于五四运动时期两岸青年交流与互动的几点思考》

　　9. 郝天豪（南京大学博士生）:《杨亮功与"二二八事件"》

　　10. 李非凡（厦门大学博士生）:《浅析光复初期三青团在台湾学生运动中的角色与作用》

　　11. 王艺儒（中国人民大学硕士生）:《海峡两岸文化交流的历史发展》

　　12. 阎星宇（首都师范大学硕士生）:《简析台湾青年对台湾近现代史认知中存在的几种现象及成因》

　　13. 方圣华（厦门大学博士生）:《1949 年以来的两岸妈祖文化交流》

　　14. 张存榜（安徽大学硕士生）:《全球化背景下中国传统文化和两岸交流》

　　15. 华桂玲（福建师范大学博士生）:《"圣人与凡人"——探寻两岸国学的发扬之路》

文学篇

　　1. 魏亦均（台湾大学硕士生）:《租界／租借"厦门"：闽、台视域下乙未内渡遗民之文学生产与活动》

　　2. 吴宝林（北京大学博士生）:《论陈映真小说的记忆、风景与政治》

　　3. 金林（中国社会科学院博士生）:《战后"抒情传统"论的脉络——以陈世骧、吕正惠、王德威为例》

　　4. 赖清波（福建师范大学硕士生）:《台湾电影的本土经验建构》

　　5. 陈冉涌（台湾新竹交通大学硕士生）:《鲁迅在台接受研究（1978—1987）》

　　6. 陈冠如（台湾彰化师范大学硕士生）:《"知识分子"与琼瑶电影：从1965—1983 年琼瑶电影评价看其意义生成及转化》

　　7. 马曦（厦门大学硕士生）:《从陈映真爱情中的女性塑造论陈映真小说的

"男性中心主义"》

8. 杨森（台湾中正大学博士候选人）:《现代化历程中的海峡两岸乡土文学——以黄春明与阎连科为观察核心》

9. 王莹（厦门大学博士生）:《文学、社运与信仰之困境——读陈映真〈万商帝君〉》

10. 徐嘉（厦门大学硕士生）:《新世纪以来海峡两岸对莫言的差异阐释与根源探讨》

11. 于仲慧（东北师范大学硕士生）:《两岸"乡土女性"的不同书写——以90年代以来女作家的小说为考察对象》

12. 卓慧（厦门大学硕士生）:《咀嚼与时尚：清代台湾槟榔文化探析》

13. 王昱敏（厦门大学博士生）:《试论钟乔左翼戏剧实践中的民众立场与诗剧风格》

14. 沈相辉（中国人民大学硕士生）:《胡适之！胡适之？——1949以后的胡适及大陆对其评价的变化》

15. 江梦洋（郑州大学硕士生）:《两岸视阈下的当代女性旅行文学创作研究》

16. 陈奕辰（台湾淡江大学硕士生）:《一种"想象的共同体"——阿城〈棋王〉的再解读》

17. 王昕昕（厦门大学硕士生）:《两岸语文高考作文比较研究——以近三年大陆与台湾语文高考作文比较为例》

18. 潘忻学（台湾东海大学硕士生）:《网路文学视角下的中国梦：论架空历史小说》

19. 李湖江（福建师范大学博士后）:《日据时期台僧曾达虚〈海滨日记〉研究》

20. 林承朴（台湾大学硕士生）:《"南清"的多重视角——以〈南清游览记录〉为例》

21. 谭鑫（华南师范大学硕士生）:《生态批评视域下的两岸山林狩猎文化书写——以乌热尔图和拓跋斯·塔玛匹玛为考察中心》

22. 武瑶瑶、卢志明（厦门大学硕士生、《厦门日报》编辑）:《厦语电影在台湾的传播研究》

23. 蔡知臻（台湾师范大学硕士生）:《重探台湾日据时期小说家翁闹——聚

焦于底层书写与现代主义》

法律篇

两岸篇

生学位生与交换生之对比研究》

2. 赖信元、陈思伶（台湾暨南国际大学博士生）：《台湾中小学国际教育优选课程方案之回顾》

3. 易梦春、赵柳（厦门大学博士生、厦门大学硕士生）：《两岸高等教育评估机制比较及发展趋势分析》

4. 周义泰、施令慈（台湾暨南国际大学硕士生）：《台湾十二年国民基本教育的演进与发展》

5. 陈致远（台湾暨南国际大学博士生）：《浅谈从中学基测到教育会考的英语科题型改变历程》

6. 袁卫（厦门大学硕士生）：《梅贻琦对两岸清华之教育影响的历史解析》

7. 张朝琴（台湾暨南国际大学博士生）：《台湾中小学教师职涯发展之亮点——进阶制度之探讨》

8. 蔡武（厦门大学博士生）：《台湾华语文教育"八年计划"（2013—2020）评析与启示》

9. 张彩霞、葛静远（厦门大学助理教授、厦门大学硕士生）：《对台湾多元文化教育的反思与批判》

10. 李家新（复旦大学博士后）：《新媒体与两岸教育互动》

11. 白小豆（中国传媒大学硕士生）：《数位汇流背景下两岸媒体融合创新的互鉴与启示——基于台湾联合报系与大陆南方报业集团的对比研究》

12. 杨无敌（澳门科技大学硕士生）：《论在网络时代下两岸媒体的困境与突破》

13. 余镇纶、杨婷涓（台湾暨南国际大学博士生）：《台湾新住民社会适应策略之探究》

14. 郝健（广西师范大学经济管理学院硕士生）：《台湾青年赴大陆就业创业差异性政策诉求原因探析——基于对台湾四所高校1030个样本的问卷调查》

15. 刘澈元、李宁（广西师范大学硕士生）：《台湾青年赴大陆就业创业的意愿特征、影响因素与促进策略——基于对台湾四所高校1030名大学生的问卷调查》

16. 陈秀华（台湾暨南国际大学硕士生）：《台湾世界绿色大学的发展——以暨南大学为焦点》

17. 王艺儒（中国人民大学硕士生）：《海峡两岸文化交流的历史发展》

附录七

闽台文化里并肩同行的青春

——第四届两岸学子论坛开幕式发言稿

徐　嘉[*]

各位老师，各位同学，各位远道而来的朋友们，大家好！欢迎来到美丽的厦门大学。我叫徐嘉，是厦门大学台湾研究院硕士二年级的学生。

首先，我代表台湾研究院的同学们欢迎大家来到福建厦门，来到厦门大学，来到这次学子论坛。在座有的同学或许是第一次来到闽南，甚至第一次来到大陆。其实我和大家一样，之前对闽南并不太了解。我出生在江南水乡——浙江杭州，是土生土长的江南人，在来厦门之前我对闽南文化了解不多，

可是来到这里之后，我发现这里有着如此独特又吸引人的文化，闽南有美味的海蛎煎和沙茶面，有"爱拼才会赢"的闽南人民，有辛勤劳作的惠安女，还有影响深远的妈祖文化。我相信通过这次学子论坛，大家对这里的文化会有更多的了解，也相信大家会像我一样，喜欢上这里。很多时候，我们只需要带着一

---

* 作者简介：徐嘉，女，浙江杭州人，厦门大学文学所 2018 级硕士毕业生。现就读于美国夏威夷大学马诺阿分校东亚系中国文学方向，博士生一年级。三度赴台，我喜欢上了这个充满"小确幸"的小岛。台研院的老师教会我怎样同情地理解台湾的历史，以这样的心态去看台湾，可以解读到更多。

颗领略文化、感受风俗的心，或许能够发现一个地方更多鲜活、美好的事物。谁都希望被倾听，都希望被看见，都希望被珍惜，不仅是你和我，亦是台湾和大陆。

去年第一次参加学子论坛，我是论文发表者，在准备论文的阶段，我不仅收获了知识和老师的指导，在论文发表时，我更是得到了来自两岸老师同学宝贵的点评和建议。会后我有幸和一些台湾同学去浙江温州参访，通过这次更进一步的接触，我对台湾同学有了更深入的了解，也结实了台湾的好朋友，至今我们仍以微信、电邮等方式保持着联络。在接触的过程中，我发现我们彼此之间有很多相像的地方，也有一些差异。为了学业，为了工作，我们都有喜怒哀乐。台湾朋友的"小确幸"，大陆的同学们何尝没有呢？我们期盼着毕业后能遇到一位赏识自己的老板，组建一个温馨幸福的小家庭，有三五成群的好友，希望家人喜乐安康……但是，不可否认的是，我和我的台湾朋友们从小生活在不同的社会制度下，在不同的课本课纲教导下，我们在一些理念上存在着差异，对同一件事或同一个人有不同的认知，也是常有的事。更多的时候，我们不妨先放下固有印象，多听、多看、多出去走走、多多思考，这种体验或许会让你我更加懂得相互包容、相互尊重、多些体谅。我想这也是两岸学子论坛持续举办的重要意义所在，它给我们年轻人提供了一个相互沟通、思想碰撞的平台。自此，每年我们台研院的师生都有一份期待，期待有更多的两岸青年前来享受这份学术飨宴，一起进行脑力激荡，并且能够有所收获。

上周末，我在"海峡论坛"上，见到了一位从台湾屏东来的村长卢丽美，在回答一个提问：如果有三个词来形容大陆的感受，她用"发达""新鲜""有创意"这三个词来表达，非常感谢她，她用自己的眼睛发现大陆的美好。海峡两岸的民众，经历了风风雨雨，我的台湾朋友，他们的父辈、祖辈为了追求更好的生活方式所付出的努力与血泪值得大陆人尊重，同样的，我们也期待着台湾的同学可以了解我的父辈、祖辈们又是走过怎样的曲折坎坷，尽管道路不太一样，但目标都是为了追求更加美好的生活。或许我们可以静下心想一想如何欣赏对方、珍惜对方的生活方式。我希望能有机会和台湾朋友们一起做一场美丽的梦，一起走过曲曲折折的成长的路，一起憧憬我们心中的"小确幸"，互相理解、包容和支持。这一切，就让它们从学子论坛开始吧！

最后，我预祝第四届两岸学子论坛取得圆满的成功！再次欢迎大家的到来，**谢谢**。

附录八

第四届海峡两岸青年学子论坛论文集目录

会议时间：2017 年 6 月 21—25 日

会议地点：厦门大学

政治篇

1. 王家明（厦门大学硕士生）:《命运共同体理念下两岸同胞共担民族大义研析》

2. 王莹（复旦大学博士生）:《政治安全视角下对台舆论引导研究》

3. 张浩然:《两岸共建中华民族当代政治哲学体系之路》

4. 杨端程（中国人民大学硕士生）:《台湾民主化进程中政治信任的检视与反思——基于 ABS 数据（2001—2014）的定量分析》

5. 郑君（河南师范大学硕士生）:《海峡两岸青年互动研究》

6. 郑宇飞（中国传媒大学硕士生）:《社交媒体时代两岸青年交流的现状与发展》

7. 袁铭阳（中国海洋大学硕士生）:《新媒体时代下的两岸青年交流现状分析》

8. 张莹（华东师范大学硕士生）:《新媒体时代两岸青年交流的路径与效益探析》

9. 张宇（广西艺术学院硕士生）:《流行传媒和青年话语:《对舆论公众场域的一个探讨》

10. 朱晓军（南京师范大学硕士生）:《新媒体下两岸交流中的大陆形象认知》

11. 张元杰（西北大学硕士生）:《从布迪厄社会学理论谈两岸青年政治社会化的分野》

12. 刘金洋（中国传媒大学硕士生）:《微媒介视域下两岸青年的交流传播机制探析》

13. 刘辉（中国人民大学博士生）:《新媒体视域下两岸青年交流的困境——以台湾"反服贸运动"为例》

14. 戎伟君（复旦大学硕士生）:《新时期台湾统派青年统一思想形成的原因及对大陆的启示》

15. 韩天明（福建师范大学闽台区域研究中心硕士生）:《浅析"体验式"交流对于台湾青年文化认同的影响——以北京大学两岸青年"创客营"为例》

16. 陈荣（福建师范大学硕士生）:《市场化报纸时政新闻的政治影响：以〈中国时报〉"习洪会"报道框架分析为例》

17. 白羽（意大利博洛尼亚大学博士生）:《再见，蒋介石？威权政体的长期影响》

18. 姜韬（厦门大学博士生）:《马英九"活路外交"政策评析——从台湾参与国际组织的视角》

19. 黄微滋（武汉大学博士生）:《"美国在台协会"与美台政治军事交往》

20. 段哲哲、周子程、杨子申（台湾政治大学博士生）:"蔡英文时代"台湾民众"九二共识"立场的影响因素》

21. 李宗宪（中国文化大学本科生）:《因特网对台湾青年政治社会化之影响：以三一八占领"国会"运动为例》

22. 解冰洋（台湾政治大学硕士生）:《新媒体下的青年政治传播策略初探——以侯汉廷系列短片〈鬼岛那些事〉为例》

23. 黎沛君（中国文化大学本科生）:《台湾大学生对大陆的认知媒介》

24. 姚德辉（东海大学博士生）:《探讨运用新媒体促进两岸青年交流研究》

25. 郑子仪（台湾中山大学硕士生）:《网络作为公共空间之可能——从技术本质到鄂兰行动之理论》

26. 张文峰（台湾政治大学硕士生）:《台湾的公民意识与群体社会发展》

27. 唐辰（中国文化大学本科生）:《台湾的陆生政策检视:《2011-2016》

28. 黄靖义（东海大学博士生）:《"二二八"事件与台湾"国家认同"关系之研究》

29. 李偲玮（台湾政治大学硕士生）:《台湾 NGO "环境倡议"之研究——以"绿色公民行动联盟"为例》

30. 张凯维（台湾中山大学硕士生）:《宪政发展途径之比较:《修宪与制宪——以日本战后宪政经验为核心》

31. 刘玉兰（台湾政治大学博士生）:《以理性选择研究途径分析桃园航空城土地征收延宕之因素》

32. 杨子申、段哲哲（台湾政治大学博士生）:《系统动力学视角下台湾长照产业人力困境与政策》

33. 刘婷安胥（台湾政治大学硕士生）:《民众对政府的信任度对其主观幸福感的影响:政治参与的调节作用》

34. 周学甫（台湾中山大学硕士生）:《初探施克莱的乌托邦观点》

经济篇

1. 侯丹丹（厦门大学博士生）:《基于产品空间理论的两岸产业合作空间研究》

2. 王喜（北京联合大学硕士生）:《台湾绿色能源产业发展及两岸绿能产业合作》

3. 蔡昀臻（东海大学本科生）:《两岸第三方支付系统发展差异之比较》

4. 王孟筠（东海大学博士生）:《两岸经济贸易走向合作之益处与保护主义之代价》

5. 李建兴、邱靖崴（台湾义守大学 EMBA 执行长、义守大学博士生）:《福建发展成为双创典范城市:《台湾与美国新创企业公司组织章程的经验借镜》

6. 刘澈元、刘方舟、梁颖（广西师范大学硕士生）:《台湾青年赴大陆就业创业之特点与深层影响因素研究——基于对台湾四所高校 1030 个样本的问卷调查》

7. 何峰、刘澈元、马丁（广西师范大学硕士生）:《台湾青年赴大陆创业就业的区域意愿及其影响因素探析》

8. 刘澈元、王辉辉（广西师范大学硕士生）:《台湾青年赴大陆创业就业行业意愿选择及影响因素探析》

9. 何红玲（广西师范大学硕士生）、周丹丹、刘澈元:《信息渠道、大陆认

知对台湾青年赴大陆就业创业意愿的影响探析》

10. 莫浩天：《一带一路——中国大陆与马来西亚之经贸与基础建设》

11. 曾珉妮（中国文化大学本科生）：《一带一路：中欧铁路下的郑欧国际班列经济政治分析》

12. 林静（福建师范大学硕士生）：《"一带一路"背景下的"新南向"政策解析》

13. 殷瑞宏（政治大学博士生）：《"新南向"与一带一路：浅析两岸经济战略合作前景》

14. 王晨光（武汉大学博士生）：《台湾参与"一带一路"：内外环境与优化路径》

15. 林振富：《美国退出 TPP 对台湾未来经济的影响分析》

16. 姚云贵（厦门大学博士生）：《新世纪以来台湾与南亚经贸关系研究》

17. 郑冰聪：《台湾未来的经济发展新走向》

18. 王志华（厦门大学硕士生）：《台湾第三产业吸纳劳动力能力分析》

19. 张嫚玲（厦门大学本科生）：《台湾地区保险资金投资政策的经验及启示》

20. 施美妃（中国文化大学硕士生）：《公共自行车大学生满意度调查——以双北市"You Bike 微笑单车"为例》

21. 张家凤（中国文化大学硕士生）：《以鱼菜共生作为食农型社会企业活化休耕农地之研究——以苗栗县通霄镇为例》

22. 李沅儒、商毓芳、谢子良（云林科技大学硕士生）：《是盈利还是公益？社会企业特质分析》

历史篇

1. 卞梁（福建师范大学博士生）：《近代赴台西人群体研究（1865—1895）》

2. 周天一（中国人民大学博士生）：《〈孽海花〉中的乙未战争》

3. 陈钰（厦门大学硕士生）：《台湾文化协会与台湾文化》

4. 张振楠（厦门大学博士生）：《从"抚育"到"理蕃"：日据初期换蕃所探析（1895—1919）——以竹苗地区为中心的考察》

5. 黄馨仪（中央大学硕士生）：《日据时期台湾公学校国语教科书中的近代

化书写》

    6. 郭满（厦门大学博士生）:《日据台湾时期的殖民政策——以田健治郎总督时期为例》

    7. 刘东洋（厦门大学硕士生）:《日据时期的台北艋舺龙山寺（1895—1926）》

    8. 魏维（武汉大学博士生）:《台湾地区史学界青年学人对日据时期台湾史研究的史观问题——基于新世纪以来台湾地区史学博士学位论文的文本分析》

    9. 郝天豪（南京大学博士生）:《光复初期〈申报〉对台报道研究——以一个驻台记者为中心》

    10. 何纹萱（中国文化大学本科生）:《"二二八事件"中国国民党、民进党、共产党三党立场之分析》

    11. 温天鹏（北京联合大学硕士生）:《简论台湾社会对"二二八事件"的符号建构问题》

    12. 孙悦恩（华中师范大学硕士生）:《纪念空间与记忆型塑——以二二八纪念馆为例》

    13. 杨梦嫘（厦门大学硕士生）:《耕者有其田的实施：以金门土地改革为例（1952—1957）》

    14. 叶家瑜（中央大学硕士生）:《战后台湾减肥观念的形成与传递——以报纸为主要分析场域（1945—1980）》

    15. 王峥骞（台湾大学硕士生）:《战后台湾社会文化变迁的观察——以中国考古学研究的在台历史沿革为例》

    16. 史曜菖（中央大学硕士生）:《越海深耕桃仔园：试析复旦的创立、发展与在台"复校"的党政色彩》

    17. 丁哲颀（广州大学硕士生）:《"解严"以后"两国论"对台湾地区教科书历史观影响探讨——以康轩版社会科教科书为例》

    18. 李亚桥（台湾成功大学博士生）:《"战争与和平纪念馆"与高雄都市发展之关系》

    19. 李伟明（中南民族大学硕士生）:《台湾的史观变化》

    20. 郭志晖（中央大学硕士生）:《试论费希平胸怀大陆下的重要主张与贡献》

    21. 黄智优（台湾中山大学硕士生）:《Michael Walzer 的多元正义理论解决台湾"国家"认同的分歧》

22.王丰收（厦门大学博士生）:《浅析台湾"基督长老教会"的政治神学》

文学篇

1. 陈素丹（厦门大学博士生）:《新剧东游记:《1920年代台湾新剧运动与厦门通俗教育社渊源考》

2. 孙景鹏（福建师范大学博士生）:《海峡两岸"台湾文学史"中的"散文书写"》

3. 王觅（南开大学博士生）:《探寻两岸新诗文化中对"去中国化"现象的反制因素》

4. 戴伟洁（台湾大学硕士生）:《寻找自我的回蜀之路——论陈义芝的乡愁诗》

5. 吴泰松（南京师范大学硕士生）:《王鼎钧回忆录四部曲的文化创伤书写》

6. 张绮仁（台湾艺术大学硕士生）:《文本到演出的教育性功能转换——以黄春明〈稻草人与小麻雀〉演出为例》

7. 余煌（厦门大学硕士生）:《光复初期不同省籍作家的"二二八"书写》

8. 孙大坤（北京大学博士生）:《"言文一致"与共同体想象——试论1930年代台湾话文论争》

9. 王莹（厦门大学博士生）:《中国现代通俗文学杂志研究补遗——"东亚共荣"〈麒麟〉和〈南方〉的文化溢出策略》

10.陈冉涌（台湾交通大学硕士生）:《沈从文在台接受史初探（1949—1989）》

11.程燕婷（福建师范大学硕士生）:《论歌仔册〈三婿祝寿歌〉的审美特质——以不同版本的歌仔册为例》

12.王佳欢（郑州大学硕士生）:《台湾新世代女作家对两性及自我的审视》

13.徐广飞（湖南工业大学硕士生）:《论台湾新电影〈逆光飞翔〉的青春表达策略》

14.邓斐然（台湾成功大学硕士生）:《〈惊婚〉的叙事视角与人物形象》

15.贺迪（厦门大学硕士生）:《日据时期西川满的郑成功形象塑造、历史建构与殖民文宣研究》

16.刘晓曼（首尔大学博士生）:《台湾后殖民情状的自我迷思——以陈映真〈忠孝公园三部曲〉的后殖民书写策略为中心》

17. 潘晓芸（福建师范大学硕士生）：《陈映真后期作品的文学思想解读——以〈忠孝公园〉〈归乡〉〈夜雾〉为研究场域》

18. 孙旭升（华东师范大学硕士生）：《陈映真"第三世界"视角下的〈万商帝君〉》

19. 陈安谊（台湾艺术大学硕士生）：《解严后台湾剧场文学跨文化改编及其地域性文化观照研究——以马森〈美丽华酒女救风尘〉（1990）为例》

20. 徐诗颖（南京大学博士生）：《白先勇与香港（文学）——以〈香港文学〉为中心》

21. 林俊涛（北京外国语大学硕士生）：《"私语"的现代性：朱天文〈巫言〉与台湾现代写作》

22. 赵路平（北京大学博士生）：《日据下台湾知识分子的民族想象——以早期台湾文化协会为例》

23. 陈婵敏（厦门大学博士生）：《赛德克与民族认同——论电影〈赛德克·巴莱〉》

24. 邱晓玲（台湾成功大学博士生）：《现代台湾客语圣经翻译与传播》

25. 冯彦绫（台湾成功大学硕士生）：《1990年代同志小说中青少年主体的认同构建：以杜修兰〈逆女〉及邱妙津〈鳄鱼手记〉为例》

26. 苏立君（福建师范大学硕士生）：《试论陈芳明〈台湾新文学史〉》

27. 王逸凡（中山大学硕士生）：《东亚视野下的两岸连带与共情——胡风、杨逵与《送报夫》》

28. 陈想（福建师范大学硕士生）：《宗教意识与人性视角下的生态思考——论王鼎钧〈那树〉》

29. 李朝霞（厦门大学硕士生）：《日据时期台湾医师的医疗书写——从杨逵的〈无医村〉谈起》

30. 王璇（南京大学博士生）：《浅析台湾解严后的本土化浪潮——以台湾主流文学杂志管窥》

法律篇

1. 江美影（香港城市大学硕士生）：《台湾"立法院"在两岸关系进程中的角色研究》

2. 宋静（武汉大学博士生）：《法律与政治的博弈："政治问题"原则在台湾地区涉两岸关系"大法官解释"中的适用——以"释字第 328 号解释"为中心》

3. 游志强（武汉大学博士生）：《台湾地区"大法官解释"中的两岸关系性质研究》

4. 林楷轩（台湾大学硕士生）：《台湾不分区"立法委员"在"宪法"之上定位》

5. 蒋晓焜（厦门大学硕士生）：《论台湾地区"公法"上"工作权"内涵的变迁——以"大法官解释"为例》

6. 龚自力（上海交通大学硕士生）：《论刑法管制猥亵言论的正当性——从台湾刑法第 235 条"违宪"之争谈起》

7. 阙梓冰（中国人民大学硕士生）：《民法学研究方法之流变——以民法学相关问题之讨论为佐证》

8. 施佩均（台湾政治大学硕士生）：《论两岸股东会会议之法定出席门槛》

9. 陈宇（华侨大学硕士生）：《海峡两岸比较视野下刑事被害人司法救助制度研究》

10. 蔡金林（厦门大学硕士生）：《论台湾地区法院认定通过两岸司法互助取得证言的证据能力的模式——以台湾地区近十年刑事案件为中心》

11. 张力毅（上海交通大学博士生）：《台湾地区政策性地震保险制度构建经验之借鉴——写在大陆〈地震巨灾保险条例〉即将出台之际》

12. 金双双（厦门大学硕士生）：《美台"实质外交"中特权与豁免的范围及其限度》

13. 吕宜静（台湾大学硕士生）：《论蔡英文当局"维持现状""对中战略"下之法律策略》

14. 黄鑫政（福建师范大学硕士生）：《两岸关系的几点法制与政治的思考》

两岸篇

1. 肖楚杰（厦门大学硕士生）：《两岸青年群际接触的反思与建构》

2. 王双煌（福建师范大学硕士生）：《大陆配偶社会运动的社交网络动员——以台湾 2016 年"身份证 6 改 4"三次抗争为例》

3. 鄢晓（厦门大学博士后）：《台湾青年的大陆形象建构初探》

4. 蔡宜庭（东海大学本科生）：《大陆游客赴台观光人数变化之分析——以渡轮方式为案例》

5. 许晋铭（北京大学博士生）：《台青赴陆求学任教的历程与展望：兼论两岸青年交流的正面意义》

6. 夏颖（厦门大学博士生）：《大陆学生赴台湾高校学习意愿研究——以厦门大学为例》

7. 罗鼎钧、赵子龙（清华大学博士生、清华大学博士候选人）：《正式制度、非正式制度与大陆台湾学生就业创业意愿——基于 319 份问卷结果的结构方程模型分析》

8. 童顺平（厦门大学博士生）：《高校台生社会融入现状调查与分析——基于厦门大学的调查》

9. 颜暐恒（文化大学本科生）：《台湾中学国学教育发展现况》

10. 易梦春（厦门大学博士生）：《两岸高等教育学术交流与合作的成效研究——基于对两岸社会科学领域高校教师的实证调查》

11. 龙东华（厦门大学博士生）：《"新南向"政策中的教育"台独"——以台湾"新住民"教育为视角》

12. 蔡武（厦门大学博士生）：《台湾地区华语文教学硕士人才培养模式探析》

13. 孙璐（中国传媒大学博士生）：《新媒体，新青年，新关系：两岸媒体互动关系与传播策略研究》

14. 何紫瑜（东海大学本科生）：《论两岸网民对公共政策之影响》

15. 杨无敌（澳门科技大学硕士生）：《互联网时代下海峡两岸媒体交流的困境与对策》

16. 黄伊萱（云林科技大学硕士生）：《探讨青年食农实践与文化资产经营之研究》

17. 邹馥仔（中华大学硕士生）：《台湾客家社区总体营造——以新竹县横山乡横山村个案研究》

18. 李瑞（厦门大学硕士生）：《台胞社会融入的影响因素——以在厦台胞融入为个案研究》

19. 杨少齐（台南大学本科生）：《云林县斗六市社区旅游路线之规划研究》

20. 葛静远（厦门大学硕士生）：《两岸宗教民俗交流——以城隍信仰为例》

21. 赖睿伶（政治大学博士生）:《以使命、价值取代策略——慈济基金会于中国大陆之医疗援助》

22. 张雅乔、商毓芳（云林科技大学硕士生、云林科技大学助理教授）:《探讨公私协力与历史建筑创新再利用之研究》

附录九

一座桥，跨越熟悉的陌生

——第五届两岸学子论坛开幕式发言稿

谢银萍 *

在记忆中，从大陆小学语文课本里，或许每一个人都早早种下了一个关于台湾的情结。因为在《日月潭》的文章里，我们的脑海里记得了那个美丽的地方。"日月潭很深，湖水碧绿。湖中央有个美丽的小岛，小岛把湖水分成两半，北边像圆圆的太阳，叫日潭；南边像弯弯的月亮，叫月潭。清晨，湖面上飘着薄薄的雾。天边的晨星和山上的点点灯光，隐隐约约地倒映在湖水中。要是下起蒙蒙细雨，日月潭好像披上轻纱，周围的景物一片朦胧，就像童话中的仙境。"这就是关于宝岛最初印记，一方灵气的山水，一片富饶的土地。让我这个从小在闽南长大的人，记住了台湾的窗口，留住了美好的憧憬。海峡长长，知道了海的那一边还有外婆的澎湖湾、鹿港小镇、台北101。海峡短短，知道了厦门的旁边

* 作者简介：谢银萍，2008年毕业于厦门大学教育研究院，后任职于厦门大学海外教育/国际学院，副教授职称，曾担任学院教工党支部书记，学院英语教研组组长。现为厦门大学台湾研究院2017级博士研究生。

就是金门岛，那是最近距离的台湾。其实不止这些，还有张艾嘉的勇敢与温和，倔强与洒脱、侯孝贤不动声色的长镜头，悄然变幻的时空；当然还有很多，周杰伦的每一张专辑，五月天的每一曲关于青春痛与爱的铭记、苏打绿的温柔疗伤。所有的记忆，犹如太平洋上吹来的风，带来这片土地的气息。

而当我第一次踏上台湾的土地，坐在车上，透过车窗，看到一个又一个宁静的村庄；一座座小房子隐在绿树之中，成排的果树——槟榔，杧果，荔枝，菠萝，成片的稻田，干净的溪流，一一闪过，有说不出的喜欢，让我不由得想起小时候住过的村子，儿时去外婆家的温暖美好。阿里山柔和的静谧、苗栗山顶和煦的风、日月潭边哼唱的民谣、垦丁的白与蔚蓝、西门町的喧嚣与匆忙、台北新旧夹杂的城市肌理与味道。跨过海峡，在这里我依然快速抓到了闽南的气息，和地铁站阿伯的闽南方言神侃，士林夜市的海蛎煎和芋圆、淡水的夕阳，渔人码头的海潮。一种熟悉的感觉，一座陌生的岛屿。而当我见到我曾经所教的学生们，曾在厦大求学几年的台湾年轻人的那一刻，一切的一切都在她们热情拥抱中化为重逢的喜悦。

是的，就是这种让人安心的拥抱，让我在这片熟悉但明明陌生的土地，灵感突发的一瞬间，体会到了美景美食之外的更为重要的东西。"盈盈海峡咫尺，两岸青山守望"。一湾碧蓝的海峡，无奈隔开了几代人的疏离和惆怅。我生在闽南，而学生们长于台湾，但，是什么让我们彼此在久别重逢的时刻全然忘记了两片土地所谓的隔阂与失望，尽情拥抱与欢笑？潮起潮落，她们在台大想念厦大的白城和海岸；岁月来去，我在雨季的台北感恩她们馈赠的温暖与美好。往昔共赏闽南月，今朝同饮宝岛水。两岸青年看似如此不同，却又如此相同。海峡遥远，但所幸的是，我们彼此都继承了人性初始的爱与真心；隔阂纵深，但所幸的是，我们彼此都懂得成长与理解；差异甚大，但所幸的是，我们彼此慢慢学会思考与包容。正是这些伴随我们生命中日渐成熟却不可或缺的宝贵内涵，才有了厦大台大的思念，台北厦门的往返，最终凝聚成跨越海峡的拥抱。

所以，就在这里，就从这里，只因你我，就靠你我，依然可以建成一座通向彼此的桥。一湾海峡没能挡住两岸的相似，亦未能消除彼此的陌生与猜测。我们需要一座桥，去探触彼此内心记忆上多年尘封的区域，解读历史；也需要这座桥，才能走进彼此的迷雾森林，发现奇迹；有了这座桥，方能理解那些熟悉的陌生，坦然相遇。

一个人前行，孤单却内省；一群人前行，壮观而有力。

这座桥上，愿我们牢记习近平总书记寄语，"愿我们励志，立鸿鹄志，做奋斗者；愿我们求真，求真学问，练真本领；愿我们力行，知行合一，做实干家"。

"看似寻常最崎岖，成如容易却艰辛"，然"志之所趋，无远弗届，穷山距海，不能限也。"

台湾最美的风景是人，两岸最美的风景即是你我，今朝的温暖相遇、明日的喜悦重逢、他时的美好记忆。在这座桥上，厦门大学台湾研究院学子论坛，用最热烈而真挚的拥抱，欢迎你！

附录十
第五届海峡两岸青年学子论坛论文集目录

会议时间：2018 年 6 月 26—29 日

会议地点：厦门

政治篇

1. 陈晨（苏州大学硕士生）：《台湾新媒体的使用对青少年民意形成的影响研究》

2. 陈澄（河南师范大学硕士生）：《"劳基法"修正案中的世代政治》

3. 高梦冉（台湾大学硕士生）：《反服贸事件后台湾新生力量崛起的原因及反思：以新党青年军和"时代力量"为例》

4. 何长清（厦门大学博士生）：《大陆配偶嫁入台湾的原因、问题及台湾的态度分析——兼论大陆配偶政治认同的影响因素》

5. 雷霆（苏州大学硕士生）：《新媒体语境下 新党"青年军"对台湾青年世代政治认同的影响》

6. 李东海（四川省社会科学院硕士生）：《当前民进党派系分野、世代交替情况及其两岸主张分析》

7. 刘金姬（加州大学圣迭戈分校硕士生）：《异中求同，走向多元：台湾地区同性婚姻合法化对婚姻平权的影响》

8. 罗豪（河南科技大学硕士生）：《试析美国对台湾蔡英文当局参与国际组织的支持力度》

9. 牛奕达（北京联合大学硕士生）：《从政治"世代"视角分析看国民党的困境》

10. 唐辰（台湾大学硕士生）：《从"关系学派"看待陈水扁、马英九的两岸

关系实践》

11. 唐扬（厦门大学博士生）:《竞争性政党政治与民意形成机制研究——以台湾民意结构"两极化"为例》

12. 王瀚、陈超（厦门大学博士生、厦门大学台湾研究院助理教授）:《台湾地区选民政党认同的世代差异——基于 TCS 调查数据的分析》

13. 王喜（北京联合大学硕士生）:《台湾女性政治参与观察——以 2018 年台湾地方首长选举为例》

14. 王晓笛（上海交通大学博士生）:《"反服贸运动"中的话语建构与政治动员》

15. 王洋（厦门大学博士生）:《浅析台湾政党政治独特性——以政党制度为研究视角》

16. 温良谦（厦门大学硕士生）:《国民党与民进党政党形象变迁探析（2008-2016）》

17. 温天鹏（北京联合大学硕士生）:《台湾选民"中性化"现象探析》

18. 翁明源（厦门大学博士生）:《政治世俗化视角下的两岸青年交流》

19. 闫鑫淇（武汉大学博士生）:《社会性别视角下台湾地区的女性政治参与》

20. 杨松霖、黄雯（武汉大学博士生）:《特朗普政府台海政策初探——基于 SWOT 战略分析视角》

21. 姚祺（台湾政治大学博士生）:《宗教在台湾地区威权和民主巩固时期的政治介入》

22. 张亮（厦门大学博士生）:《能力变迁与可信性难题：美国台海政策的调整及其困境》

23. 张效珲（国际关系学院研究生院硕士生）:《台湾"时代力量"兴起原因及未来走向浅析》

24. 王艺晓（台湾政治大学硕士生）:《"性别正义"在台湾？——政策分析途径》

25. 杨于萱（台湾政治大学硕士生）:《台湾社会对东南亚移工的异想》

26. 姚德辉（台湾东海大学博士生）:《网络虚拟社群之意识对台湾新世代政治参与行为影响探讨》

27. 叶姵君（台湾政治大学硕士生）:《发展型经济体的新方向？——以台湾

发展经验为例》

经济篇

1. 蔡升勋（云林科技大学硕士生）：《企业策略联盟与合作发展——"一带一路"契机》

2. 时梦怡（北京联合大学硕士生）：《台湾第三方支付的发展及两岸合作前景研究》

3. 张帅（北京交通大学博士生）：《台海两岸海外经济合作前景探析——基于泰国国内经济时空变动的研究》

4. 彭怡姿、曾涵筠、林资莘（台湾中华大学学士生）：《地方文化创意产业之研究——以内湾好客好品希望工场为例》

5. 曾伟富（泰国暹罗大学研究生）：《海峡两岸与泰国经济关系的对比研究》

6. 程千乂、萧睿仪（屏东大学硕士生）：《房地产交易税对房价及交易量影响之研究》

7. 陈星迪（政治大学硕士生）：《国际与两岸间电子商务发展及对策》

8. 简依萱（中华大学本科生）：《海峡两岸青年创新创业发展之比较分析》

9. 刘韬（武汉大学硕士研究生）：《海峡两岸出版产业交流与合作 30 年回顾》

10. 杨慧仪（政治大学硕士生）：《中国自由贸易试验区的发展趋势与台湾的对策》

11. 殷瑞宏（政治大学博士生）：《两岸融合发展的可能方向：以"新南向"与一带一路为例》

12. 赵子龙（清华大学博士生）、黄斯嫄（广西大学硕士生）、赖琳琳（广西大学本科生）：《产业政策对大陆台资企业发展的影响》

历史篇

1. 吴荧（安徽大学硕士生）：《交流与联系——历史上的台湾与世界》

2. 刘拯华（台湾成功大学博士生）：《清代新竹北埔的民间信仰与客家地方社会——以慈天宫为核心的探讨》

3. 方圣华（厦门大学博士生）:《甘味鸩毒：鸦片战争前的台湾鸦片问题》

4. 黄宇宏（北京外国语大学硕士生）:《新解 1874 年〈北京专条〉——以"琉球"归属问题为中心》

5. 杨文军（北京联合大学硕士生）:《对刘铭传"抚番"政策的研究》

6. 李伟明（中南民族大学硕士生）:《乙未割台刺激下的华夷之辨与国家意识》

7. 张振楠（厦门大学博士生）:《枪支管制、殖民强权与社会效应——以日据时期台湾少数民族社会为中心》

8. 何姿香（台湾中央大学硕士生）:《古早人的推销术——以日治时期台湾的肥皂为例》

9. 郭满（厦门大学博士生）:《台湾革新协会与〈台湾月刊〉史事述论》

10. 陈伟铭（中国社科院研究生院硕士生）:《"死去的历史会复活"——"二二八"事件与国民党转型》

11. 刘华清（武汉大学博士生）:《威慑视角下的第一次台海危机》

12. 陈佩云（厦门大学博士生）:《"中华文化复兴运动"时期教育发展概述——以"第三代国民教育"说为例》

13. 孙家坤（清华大学博士生）:《美国占领时期琉球与台湾文经领域交流的历史考察》

14. 储斌、张帅（厦门大学博士生）:《20 世纪 90 年代台湾对南亚关系的"突破"——以李登辉当局"南向政策"为例》

15. 黄羽萱（台北艺术大学硕士生）:《台湾剪纸艺术与幸福感的相关研究》

16. 庄钊滢（台湾政治大学硕士生）:《台湾偶像剧产业中的文化策略》

文学篇

1. 陈丛（台湾清华大学博士生）:《郁达夫访台前后的台湾书写与想象》

2. 吕欣桐（北京大学博士生）:《施叔青〈风前尘埃〉〈三世人〉中的日本想象》

3. 洪翠婷（中山大学博士生）:《张贵兴〈我思念的长眠中的南国公主〉与莫言〈丰乳肥臀〉中的女性书写——以母亲的角色为核心》

4. 吴思捷（厦门大学博士生）:《赖和诗文的厦门书写》

5. 韩静（东北师范大学硕士生）:《写给自己的信:论陈玉慧〈海神家族〉中的家族史建构》

6. 王钰纯（华侨大学硕士生）:《离人之思——从蒋晓云"民国素人志"系列作品看开去》

7. 王璇（南京大学博士生）:《台湾新乡土小说中的日据历史书写——以甘耀明、王聪威、吴明益为考察对象》

8. 韦黄丹（南京大学博士生）:《从"狂人"到"废人"——论台湾乡土小说中乡贤形象的叙事演变》

9. 张悦（北京师范大学博士生）:《五四文学传统下的台湾 70 年代乡土小说——以"回乡"叙事为中心》

10. 郭枫（香港理工大学硕士生）:《后解严时期创伤书写中的台北记忆——以〈暗巷迷夜〉和〈卡门在台湾〉为例》

11. 刘兆永（中国矿业大学硕士生）:《非虚构书写与历史叙事:评〈一百年漂泊——台湾的故事〉》

12. 江敏雯（厦门大学硕士生）:《恋地情结:外省人对于理想环境的追寻——以两个时代下的〈花桥荣记〉为分析对象》

13. 申春兰、曹荣峻（韩国高丽大学博士生）:《李昂和殷熙耕小说中出现的女性欲望及主体意识比较——以〈北港香炉人人插〉和〈灰尘中的蝴蝶〉为中心》

14. 梁立平（中山大学博士生）:《论李永平〈海东青〉的感官书写》

15. 余煌（厦门大学硕士生）:《从自传体小说〈红河三部曲〉探究潘垒的多重身份认同》

16. 吕东旭（福建师范大学硕士生）:《论痖弦的文化身份与文学想象》

17. 崔博（福建师范大学硕士生）:《陈黎诗歌的身体想象与历史意识》

18. 孙宇（厦门大学博士后）:《台湾地区莎士比亚戏剧百年历史背后的权力隐喻》

19. 祁玥（北京大学博士生）:《"空间"叙事中的身份认同转换与主体建构——以林怀民〈薪传〉的历史想象为中心》

20. 刘骁（武汉大学博士生）:《〈初来乍到:回忆录〉中 Eddie 的餐饮空间与主体身份建构》

21. 侯京京（厦门大学博士生）:《连雅堂旅行书写中的空间展演——以壬子

至甲寅的大陆之行为例》

22. 戴志豪（台湾中华大学硕士生）:《博物馆营销之研究——以新竹市眷村博物馆为例》

23. 姚雪琳（厦门大学硕士生）:《吐其灵异发光华：清初士大夫台湾游记中的奇异动植物意象》

24. 杨雅惠（政治大学硕士生）:《死亡之旅儿童图画书创作之探究——从生命之旅的蜕变出发》

法律篇

1. 高俊鹏（厦门大学硕士生）:《以政策法律化视角对"同等的待遇"之主体的探讨》

2. 蒋晓焜（厦门大学硕士生）:《在大陆犯罪的台湾居民适用缓刑的调研报告》

3. 陈宇（华侨大学硕士生）:《海峡两岸儿童言词证据制度之比较研究》

4. 李纳祈（复旦大学本科生）:《比较视角下看两岸的死刑核准程序》

5. 于文健（北京联合大学硕士生）:《从法律视角探究两岸人工智能产业融合发展路径》

6. 苏怡（武汉大学硕士生）:《台湾地区发动新一轮"宪政改革"的理论预判》

7. 唐庆劼（武汉大学硕士生）:《两岸和平协定面临的法律桎梏》

8. 陈文菊（武汉大学硕士生）:《和平条件下遏制美国干预台湾问题的法律策略研究》

9. 李宗航（厦门大学硕士生）:《台湾地区对外投资争端解决的责任机制研究》

10. 滕若芊（厦门大学硕士生）:《台湾当局在国际司法场域的行为》

11. 金双双（厦门大学硕士生）:《台湾地区参加世界卫生大会的控制机制研究》

两岸篇

1. 林小芳（福建师范大学硕士生）：《心态史视域下的台湾历史课纲调整》

2. 万佳（武汉大学硕士生）：《台湾"反课纲"运动：过程、影响及应对》

3. 布宝淇（台中教育大学硕士生）：《澳门与台湾品德教育课程之研究与启示》

4. 刘思瑶（台湾政治大学博士生）：《台湾实验教育的发展及挑战》

5. 麦德莉（台中教育大学硕士生）：《台湾均一教育平台 WSQ 学习单之初探》

6. 戴妤蓁（台中教育大学硕士生）：《台湾运用 Storybird 于英语写作教学之初探》

7. 魏怡珍（台北艺术大学硕士生）：《禅绕画课程对成人空间智慧与内省智慧影响之研》

8. 朱思洁（大连海事大学硕士生）：《以文化创意产业园区为中心推进连台文化交流与互融》

9. 余国全（首都师范大学硕士生）：《基于中华文化总会的历史演变视角下的台湾地区文教政策》

10. 范斐菲（福建师范大学硕士生）：《传统文化资源开发与两岸文化交流——以妈祖文化资源开发为例》

11. 吴煌（福建师范大学硕士生）：《媒介记忆视角下台湾青年的"大陆记忆"》

12. 张晓娴（福建师范大学硕士生）：《新媒体时代对台传播的策略分析》

13. 薛凯丽（福建师范大学硕士生）：《论海峡两岸电影的交流与合作》

14. 林婉婷（台湾政治大学硕士生）：《两岸长照政策检析——人力资源困境之探讨》

15. 陶丽丽　白君梅（华中师范大学硕士生）：《台湾急难救助制度及其对大陆的启示》

附录十一

第五届两岸学子论坛征稿启事

由两岸关系和平发展协同创新中心、中华全国台湾同胞联谊会、海峡交流文化中心共同主办，厦门大学台湾研究院承办的第五届"两岸学子论坛"拟于2018年6月26—29日在厦门大学举行。本届论坛的主题为"深耕与发展"。论坛将通过"夫子开讲""两岸问题专题研讨""两岸微视频大赛""海峡西岸青春行"等活动，拓宽两岸青年学子的学术视野，加强学科交流，激发思想创新，增进情感融合。

欢迎海峡两岸35岁以下的在校生积极报名参加论坛，踊跃提交学术论文与微视频作品。来稿将由专家匿名评审，并按评审结果确定博硕士生正式参会代表。

一、征稿范围

大会分政治、经济、历史、法律、文学、两岸、视频七个分论坛，各分论坛主要议题如下：

1. 政治分论坛议题：台湾世代政治，台湾性别政治。

2. 经济分论坛议题：两岸经济合作新趋势观察，深化两岸青年创新创业交流。

3. 历史分论坛议题：历史文献与台湾社会史研究，台湾与世界的交流：历史的视角。

4. 文学分论坛议题：历史、叙事与台湾身份认同，地方、记忆与台湾文学想象。

5. 法律分论坛议题：两岸融合与法律发展，两岸部门法学比较与发展。

6. 两岸分论坛议题：两岸教育发展新趋势与新挑战，两岸社会交流与融合发展。

7. 两岸学子微视频分论坛。

二、论文要求

1. 观点明确、论据充分、数据准确、文字简练。

2. 符合学术规范，无抄袭、剽窃、侵权、资料伪造等行为，内容不涉密。

3. 篇幅（含摘要和注释）以 8000—10000 字为宜，相关格式详见附件三。

三、视频要求

1. 内容健康，积极向上。

2. 紧扣主题，视频内容与两岸的人和事相关，拍摄对象以两岸的产业行业发展现状为主。

3. 参赛作品必须由参赛者本人原创，参赛者应确认拥有作品的著作权，严禁剽窃、抄袭。

4. 已获奖作品不得参加此次比赛。

5. 视频格式不限，清晰度不低于 720P（1280×720），视频时长 5 分钟。

四、奖项设置

论文类：一等奖 2 名，金额 3000 元 / 人

二等奖 4 名，金额 2000 元 / 人

三等奖 6 名，金额 1000 元 / 人

视频类：一等奖 2 名，金额 5000 元 / 人

二等奖 4 名，金额 3000 元 / 人

三等奖 6 名，金额 1000 元 / 人

特别说明：考虑到视频拍摄的先期投入较大，对正式参会的视频作者，组办方将予以购买往返直航机票（台籍）和凭票报销高铁二等座（陆籍）往返旅费。

五、投稿时间节点与注意事项

1. 有意报名者请于 2018 年 3 月 1 日前提交报名表（见附件一）与论文摘要

（见附件二），最终获奖者需与组委会签订作品使用授权书。

2.论坛组委会将于 2018 年 3 月 15 日前发出预邀请函。受邀者完整作品提交截止日期为 2018 年 5 月 1 日，经专家评审录用者，组委会将于 5 月 15 日前发正式邀请函。

3.论文投稿邮箱：twyxly@xmu.edu.cn ；视频投稿邮箱：1583046109 @ qq.com。

4.邮件主题请用"两岸学子论坛投稿＋分论坛名称＋作者"，为便于联系，请写明移动电话号码及 E-mail 地址。

六、联系方式

通讯地址：中国福建省厦门市思明区思明南路 422 号厦门大学嘉庚三 915–3 办公室厦门大学台湾研究院两岸学子论坛组委会

邮编：361005

联系人：黄老师

电话：0086-592-2182903 传真：0086-592-2183538

邮箱：twyxly@xmu.edu.cn

两岸学子论坛组委会

2018 年 1 月 23 日

后　记

　　自 2014 年开始，每年盛夏厦大都以火红的凤凰花迎接两岸学子们的到来。迄今为止，两岸学子论坛已经在厦门大学连续举办五届。

　　在首届学子论坛的开幕式中，两岸关系和平发展协同创新中心主任刘国深教授曾说："我们非常荣幸能提供舞台，让两岸青年师生交换研究心得、相互砥砺，建立相同的知识系统和话语系统，真正形成共同的认知体系。"学子论坛举办五年来，两岸青年学子争当主角，也让台湾年轻学子更深入地了解中国大陆。今年，刘国深教授表示："两岸学子论坛经过五年的发展已经积累了良好的基础。两岸青年学子通过这一学术平台展示自我，锻炼能力，形成了一道独特的学术风景。学生们通过微信群等方式也建立了长期的交流合作关系，对彼此相互认知有着积极作用。"

　　五年来，在两岸关系和平发展协同创新中心、中华全国同胞联谊会、海峡文化交流中心和厦门大学台湾研究院的大力支持下，厦门大学台湾研究院连续承办五届两岸学子论坛，五届论坛围绕着"两岸关系和平发展"的主线，侧重不同焦点展开。首届聚焦"青年学子的梦想与行动"；第二届聚焦"青年学子的反思与成长"；第三届聚焦"参与与共享"；第四届聚焦"争鸣与共鸣"；第五届聚焦"深耕与发展"。

　　两岸学子论坛以两岸学界资深专家学者主讲的"夫子开讲"为开端，首届学子论坛邀请了全国台湾同胞联谊会会长汪毅夫发表《疼惜善良勤劳的台湾人，珍惜和平发展的好光景——从 1949 年"谢五点"谈起》、厦大新闻传播学院院长张铭清发表《两岸新闻交流》及厦大台研院资深教授陈孔立教授以《和平发展 两岸认同》为题做演讲；第二届学子论坛邀请了全国台湾同胞联谊会会长汪毅夫、厦大台研院资深教授陈孔立教授和中国文化大学社科院院长邵宗海教授作夫子开讲人，分别以《读书的快乐》《两岸青年的文化休克》和《两岸青年学子如何看两岸未来发展》为题演讲；第三届两岸学子论坛邀请了前香港凤凰卫视著名主持人、现锦绣麒麟传媒董事长杨锦麟先生和厦大人文学院教授朱水涌先生作夫子分别以《参与和共享——两岸青年的历史责任》和《生命不能没有故乡》为题演讲；第四届两岸学子论坛邀请了台湾海峡交流基金会前副秘书长李庆平、厦大新闻传播学院邹振东教授和厦大台研院资深教授陈孔立教授，分别以《"九二共识"与两岸关系》《两岸关系：历史与传播》和《海峡两岸的变与不变》发表演讲；第五届两岸学子论坛邀请了台湾中华世纪文教发展协会理事长、高雄科技大学前校长吴建国先生和中国人民大学黄嘉树教授，分别以《两岸青年的融合与互利——新世纪青年应有的胸襟与抱负》《十字路口的两岸关系与大陆的选择》为题发表演讲。

每届学子论坛均有政治、经济、历史、文学、两岸、法律、视频等七个分论坛，分别由台湾研究院政治所、经济所、历史所、文学所、两岸所和法律所的师生牵头筹备和组织。在七大分论坛中，两岸研究生以文会友，脑力激荡，畅所欲言，学者老师成为论坛的配角。五年来，除邀请厦门大学台湾研究院的老师参与点评外，更邀请两岸专家学者担任学术点评嘉宾。首届学子论坛邀请了邵宗海教授、童振源教授及林冈教授等多位两岸关系研究界权威学者；第二届学子论坛邀请了潘兆民、李吉寿、邓允光、张其禄等学者；第三届两岸学子论坛邀请到了顾莹华、张俐璇、廖元豪等学者；第四届两岸学子论坛邀请到了张宇韶、曾建丰、熊正一、洪丽完、郑政诚、应凤凰等学者；第五届两岸学子论坛邀请到了苏嘉宏、王立本、陈金发、王力坚、张诵圣等学者。

在第五届两岸学子论坛结束后，由编委会老师从105篇参会论文中选出优秀论文18篇，再约请年轻学子们根据论坛期间老师和同学的讲评建议酌情进行修改，本论文集是这些修改后的优秀会议论文的汇总集结。

2018年举办的"第五届两岸学子论坛"，研究生会主席李瑞带领学术部的同学，从最初的分论坛议题选择、文稿编辑、会务等都做了大量工作。特别感谢厦门大学台湾研究院政治所的夏天、温良谦、李宝田、王蕊、张亮、唐扬、翁明源；经济所的刘瑞国、郑添元、雒文瑞、袁乐、孙岩、张拓、李嘉欣、詹绍菓、李夏培、赵胜男；文学所的李朝霞、姚雪琳、江敏雯、吴思捷、侯京京、余煌、贺迪；历史所的陈佩云、盛坤阳、许松鹤、刘楚莹、许亚文、白晓凤；

法律所的李宗航；两岸所的郭丽超、李瑞、肖楚杰、亢萌、夏颖、廖莉萍、童顺平、易梦春等同学的付出。他们既要撰写会议论文参加学术研讨，又承担了大量的会务工作。

感谢在"两岸学子论坛"中的学术相遇！

《第五届两岸学子论坛优秀论文集》编委会　2018 年 11 月 19 日